Libri scritti da William Moreira (Canno)

La vita è bella in ogni caso, perché siamo tutti figli di Dio
Riuniti in un abbraccio d'amore, arriviamo in paradiso
(220 pagine)

Come soffrire felicemente
Il dottor Fritz, il fenomeno del millennio (440 pagine)

Che cosa Cristo, Thomas Paine, e Allan Kardec vogliono che voi
sappiate e che la religione non vuole
(220 pagine)

La saggezza di Cristo e i Profeti Profani
(640 pagine)

DIO! Le realtà del Creatore
(260 pagine)

IL GRANDE NIDO

che ha dato ORIGINE al

BIG BANG

Dei Buchi Neri Di Stephen Hawking

LA SPERANZA É LA RISPOSTA
AL NICHILISMO DELLA FISICA MODERNA
(HOPE; IS THE ANSWER TO NILISM OF MODERN PHISICS)

William Moreira

61 anni di giornalismo e scrittura

(otto libri pubblicati)

Vita Scienze/Filosofia/Realtà/Spiritualità

Original English Phrase:
(HOPE MEANS: BETTER DAYS AND AN AFTER LIFE)

SPERANZA SIGNIFICA:
UN GIORNO MIGLIORE E UN'ALTRA VITA.

iUniverse LLC
Bloomington

IL GRANDE NIDO CHE HA DATO ORIGINE AL BIG BANG DEI BUCHI NERI DI STEPHEN HAWKING
LA SPERANZA É LA RISPOSTA AL NICHILISMO DELLA FISICA MODERNA (HOPE; IS THE ANSWER TO NILISM OF MODERN PHISICS)

iUniverse books may be ordered through booksellers or by contacting:

iUniverse
1663 Liberty Drive
Bloomington, IN 47403
www.iuniverse.com
1-800-Authors (1-800-288-4677)

ISBN: 978-1-4917-2292-3 (sc)
ISBN: 978-1-4917-2294-7 (hc)
ISBN: 978-1-4917-2293-0 (e)

Library of Congress Control Number: 2014902055

Printed in the United States of America.

iUniverse rev. date: 02/10/2014

In Memoria

Carol Jacqueline Moreira (1962–1996)

Niente colpisce la nostra mente come il dolore morale causato dalla tragica morte di una figlia, specialmente dopo trentatré meravigliosi anni.

Ho pianto per due settimane e non sono riuscito a pilotare il mio Cessna per sei mesi. Poi, una mattina, mentre col cuore pesante fissavo le nuvole dalla finestra della sua stanza da letto pensando che forse lei era lassù, ho sentito la sua voce forte e chiara:

"Papà, la vita è bella in ogni caso, perché siamo tutti figli di Dio."

Era un sogno ad occhi aperti? Era soltanto la mia immaginazione alla ricerca di una consolazione? Era la misericordia di Dio?

Se non portassimo con noi l'idea di un Creatore perfetto come l'universo, perché non c'è altro modo di immaginarlo, la vita non sarebbe degna di essere vissuta neppure per un istante.

Quella notte sono salito in cielo, dove le ali del mio aereo mi hanno portato, e ho rivolto le mie preghiere a Lui e a lei. Sapevo che entrambi erano nella dimensione celeste dove tutti, alla fine, arriveremo, perché quando c'è amore, non può esserci separazione eterna.

William Moreira (Canno)—un padre fedele

Washington (DC) Author doing
a interview for the Brazilian
Consulate (35-years old) **1968**

New York City (NY) with
wife Gladys and CAROL as
a baby (22 years-old) **1955**

Palm Springs (CA-) his plane CESSNA 172 RG (65 years-old) **1998**

Lincoln Park (NJ) his plane
CESSNA 182-RG SKYLINE (64 years-old) **1997**.

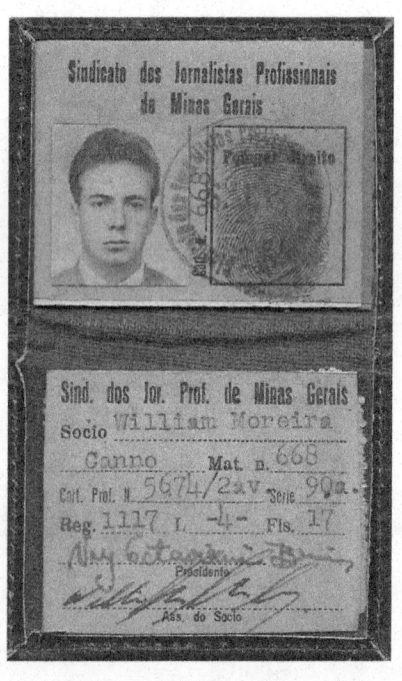

PRESS CARD, Brazil)
(23 years-old) **1956**

JOURNALIST ID (Brazil)
20 years-old - **1953**

Indice

Introduzione—————————————————————————xi

Nota dell'autore—————————————————————————xv

1   Immaginate!—————————————————————————1

2   Osservazioni—————————————————————————11

3   Il chiodo e il cane di Dio!—————————————————————13

4   Dalla Costa Concordia al Grand Holiday of Ibero—————————23

5   L'universo ha confini?—————————————————————45

6   Leggere indiscriminatamente significa educare se stessi——————55

7   Presto ti vedrò perché Dio è Speranza————————————59

8   Senza speranza, la vita non è degna di essere vissuta——————67

9   Che cosa c'è oltre la morte?—————————————————81

10   Una mente in armonia rende la vita felice————————————95

11   Miracoli, Fenomeni—Realtà o mistero?————————————103

12   Nascere o non nascere è il mistero dell'esistenza————————135

13   Alle "menti brillanti", dove tutto è cominciato————————139

14   Dio ha il libero arbitrio?—————————————————159

15   Di chi è la colpa quando qualcuno non crede in Dio?——————169

16 5 febbraio 1996, il peso della croce e la consolazione dello spirito=183

17 Non tutte le "menti brillanti" meritano questo appellativo=189

18 Posso provare l'esistenza di Dio attraverso tutto lo splendore=205

19 Dove sono le ispirazioni?=213

20 L'evoluzione materiale e intellettuale dell'essere umano
    rappresentata da Stephen Hawking e interpretata dall'autore=225

21 Chi sono io per parlare della realtà del negativismo di Hawking?=239

22 24 dicembre 2013, arrivo al porto di Rio con un libro=243

23 24 febbraio - 3 marzo 2013, sulla Costa Favolosa per finire Il
    grande nido=245

24 Preghiera personale a Dio=251

25 Messaggio del millennio=253

26 I dieci comandamenti di Mosè e l'undicesimo comandamento=255

Disegni dell'autore per le signore=257

Dipinti a olio dell'Autore=279

Introduzione

Sono arrivato a ottant'anni. Sono stato autore, giornalista, imprenditore, pilota, chef, pittore, stilista, e ho fatto tutto quanto c'è da fare sotto le stelle; parlo correntemente l'inglese, il portoghese e lo spagnolo, e me la cavo bene anche con altre lingue. Ho visitato dozzine di paesi e ho vissuto negli Stati Uniti per oltre quarant'anni. Ho imparato a conoscere i suoi abitanti e le loro dispute e ad ammirare questo grande paese, che ha accolto a braccia aperte me e milioni di altre persone provenienti da paesi diversi.

Ho letto migliaia di libri e riviste, guardato centinaia di ore di documentari e visitato templi, chiese, sinagoghe, moschee, ritrovi religiosi, ho assistito persino a cerimonie voodoo. Ho mangiato il pane preparato da angeli e demoni per capire il significato della vita, perché vivere significa combattere, come anime e come spiriti.

Religiosi o atei, tutti ci sentiamo prigionieri di un tunnel buio senza segnali d'uscita, di un labirinto in cui tutte le vie finiscono all'interno dello stesso circolo di misteri senza soluzioni. La vita del corpo cessa con l'inizio di un'altra vita nello spirito, mentre noi restiamo a fissare un piedistallo vuoto.

Io intendo condurvi verso una luce cui tutti aspiriamo, chiamata *speranza,* con cui difendo Dio contro i non credenti che non vedono o non comprendono che un universo intelligente non può provenire dal nulla, dal vuoto – o ancora meglio – dal niente, perché dietro ad ogni granello si trova un altro granello, a riempire questo vuoto, questa vacuità.

Nel passo delle sacre scritture "E Dio creò i cieli" troviamo il concetto di Intelligenza, intesa come un'esistenza superiore alle nostre, che esisteva ancora prima che ci fosse l'universo. Possiamo definirla *Universo-Madre,* o *Essere Totale,* come la *materia oscura* luminosa esistente come tempo e materia eterna senza inizio né fine e che rappresenta la vita eterna.

Fin da bambino, sono rimasto colpito da milioni di poveri nella nostra società e in tutto il pianeta, persone che nascono, vivono e muoiono per le strade in assoluta miseria, come schiavi, vittime e mendicanti. Queste persone, che rappresentano la maggioranza della popolazione, lavorano per un salario da fame anche in paesi come il Brasile, attualmente considerato un Paese con una buona crescita economica, ma in cui continuano a essere presenti le Favelas (i ghetti in cui gli schiavi vivevano fino a poco tempo fa, come fantasmi, in totale miseria), mentre il benessere di cui godono equivale a un semplice pezzo di pane se paragonato a quello dei paesi del primo mondo.

Sebbene "amore e carità" non si trovino in ogni cuore, il Creatore tiene d'occhio le nostre buone azioni e la "Scuola di apprendimento per gli Spiriti" chiamata terra. Le sue lezioni derivano dal dolore fisico e morale che proviamo quando qualcosa non va e ci fa esclamare nelle nostre coscienze: "Oh, Dio, abbi pietà della nostra anima!"

Nel libro *Il Grande Disegno*, pubblicato nel 2010, Stephen William Hawking continua a sostenere che *Dio non ha creato l'universo* o, peggio ancora, che non c'è alcun bisogno di Dio poiché l'universo si è creato da solo e non c'era niente prima della sua creazione, come se tutte le bellezze del creato fossero comparse dal nulla. Ora paga il prezzo delle sue affermazioni.

Non riesco a capire come la gente lo acclami per la sua "mente brillante" e la sua "grande genialità." Nonostante sia prigioniero del suo corpo, sorprendentemente ancora in vita, Hawking sostiene di non essere stato maledetto e di non stare pagando il prezzo dei suoi peccati, come direbbe la religione. Al contrario, ritiene che il fenomeno che determina la sua condizione sia spiegabile con la legge della natura, che esiste perché ha creato se stessa. Spero che consideri una sorpresa anche il sottoscritto.

Qualcuno ha affermato su Internet che "Dio non ha ancora chiamato Hawking perché non sa cosa farsene di lui"; in realtà Dio qualcosa sta facendo, permettendogli di essere presente ma immobilizzato come una statua, capace di vedere le meraviglie della vita sulla terra ma costretto a stare seduto su un "chiodo divino", come raffigurazione - e non come punizione - del suo big bang, e con questo intendo dire la sua *big mouth* (grande bocca, N.d.T.).

Cinquant'anni fa, ho promesso a Hawking che io e lui saremmo sopravvissuti affinché lui pagasse il prezzo dell'oltraggio e dell'ingratitudine espressi pubblicamente con le sue imperdonabili affermazioni che ci privano della speranza. Oggi, dopo ottant'anni di ricerche in perfetta salute e in grande forma fisica, è per me arrivato il momento, visto che la scienza sostiene che non esiste effetto senza causa.

La vita nei nostri corpi materiali è stupenda. Hawking sostiene di voler vivere il più a lungo possibile e questa è una lezione per tutti noi, perché la vita è degna di essere vissuta persino quando si è prigionieri di un corpo disabile; il dolore e la morte fanno parte di questa nostra esistenza. I nostri corpi derivano dall'incontro tra un ovulo e uno spermatozoo, proprio come quelli degli animali irrazionali. Anche noi siamo parte del mondo animale, ma siamo essere razionali che non possiedono soltanto l'istinto di sopravvivenza, ma anche l'intelligenza che ci permette di guardare all'infinito della materia oscura illuminata dalle stelle e di ammirarne la magnificenza, nella consapevolezza dell'esistenza di un potere supremo, che non è distante ma che è onnipresente, come Dio.

La nostra esistenza è perfetta e i nostri cuori continuano a battere. La mia esistenza continua a essere soddisfacente, anche dopo ottant'anni, mentre attendo il confronto con Hawking. Non sono seduto sui "chiodi" come lui ma mi godo quello che ci viene offerto, anche quando salgo sul mio aereo immaginando di andare ad incontrarlo. Sono sopravvissuto per scrivere questo libro, per dire ai miei fratelli e alle mie sorelle che "Satana" ha avuto l'autorizzazione del Creatore di mettere alla prova la nostra intelligenza e il nostro amore.

Affronto Hawking e la sua vita senza gloria, perché sono convinto che chiunque sarebbe disposto a rinunciare a tutta la gloria materiale e alla fama per poter camminare e godersi un gustoso cheeseburger con patatine fragranti nella taverna locale, per cantare la sera con gli amici e poi tornare a casa a piedi guardando il cielo stellato. Potremmo cambiare scenario, cenare in un ristorante di lusso scegliendo piatti di alta gastronomia e cenare al suono della celestiale musica di Beethoven, mentre osserviamo il cielo stellato con l'immagine cristallina della nostra infinitezza riflessa nelle stelle, mentre gli animali privi di raziocinio passano il tempo col naso nell'erba, prigionieri del loro istinto di sopravvivenza.

Tornati a casa, cominciamo il sacro rituale d'amore che unisce un uomo e una donna. La vita ha inizio da quest'atto che ci unisce in una famiglia, ma prima diciamo una preghiera di ringraziamento, per essere stati creati e per il mondo spirituale ed eterno che ci attende e in cui ci rincontreremo tutti se le nostre azioni saranno guidate dall'amore.

A sessantaquattro anni ho preso il brevetto di pilota e ho volato all'altezza di quindicimila piedi in una chiara notte d'inverno, sorvolando le montagne della Pennsylvania, per vedere Dio, e l'ho visto. In quel momento, le lacrime che scorrevano sul mio viso hanno lavato via tutti i pensieri negativi causati dalle affermazioni di Hawking, che paragona il genere umano alle scimmie in evoluzione e lascia alle masse una visione della vita senza pietà né conforto. Ho desiderato che la sua ricerca di un'Intelligenza Suprema si svolgesse non all'interno di un monitor di computer ma in cielo, accanto a me, osservando una vista che neppure il più accurato telescopio può mostrare. Mi sono sentito risucchiare nella *chiara, materia oscura luminosa,* il paradiso dove tutti aspirano ad andare quando diventeranno spiriti.

La sensazione è che si possa penetrare all'interno di questa meraviglia della *chiara materia oscura luminosa* che esiste in eterno come dimora del nostro Creatore. Lo so che ciò è sufficiente per voi e per me. Tuttavia gli altri, che fanno parte di quello che definisco il *Club degli Atei di Hawking,* sono destinati a portare la croce della negatività per tutta la durata della loro amara esistenza. Ma non c'è fretta, poiché il tempo non esiste a causa dell'eternità e continua a scorrere costantemente, avendo il passato nella nostra memoria e il futuro che ci aspetta come sorpresa per il nostro libero arbitrio.

William Moreira (Canno)
13 Gennaio 2013
Copacabana
Rio de Janeiro

Nota dell'autore

Il 13 dicembre 2009 ho terminato il mio libro di 250 pagine, *God! The Realities of the Creator (Dio! Le realtà del Creatore)* sul ponte al tredicesimo piano della sventurata *Costa Concordia*.

Dopo aver lavorato al libro per tredici mesi, il 13 gennaio 2012, la *Concordia*, il grande transatlantico, è affondata. I miei passaporti riportano la data del tredici. Mentre scrivevo un altro mio libro, *Dr. Fritz, The Phenomenon of the Millennium (Il dottor Fritz, il fenomeno del millennio)*, sono andato in Brasile cinque volte e sono sempre arrivato il giorno tredici, senza averlo programmato. Sto scrivendo questo libro navigando sul *Grand Holiday of Iberia*, da Rio de Janeiro a Buenos Aires, per dieci giorni. La partenza era il primo gennaio e l'arrivo il dieci, ma il computer che mi serviva per l'ultima stesura de *Il grande nido*, che sta per diventare realtà, è arrivato il giorno tredici.

Ora aspetto il nuovo anno, il 2013, che porterà la speranza di vivere in pace o l'inferno sulla terra.

Ma non preoccupatevi, la nave *Grand Holiday* non affonderà perché il suo capitano non è un alcolizzato, ma un padre di famiglia, sempre in cerca di angeli.

Per celebrare la fine del libro e concedermi una pausa dopo aver passato quasi venti ore alla tastiera per riscriverlo e tradurlo dal portoghese, ho usato il servizio di *Costa Favolosa* per sette giorni, per stare al largo della costa brasiliana e per ricordare la favolosa *Concordia*, divenuta una nave fantasma che naviga per le galassie. Poi, ho scritto ancora un po', mentre mi godevo la bellezza del nostro mondo che noi ci meritiamo, altrimenti non sarebbe stato creato, come la sventurata nave che è stata il palcoscenico della creazione del mio grande libro, pubblicato tredici mesi dopo il suo ultimo viaggio.

Immaginate!

Immaginate un anziano, sugli ottant'anni, di aspetto cordiale, in forma - senza rughe, fisico atletico, colorito roseo – tutto sorrisi e carisma, con una voce celestiale. Mi è apparso improvvisamente, come se si fosse materializzato dalla foschia, nelle prime ore di un freddo mattino di luglio, mentre correvo sulla famosa spiaggia di Copacabana.

Mi sono immediatamente reso conto che quest'uomo era capace di spiegare letteralmente i misteri della vita terrena e ultraterrena, che per noi sono causa di stress e paranoia, per noi che viviamo nella nostra ignoranza e che vediamo soltanto quello che abbiamo sotto il naso, confusi dalle complessità e con la sensazione di essere in un tunnel buio o in un labirinto le cui vie d'uscita convergono tutte nello stesso circolo: nasciamo, soffriamo e moriamo, e questa è la fine del viaggio, oppure il viaggio prosegue verso un ignoto misterioso e tenebroso, forse sotto forma di spiriti, attraverso un tunnel buio, infinito, dove la luce non appare mai.

Questo gioviale e anziano straniero, apparso improvvisamente all'alba sulla spiaggia, continuava a parlarmi ed io mi sentivo in estasi, mentre lo ascoltavo. Mi sono seduto su una panchina di pietra per ascoltarlo meglio. Intorno a noi non c'era anima viva, solo persone che passavano velocemente in macchina.

Lo straniero indossava pantaloncini bianchi, camicia rosa e sandali. Aveva capelli ricci, bianchi, una barba corta e baffi che gli davano un fascino celestiale, un alone di tranquillità che mi faceva sentire come un bambino di fronte a tale spiritualità.

Continuava a spiegare ed io ascoltavo le sue parole, che mi davano le risposte che avevo cercato invano nella religione, scienza, filosofia, fisiologia, e teologia, basate sulle leggi del mondo fisico, dove la vita è una sfida, dalla culla alla tomba, per l'intera durata.

Questa persona straordinaria affermava che la sua conoscenza proveniva dalla lettura di migliaia di libri; era nato con la penna in mano e scriveva e disegnava fin da bambino, poi aveva fatto tutto quanto c'era da fare sotto le stelle. Sentiva che le sue buone e cattive esperienze lo avevano educato alla scuola della vita, come uno scolaro all'interno di un corpo umano messo da parte, dove le sfide sono infinite ma necessarie all'evoluzione spirituale dell'anima, che dopo la morte continua nell'aldilà, in un mondo non misterioso ma glorioso, la vera vita nel nostro universo, creato per noi affinché possiamo goderne nel rispetto reciproco, nel nome di un unico Creatore.

L'anziano continuava a parlare ed io lo ascoltavo con umiltà. Aveva ottant'anni ed era sopravvissuto a famiglie, ad amici e a sconosciuti, all'orrore della seconda guerra mondiale, a rivoluzioni, dittature, governi di re e regine, catastrofi, incidenti quasi fatali in cielo e sulla terra, versando lacrime di gioia e di dolore nei misteri del "perché la vita è così."

In quel momento, nel freddo e nella nebbia dell'alba, seduto su una dura panchina di pietra sulla spiaggia, questo straniero, vecchio abbastanza da poter essere mio nonno, mi spiegava i fenomeni considerati misteriosi dalla scienza e dalla religione, dalle ricerche senza risultati sulla complessità della nostra esistenza e sulla vita oltre la morte, dei quesiti "essere o non essere" e "nascere o non nascere", rappresentandoli in un ordine diverso della nostra esistenza, a dimostrazione di un principio immaginario di 259 gradi all'interno del dogma dei 360 gradi che governa la vita degli esseri intelligenti in un corpo materiale, simile a quello degli esseri irrazionali, privi d'intelligenza ma dotati d'istinto di sopravvivenza.

Come esseri umani possediamo istinto e intelligenza, oltre al libero arbitrio; come animali razionali, possiamo contare sull'immaginazione, che ci aiuta ad analizzare, creare, giudicare, condannare e decidere se esista o meno un'Intelligenza Suprema, che ha creato e continua a creare l'esistenza dal nulla, una massa infinita di materia senza luce che dà origine a tutto, un'inesistenza che tuttavia esiste. Gli scienziati sostengono che nulla può essere creato dal nulla e dal vuoto, trovandosi in contraddizione con un professore di cosmologia, Stephen Hawking, che dall'immobilità di una sedia a rotelle afferma che non esiste un Creatore, rendendosi demagogo di se stesso.

Oggi più che mai i grandi telescopi provano l'esistenza di esplosioni celesti, senza né inizio né fine, come un acquario infinito senza vetri, che contiene tutto ciò che esiste, comprese le nostre anime.

Gli atei si sentono perduti nel confronto con questa grandiosità perfetta, incapaci di razionalizzare le sofferenze dei nostri corpi, predestinati a finire nella tomba. Essi mettono in dubbio quello che è inconfutabile, il Creatore, che è silenzioso e occulto, senza rendersi conto che noi facciamo parte del creato e non siamo il Creatore. Il maestro della creazione ha deciso di restare da parte e osservare, piuttosto che apparire e prendere posizione.

La mancanza di risposte e di contatti con il mondo spirituale (conosciuto da pochi, che non sono in grado di provarlo) lascia gli esseri umani poco convinti del significato della vita come esistenza e dell'universale, in cui il nostro prossimo passo potrebbe essere eternamente l'ultimo. Hawking afferma di voler vivere, perché il suo mondo è limitato a quello che ha sotto il naso.

Questo gli procura un sentimento di insensatezza in una vita piena di ansia e paranoia, in cui il futuro riserva solo tempeste o catastrofi, in un pianeta quasi interamente ricoperto da oceani e in cui, tuttavia, è possibile morire di sete. Un mondo microscopico che ha nemici invisibili, in cui l'invecchiamento comincia dalla nascita per ricordarci che il nostro viaggio termina dove è cominciato, eterno mistero e fine certo della nostra vita materiale. L'unica scelta è quella spirituale, immaginaria quanto il Creatore stesso.

"Signore, che cosa possiamo fare? Tutto cospira contro le nostre vite. Qual è la nostra difesa? Non esiste, poiché nel passato c'erano grandi civiltà come formicai con persone straordinarie che vivevano nello splendore, e ora la loro gloria è soltanto polvere portata dal vento, e fra poco toccherà a noi, perché il tempo non si ferma, e il presente è la base del futuro."

Ho fatto un respiro profondo e l'ho trattenuto per ascoltare meglio e capire se esista una soluzione, ciò che tutti noi, esseri intelligenti, cerchiamo, affinché ci sveli il mistero dell'inizio di tutte le cose. Le varie teorie si basano su congetture, supposizioni, semplici ipotesi e ci riportano al punto di partenza. Le teorie sono infinite, ma i loro risultati sono come i giochi dei bambini. Non portano a niente.

Seguivo la mia guida, facendo domande alle quali rispondeva come se fosse un'enciclopedia proveniente da un'altra dimensione.

"Le opinioni variano secondo le religioni, la scienza e oggi la filosofia; milioni di persone, con le loro opinioni su mille questioni, si sentono perse e frustrate perché il nostro mondo è limitato alla materia, che impedisce una visione spirituale."

Così, ho deciso di fare al mio anziano le domande più importanti, tra cui: "Chi è Dio? Com'è iniziato il tutto? Qual è l'origine del tutto?"

Domande comuni a tutti noi, che non sono nel tronco, ma alla radice della saggezza. Ho sbattuto le palpebre e il grande anziano è misteriosamente scomparso, nello stesso modo in cui era apparso, come un angelo. È volato via, lasciandomi perplesso in una realtà simile a un grande sogno.

Eravamo soltanto noi due, in quattro miglia di spiaggia sabbiosa, da un lato il grande marciapiede e dall'altro onde enormi che colpivano ripetutamente la riva. L'alba, con i suoi colori abbaglianti rossi e gialli segnava l'inizio di una giornata gloriosa e mi costrinse a correre alla ricerca di questo meraviglioso fantasma delle galassie, ma invano. Beh, amici miei, tutto ciò sembra complicato ma non lo è. Nel futuro, l'anima e lo spirito verranno a capo di tanti misteri, perché ognuno di noi è un frammento della creazione.

La "scuola" in cui ci troviamo si chiama terra. Tutti impareremo ciò che ci viene offerto. Alcuni lo fanno oggi, altri domani, ma toccherà a tutti. È obbligatorio, proprio come quando a diciotto anni ho dovuto fare il servizio militare.

A conferma di ciò che avevo visto, ho guardato in alto. Lui era lì, a trentotto metri (114 piedi) di altezza, la statua più alta del pianeta, il Cristo di Nazareth, con gli occhi aperti e le braccia spalancate. Non è sul crocefisso. Scolpito in granito bianco, si staglia in alto su una roccia di 703 metri d'altezza (2.109 piedi), situata nel centro di Rio de Janeiro, visibile fino a cinquanta miglia di distanza. Questa statua, votata all'unanimità da una giuria mondiale come la Settima Meraviglia del Mondo, si erge a benedire il mondo e l'universo.

Il Cristo Redentore è stato votato da tutte le religioni come icona d'amore e non religiosa, perché ci offre la speranza di una vita eterna, in cui la nostra esistenza continua sotto forma di spirito. Il paradiso non ha limiti ed è privo di buchi neri e della minaccia di Hawking, per il quale non esiste speranza di un'esistenza oltre la vita terrena.

L'ultima domanda senza risposta è sapere se vivremo eternamente in paradiso o all'inferno. Questo dipende dalle nostre credenze religiose, perché non siamo in grado di risalire a niente di anteriore al big bang, o meglio ancora, all'uovo da cui deriviamo, di cui siamo un frammento – non come gallina ma come pulcino – per il quale l'universo comincia e finisce all'interno del suo recinto. Prima del nido e oltre il recinto c'è l'Universo-Madre, o la massa oscura illuminata o la materia brillante, come causa e non come effetto.

Avrei voluto chiedere a quell'anziano quello che tutti si chiedono: "Nasce prima l'uovo o la gallina?"

Entrambi sono parte dell'Universo-Madre o del tutto (che esiste da sempre, con o senza big bang, o infiniti big bang, in forma di passato e presente, perché il passato è il presente divenuto storia e il momento presente è rappresentato dal tempo che si crea, che registra e ci si lascia alle spalle, mentre viaggia continuamente verso il futuro).

Il tempo non si ferma; è impercettibile agli umani, nonostante i loro congegni elettronici, perché cresce, invecchia, si trasforma e fa girare il colosso celeste alla velocità calcolata dalla scienza in un femtosecondo, o meglio un "sextillionth" di secondo (numero seguito da trentasei zeri, N.d.T.). Il tempo ci apre le frontiere del futuro, sempre in trasformazione e in costruzione e, tuttavia, sempre presente, reale come un'alba e un tramonto, a dimostrazione che la terra è regolata da questo fenomeno favoloso, da noi percepito come immaginario, come la forza di gravità, mentre noi impariamo a distinguere l'effetto dalla causa.

Prima o dopo, con o senza il big bang, l'Universo-Madre o il tutto sono sempre esistiti, prima ancora dell'universo, perché l'universo o gli universi ne fanno parte come elementi, così come gli atomi di Einstein sono parte della composizione di tutte le materie, e l'Universo-Madre è paragonabile a un magazzino di materiali da costruzione con cui creare. Come vi renderete conto, le mie semplici spiegazioni si rivolgono al grande pubblico, per dare a tutti un'idea delle meraviglie della nostra esistenza, e non soltanto alle "menti brillanti", che appartengono a un mondo senza Creatore. Con la loro stupida arroganza, queste persone si ribellano alle regole dell'esistenza. Coloro che affermano che non c'è vita eterna, si condannano irrimediabilmente a vivere una vita miserabile, al di là di tutte le cose positive e negative che toccano a noi tutti. Alcuni di loro hanno comprato il mio libro *How to Suffer Happily* (*Come soffrire felicemente*) (2001) per sfida, ma poi hanno cominciato a soffrire felicemente, perché la consapevolezza non arresta la sofferenza, ma ci insegna ad accettarla come strada inevitabile. Cerchiamo di compiere il nostro viaggio in modo da renderlo il più confortevole possibile.

L'esplosione del big bang è stata seguita da un numero infinito di frammentazioni o esplosioni o da una combinazione di entrambe. Il materiale concentrato nell'uovo, che contiene tutto il necessario, completo dall'A alla Z, compresi gli atomi che compongono i nostri corpi e lo spirito, è stato creato da una mente superiore e non è nato da solo. Una persona incolta lo sa, ma non le "menti brillanti", che vogliono fare colpo sulle minoranze perdute nella loro ignoranza. Pensano di portare sul capo l'aureola di "Cesare."

Secondo le teorie di alcuni scienziati, il materiale era concentrato nell'uovo. Io penso invece che derivi da un uovo, chiamato ovulo, quando è penetrato da microscopici spermatozoi. Il processo, terminato come un big bang, dà origine a tutti noi come neonati (esseri umani). Altrimenti lo spermatozoo non dovrebbe fare a gara per fecondare l'ovulo, che troverà poi tutto quello di cui ha bisogno per affrontare la vita al di fuori dal grembo materno. In questa combinazione tra l'uomo e la donna, nessuno può dire chi dei due sia più importante dell'altro, proprio come un pesce non potrebbe vivere senza l'acqua. Se non ci fosse il lago, il pesce, il pescatore e il proprietario del lago morirebbero.

Se non nascessimo, non ci sarebbe niente, perché siamo noi, esseri intelligenti, a rendere reale la realtà, e la nostra esistenza ci è stata donata per apprezzare quello che è stato creato. "Nascere o non nascere" è il mistero del Creatore. Voi ed io siamo il creato, e dobbiamo essere grati di non essere soltanto un mucchio di atomi. Dopo essere stati creati sotto forma di un'energia chiamata anima, ci fondiamo nell'unione tra sperma e ovulo per cominciare la vita terrena, come spiriti eterni.

Stephen Hawking avrebbe dovuto passare più tempo ad aiutare la scienza medica per alleviare il dolore causato dalle malattie, compresa la sua, invece di cercare buchi neri con la sua "mente brillante", criticando aspramente colui che lo ha creato. Il dramma che lo ha reso disabile avrebbe potuto spingerlo a usare la sua "mente brillante" per aiutare gli altri sulla terra, anziché cercare buchi neri e inseguire il calcolo infinitesimale, lasciando che se ne occupino gli altri che non sono in condizioni fisiche come la sua. Avrebbe potuto divertirsi a casa sua con un telescopio, come facevo io quando abitavo a Miami, North Miami Beach e poi a Oakland Park, mentre lo scorrere del tempo scandiva la mia vita.

A quanto mi risulta, l'orgoglio di essere l'uomo dei buchi neri non lo sta aiutando, perché avrebbe dovuto spiegarci come difenderci da questi mostri anti-Dio. Se uno di loro andasse fuori orbita e ci venisse addosso, lui e la sua famiglia diventerebbero cibo per buchi neri, poiché non hanno un Dio che li difende. Questi divoratori della galassia terrorizzano angeli e demoni e turbano i sogni dei bambini. Questa non è un'idea brillante, a meno che Hawking non sia in competizione con Walt Disney per intrattenere la gente.

Tutto nell'universo si collega all'educazione o all'evoluzione verso il meglio, e se qualcuno vuole approfondire una materia, non deve fare altro che entrarci. A sessantaquattro anni, vista la mia passione per gli aerei, tipica dell'uomo medio, ho smesso di ascoltare i miei familiari e mi sono iscritto a una scuola di aviazione, dove ho imparato a pilotare il mio aereo, da solo, con Dio seduto alla mia destra (sedile riservato, a volte, all'istruttore o a qualche ospite).

Avevo promesso a mia figlia Carol (1964–1996), pochi mesi prima della sua morte, che avrei abbandonato il mio hobby il giorno del mio *millesimo atterraggio,* rinunciando al brevetto di pilota. Quando mia moglie e mio nipote hanno controllato il giornale di bordo, hanno visto che conteneva 1.042 atterraggi, per la maggior parte notturni. Il mio sogno era diventato realtà. Sono stato il primo pilota a rinunciare di volare per onorare la promessa fatta a Carol, che ora è uno spirito. Io la onoro come facevo quando era tra noi, bellissima, giovane donna. Dovrebbero assegnarmi il premio Nobel per aver rinunciato al mio brevetto di pilota. Sono stato un pazzo o un eroe perché avrei potuto mettere il brevetto su un piedistallo, a casa mia. La tentazione è stata grande, come quella di un alcolizzato davanti a una bottiglia di whisky che resiste alla sua dipendenza.

Simili cose accadono e continuano ad accadere a tutti noi. Un esempio è Hawking, che frequenta le università di Oxford e Cambridge per studiare cosmologia e aumentare le sue conoscenze. Col passare del tempo, la sua disabilità lo ha reso paralitico. Avrebbe potuto dedicare tempo ed energie per trovare una soluzione alla sua malattia, e invece ha continuato a studiare fenomeni lontani miliardi di miglia.

Ognuno può fare e dire quello che vuole, ma quello che conta sono i risultati positivi che aiutano l'umanità e non le teorie, perché le menti veramente grandi sono quelle che generano meno teorie e più risultati. Thomas Edison ci ha dato la lampadina. Senza di lui, continueremmo a usare le lampade a petrolio.

Abbiamo bisogno di menti brillanti che trovino soluzioni per ottenere un'energia alternativa, poiché il petrolio è in via di estinzione; abbiamo bisogno di menti che lavorino in tutti i campi, per trovare una soluzione alla fame nel mondo e al riscaldamento globale, e non di persone che fissano l'infinito, come ho fatto io per qualche ora, in preda alla meraviglia, mentre il cancro uccide milioni di persone ogni anno. L'elenco delle cose da fare è inesauribile.

Dobbiamo guardare all'infinito e sorprenderci. Ammirarlo come passatempo è bello, ma diventarne ossessionati e divulgare fantasie di distruzione che vanno oltre la nostra capacità di difenderci è ridicolo e infantile.

Siamo andati sulla luna e tra poco andremo su Marte. Fa parte dell'evoluzione, che ci offre tecnologie più efficaci per migliorare la nostra vita terrena; tuttavia non possiamo vivere su nessuno dei due pianeti, perché il nostro organismo non lo permette e il costo del carburante che ci vuole per arrivarci è fuori dalla portata della maggior parte delle persone. Cerchiamo allora di salvare il nostro pianeta, che è ammalato e potrebbe restare senza vita ancor prima che i nostri nipoti si sposino. Il futuro del genere umano, tra poche generazioni, potrebbe essere zero. Potremmo estinguerci come i dinosauri e per farlo non c'è bisogno di asteroidi, bastano alcune esplosioni atomiche dalla Corea del Nord agli Stati Uniti.

La scienza ha fatto un buon lavoro nel creare la bomba atomica. Potrebbe causare una tragedia in grado di porre fine alla vita del pianeta da un momento all'altro, come i gas mortali che abbondano negli arsenali. Ora, ci sono più buchi neri e un miliardo di asteroidi che si dirigono verso di noi. C'è un buco in cui buttarsi? E se c'è, si trova al cimitero?

Non sono preoccupato per me, perché alla mia età la mia anima è pronta a partire. In questo viaggio non servono bagagli ma buone azioni e questo Hawking lo sa ed è ciò che lo preoccupa di più, molto di più dei suoi buchi neri, perché sopravvivere alla paralisi è stato un miracolo e il suo tempo non è ancora finito, ma l'invecchiamento non ha vie di uscita, la fine si avvicina. Io sono ricco di buone azioni e ho fede assoluta, e questo è il miglior balsamo per lo spirito.

Sulla base di quanto è riflesso nelle sue lenti, un pazzo ci mette in guardia dai buchi neri, lontani miliardi e miliardi di miglia o anni luce, oltre il sistema solare, e ci consiglia di dimenticare le bugie del Creatore. Tutte le meraviglie del creato sono comparse dal nulla e sono state confinate in un angolo della mente umana, che è alimentata a carburante, come quella degli esseri irrazionali, ma a differenza loro, noi ci nutriamo di un'erba più gustosa e questo dovrebbe spingerci a mettere in atto comportamenti migliori. Tuttavia molti di noi non sono interessati a tutto ciò, perché spendono le energie sognando una vita falsa, sotto le luci della ribalta.

L'unico modo per raggiungere questi mondi è sotto forma di spirito, e lo affermo sulla base del buon senso, non perché lo dice la religione o l'ho saputo da qualcuno. Hawking o non Hawking, sono pronto ad accettare la sfida, da qualunque parte provenga.

A causa dell'inquinamento del pianeta o della nostra vicinanza al sole, non saremo mai in grado di usare le astronavi come treni per dirigerci verso i globi celesti, semplicemente perché il Grande Disegnatore non lo prevede. Questa è la ragione per la quale ha creato la morte, come pure la libertà di raggiungere le altre galassie.

La grandezza dell'universo può essere osservata dalla finestra con un telescopio. È la cartolina del Creatore, che ci dà la speranza, l'unica medicina che abbiamo quando ci confrontiamo con tale bellezza. La nostra intelligenza è tutto quello di cui abbiamo bisogno per sentire la vita eterna, che comincia dal concepimento di sperma e ovulo. È la prova basata sul qui ed ora—che non deriva dal riflesso di un corpo distante, ma dal microscopio di casa nostra.

Senza l'Universo-Madre, non ci sarebbe niente, neppure il *nulla* perché è il risultato delle nostre menti insoddisfatte della creazione, che si confrontano con la morte del corpo e con la paura del buio. Non importa se alcuni, intellettuali o meno, alzano il naso verso l'infinito e si dichiarano esperti di questo o di quello. Io ascolto sulla base delle teorie e considero le loro affermazioni come fantasie di Hollywood, da non prendere seriamente, come le previsioni del tempo che anticipano pioggia quando poi, all'improvviso, esce il sole.

Nel suo nascondiglio silenzioso, Dio è frammentato e si cela in tutte le sue creazioni, come parte dell'Universo-Madre o Massa oscura. Lo vediamo con i nostri occhi nelle notti stellate. Lo sentiamo nei nostri pensieri, quando siamo soli e commettiamo degli errori. Lo vediamo perfino nelle nostre camere o nel mezzo del deserto, o mentre voliamo a migliaia di piedi di altezza nel nulla. Quando ci guardiamo intorno, ci sentiamo osservati. Quando la nostra coscienza ci tormenta, sentiamo di non essere soli.

Egli non può apparire a una moltitudine, o vedrebbe e ascolterebbe. Ecco perché ha cercato un autore e giornalista di ottant'anni, che ha talento in molti campi e ha lavorato duramente per avere una vita migliore, aiutando gli altri mentre lo faceva. Ha sofferto sotto carichi pesanti e una croce morale. Le imprese della vita mettono a dura prova il nostro spirito e non sono mai blasfeme contro la vita o il Creatore. Egli allevia il peso del nostro bagaglio, sapendo che l'educazione è l'unica cosa che sopravvive alla morte sotto forma di spirito.

Col passare degli anni, senza dubbio, l'apprendimento più grande viene dal Creatore. Solo un rinnegato può non essere d'accordo e sostenere che la creazione derivi dal nulla, e tuttavia è solida come una fontana, sorgente di tutte le forme di vita.

Ha detto l'anziano: "Conoscere è cercare e cercare è leggere." Ricercare in tutti i mezzi di comunicazione, viaggiare, parlare con la gente che s'incontra in tutte le fasi della vita, in tutti i campi del sapere, da quello materiale a quello spirituale, vi permetterà di conoscere il terreno in cui vivete e darà una base alle vostre vite. È meglio sapere di non essere soli. Gli uomini non vivono di solo pane, altrimenti sarebbero esseri irrazionali, ma guardano alla materia oscura e vedono l'infinito, in cui la luce incontra l'immaginazione che è parte del loro essere.

"Tutte le glorie sulla terra", afferma l'anziano delle galassie, "sono spirituali, perché la gloria materiale ha vita breve. Muore con la morte del corpo ma, in congiunzione con quella spirituale, s'intreccia alla morale. Insieme creano speranza, come un ponte che si può attraversare. In questa estasi, l'anima va oltre la morte, perché non possiamo morire due volte."

2 Osservazioni

Cari lettori, quando giungerete alla fine di questo libro, avrete imparato tutta la logica da questo vecchio signore del cosmo. Il cosmo è ora un mondo elegante. Carl Sagan, con i suoi meravigliosi programmi, ha portato l'universo nelle nostre case e Hawking è saltato sul suo treno, come fa sempre. Comunque ha tempo per migliorare, perché il suo monitor gli offre tutti i dati necessari. Per quanto ne so, il cosmo è la frontiera che va oltre i confini dell'universo, in cui, con tutta probabilità, Sagan si trova come spirito. Forse da lì è più facile accedere agli universi di Hawking.

Sarà sotto forma di spirito del paradiso, di profeta spirituale, di angelo, di uno spirito non illuminato, di Cristo o di Dio stesso travestito da giovane? Scommetto che la maggioranza di noi entrerà in paradiso sotto forma di angeli: sono così numerosi tra noi, che quando qualcuno offre amore e carità viene chiamato angelo del paradiso.

Le statue degli angeli sono dappertutto; sono presenti nei cimiteri e disegnate sui costumi di carnevale che indossavamo all'asilo, quando ricevevamo le prime ali piumate. Io ho sostituito il mio costume a sessantaquattro anni con uno che ha le ali metalliche di un aeroplano. In questo modo mi sono avvicinato a Dio, ma ho anche scoperto che c'erano degli angeli sulle mie ali che mi aiutavano a tornare sulla terra, altrimenti non avrei potuto scrivere questo libro. Nel corso di un recente viaggio a Lima (Perù), ho visto dei bellissimi angeli indiani di creta e ne ho comprati una dozzina, che ho appeso all'entrata del mio appartamento. Il giorno seguente sono volati tutti in Perù. La prossima volta li chiuderò in una gabbia, fornita di telecamera e sistema di allarme.

Vi amo tutti.

William Moreira (Canno)

3 Il chiodo e il cane di Dio!

Il contadino era seduto in veranda con accanto il suo bellissimo cane, agonizzante. Un vicino che passava chiese al contadino la causa della sofferenza del cane.

"Perché, mio Signore, questo cane è così sofferente?"

"Perché è seduto su un chiodo!"

"Allora perché non si alza?"

"È una sua scelta. Il libero arbitrio è il regalo più prezioso che ho fatto alle mie creature, comprese quelle che mi accusano di essere ingiusto e di aver creato il male nell'universo attraverso la sofferenza e la morte, che comunque sapete essere soltanto materiale. Quello che mi fa male è sentire alcuni dei miei figli affermare di non avere un padre, come se io non esistessi, solo perché non sono qui a distribuire favori. Nel frattempo voi umani siete sempre l'uno contro l'altro a farvi la guerra, come animali irrazionali. Cominciate tra le quattro mura di casa e poi vi ritrovate in prima linea. Le porte dell'inferno sono piene di anime sporche di sangue."

"Caro Signore, perché, come Dio, pieno di saggezza e di generosità, Creatore dell'Universo-Madre e del big bang, non aiuta questo povero cane che soffre?"

"Come ho già detto, il cane non si alza perché è testardo, ma è anche furbo. Lui odia Dio, e solo il tempo e il dolore che prova lo riporteranno a me. Satana e la sua famiglia di demoni sono sempre più vicini, si tratta soltanto di aspettare!"

"Ma mio Signore, nessuno ama soffrire, sono sicuro che alla fine il cane si alzerà, non crede?"

"Sì, lo fanno tutti prima o poi. Alcuni ci mettono più di mezzo secolo, dimostrando di avere una grande ignoranza che gli si ritorce contro, nonostante si credano più intelligenti di me. Sono solo dei blasfemi, incapaci di creare, e restano seduti su un chiodo incolpandomi, ignorando che li ho dotati di libero arbitrio. Il dolore è la punizione per il loro comportamento sbagliato."

Questa parabola mi è venuta in mente molti anni fa, quando mi sono reso conto, guardando la TV, di tutto lo stress, la sofferenza e addirittura la paranoia causata dal famoso scienziato Stephen Hawking, con le sue teorie quantistiche e sul cosmo. A settant'anni, Hawking continua a essere immobilizzato a causa della sua malattia. Quando diventò completamente paralizzato, si riteneva che non avesse possibilità di sopravvivere. Se avesse cercato un miracolo, avrebbe avuto una sorpresa. Se non puntiamo un dollaro alla lotteria, non vinceremo mai. Dio non ha fretta di chiamare Hawking accanto a sé, perché comincerebbe a spargere delle voci nell'aldilà. In virtù del suo quoziente intellettivo di 250, attribuitogli dai peccatori sulla terra, si dedica a pulire le strade.

Considerato da alcuni una mente brillante, un maestro delle teorie sull'universo, Hawking ha seguito gli studi di Edwin Powell Hubble, un genio nel perfezionamento del telescopio con il quale è riuscito a penetrare nebulose e galassie. Intorno al 1929 affermò che l'universo si stava espandendo e Hawking è saltato sullo stesso piedistallo, insieme a molti altri. In seguito Hawking è diventato un martire a causa della malattia che lo ha immobilizzato sulla sedia a rotelle, ponendolo su un piedistallo di sabbia. Da quel momento, insieme ai suoi seguaci atei, è affondato nelle sabbie mobili di un mondo senza Creatore, affermando nel libro *Il Grande Disegno*, l'esistenza di un universo senza vita, in cui tutto termina a sette piedi sottoterra, in quel buco scuro e fangoso che si chiama tomba. Persino la filosofia è morta in quel buco nero – non quello distante milioni di anni luce, ma quello che si trova nel giardino di casa sua.

Io non ho preso un dottorato in astronomia, tanto meno in cosmologia, perché avevo altre priorità e non volevo andare in un'unica direzione. Mi sono costruito un bagaglio di conoscenze sufficiente a farmi sognare e a godermi la vita con i miei figli, lavorando insieme agli altri, creando posti di lavoro e dando il mio contributo all'economia. Non sono rimasto seduto tra quattro mura a farmi un'idea dell'universo. Non ho passato il tempo a fissare il cielo da un monitor, ma l'ho guardato dal vivo, da solo, a quindicimila piedi di altezza, dove tutto era ghiacciato e trasparente. Sono salito abbastanza in alto da sentire lo scintillio della materia oscura, perché avevo un "contatto", cosa che poche persone riescono ad ottenere.

Il mondo è troppo grande e bello per restringerlo all'interno di un unico grado. Come pilota, mi sono goduto 360 gradi di libertà dal finestrino, volando a quindicimila piedi di altezza. Adoravo guardare l'Universo-Madre, nelle ore che precedono l'alba. Non c'è dubbio che noi esseri umani dovevamo essere creati. Ammirare la linea ricurva della terra nei suoi colori brillanti, distante qualche migliaio di chilometri, non è paragonabile al trascorrere le ore di fronte allo schermo del computer.

Nei cieli sopra la Florida, New York, il New Jersey, la Pennsylvania, il Delaware, i suoni di New York, le isole, la California, sorvolando le montagne Rocciose e Las Vegas di notte, mi sentivo nel mio privato piccolo mondo celeste. Qui potevo apprezzare quello che pochi hanno il coraggio di fare, non con arroganza ma con l'umiltà di un essere umano che percepisce la creazione e ne fa parte, e non sta seduto con i piedi all'asciutto, a rilasciare interviste ai mezzi d'informazione, spacciando falsa logica per logica.

Non mi bastava guardare le foto delle stelle stampate su carta o mostrate alla TV né ascoltare i piloti raccontare come guardare il cielo dava loro piacere. Invece di parlarne soltanto, hanno deciso di volare per gratificare se stessi. Io ho fatto lo stesso, con orgoglio, ma non è facile. È pericoloso. Quando si vola, la vita dipende da una macchina, e se si guasta, la morte è quasi garantita. Ma il premio del correre questo rischio è sentire il Creatore. Fa male ascoltare le bestemmie di una persona che resta seduta sulla terra, è come tirare pietre contro un leone in gabbia. Ma il leone non ruggisce, anzi dice gentilmente: "Figlio, sei il benvenuto, gli angeli reggono le tue ali, e tu hai fatto un atterraggio perfetto in questa notte ventosa."

La teoria del nulla di Hawking, che non prevede un Creatore, è frutto di una sua opinione e, come afferma Thomas Paine, ognuno ha il diritto di affermare ciò che pensa. Paine era un genio che usava una potente logica politica, basata non su teorie ma sui fatti, per i nostri diritti. Hawking, al contrario, uccide la speranza e la filosofia e crea sentimenti negativi negli esseri umani, che già hanno una croce pesante da portare. Non siamo in paradiso, dove non ci sono sedie a rotelle o malattie che rendono invalidi. Sono sicuro che non ci sia effetto senza causa, su questo non c'è dubbio.

Thomas Paine era un intellettuale inglese (1737–1809). È passato alla storia grazie alla sua penna, che ha usato non per scrivere romanzi o teorie scientifiche sui buchi neri terrorizzando la gente, bensì per alleggerire le anime delle persone e costruire una società migliore. Ha scritto sull'uguaglianza dei diritti e sulla giustizia e questo gli è costato la vita a settantadue anni, quando scrisse *L'età della ragione*. Il suo nome rimarrà nella storia, mentre le "menti brillanti" saranno dimenticate il giorno dopo il loro funerale.

Noi non scegliamo la croce da portare, ma sappiamo che è costruita in base ai nostri bisogni individuali, altrimenti la sofferenza non sarebbe logica. In una sua parabola Gesù ha detto: "Se volete andare in paradiso, prendete la vostra croce e seguitemi, perché la mia è leggera!"

Questo significa che se qualcuno vi offre le chiavi del paradiso grazie alle sue connessioni, non dovete credergli, perché niente è gratis, ma dobbiamo lavorare per guadagnarci le cose. È più che logico, perché se qualcuno ci offre qualcosa che vale più del suo costo, significa che c'è qualcosa che non va.

L'intelligenza ci distingue dagli animali irrazionali coperti di penne o di pelo e dotati di sistemi di difesa che li proteggono mentre si nutrono per la sopravvivenza. Nascono, crescono, mangiano e si accoppiano per procreare e prima o poi finiscono nelle nostre pentole o sulla griglia.

Possiamo incatenare il nostro corpo ma non l'anima perché abbiamo la libertà di pensiero e questo prova la nostra intelligenza. L'intelligenza è fatta di logica e buon senso e ci permette di capire che esiste un'Intelligenza Suprema. Le persone mediocri si distinguono per la "mente superiore" che li porta a creare teorie su cose che non sono vicine a noi, e nemmeno sulla terra, ma a distanze che non riusciamo neanche a immaginare.

Le equazioni per risolvere le realtà sono sotto il nostro naso e tuttavia continuano a rappresentare misteri che scienza e religione cercano di risolvere. Nel frattempo, microorganismi e parassiti vincono la battaglia contro l'uomo, creando malattie incurabili. A peggiorare la situazione, le acque del pianeta sono sempre più inquinate e l'arsenale atomico è come la lama della ghigliottina che ci minaccia, pronta a distruggere la terra, che è la nostra unica dimora.

Possiamo sconfiggere il Creatore con il nostro libero arbitrio, dopo di che dovremo sottometterci alle regole del profano, che è massima immoralità. È il prezzo da pagare, e comunque non si tratta dell'inferno eterno ma di una temporanea sgridata, che potrebbe durare per tutto il decorso della nostra vita terrena. L'unica cosa che può alleviare la sofferenza è l'inizio di una nuova vita spirituale, e questo è tutto ciò che posso dire. La vostra immaginazione e il vostro buon senso possono portare a conclusione le mie affermazioni.

Scrivere una parola ogni pochi minuti dettandola al computer come un robot, sognando universi multipli e corpi celesti, sarebbe un inferno. È un inferno se manca un'intelligenza superiore dietro questa immaginabile esistenza. È come vivere racchiuso in un bozzolo, da farfalla. Quando tutti sono liberi nel vento e tu sei l'unico prigioniero, impossibilitato a uscire, la tua ovvia reazione sarà di negare che c'è un Creatore. Sai che è impossibile, ma allora perché non chiedergli "che cosa ho fatto per meritare questo?"

Sono grato al Creatore dal momento in cui apro gli occhi, mi alzo e cammino e accetto di buon grado tutto quello che segue, doloroso o piacevole, con comprensione e umiltà, ed è stato così anche il 5 febbraio 1996, giorno in cui ho ricevuto una chiamata dalla polizia di New York, che mi comunicava che mia figlia era stata investita da un autotreno ed era morta sul colpo.

Sono arrivato a ottant'anni sopravvivendo alla maggior parte di familiari e amici e mi sono sempre detto che c'è una ragione per tutto quello che mi è capitato, comprese le cose positive come la salute, i miracoli, i viaggi in dozzine di paesi, a contatto con ambienti e cibi diversi e il mio sogno di volare divenuto realtà a sessantaquattro anni, quando pensavo che non sarebbe più stato possibile.

È come perdersi in un deserto e veder apparire improvvisamente una città. Quando siamo consapevoli di essere il creato e non il Creatore, vediamo tutta la bellezza offerta e sentiamo la libertà di possedere il libero arbitrio. Siamo esseri umani e dobbiamo tenere conto di tutto questo e gioire della bellezza del sorriso e dell'amore di un bambino, di una cena raffinata servita al Rainbow Room di New York, all'Italy Terrace di San Paolo, e alla Galata Tower di Istanbul. (Ho fatto il ritratto di una bella ragazza sulla tovaglia, con la mia *Parker 51*, e non ho dovuto pagare il conto.) Mezza bottiglia di vino mi ha dato l'ispirazione mentre ammiravo quella bella, giovane donna e il cielo del Creatore. È per me un privilegio sapere di non essere condannato a vivere un'esistenza piena di negatività, perché c'è molto, molto di più.

Nelle ultime tre crociere che ho fatto, da cui sono nati i miei due ultimi libri, ho passato molto tempo ad ammirare l'immensità dell'oceano, i raggi dorati del sole e le onde che dondolavano la nave, seduto a un tavolino del ristorante sul ponte superiore della nave. Tutto questo mi ha dato l'ispirazione e, mentre le parole mi esplodevano dentro, ho chiesto al Creatore che la mia opera potesse aiutare coloro che si sono perduti e hanno bisogno di sostegno. Dozzine di persone sono venute al mio tavolo a vedere i miei libri, dicendomi che si sentivano fortunati per aver conosciuto qualcuno con la spiritualità degli angeli, in un mondo in cui i malvagi stanno prendendo il sopravvento e soltanto in pochi stanno cercando di fermarli.

Durante i dieci giorni di navigazione da Buenos Aires a Rio de Janeiro, ho attratto l'attenzione delle 2.650 anime a bordo e tutti volevano sapere di cosa parlava il mio libro. Ho dato loro alcune pagine da leggere e la mia vita a bordo della nave è diventata un paradiso. Oggi, 24 febbraio 2013, sto navigando da sette giorni lungo la costa brasiliana a bordo della *Costa Favolosa*, ma per precauzione porto con me la mia *Parker 51* e il mio grosso taccuino.

I passeggeri a bordo, ognuno con esperienze diverse, mi fanno domande sul big bang. Era l'inizio dell'universo o degli universi? Con mia grande sorpresa, solo pochi hanno accennato al "tutto", come la materia oscura esistente o come eternità dell'universo precedente, o meglio ancora, come luogo di nascita dell'universo. Questo mi ha dato l'idea dell'Universo-Madre o Madre Universo.

La mia immaginazione lo rappresenta come un acquario infinito, che contiene ogni cosa, compreso il pulcino dell'uovo del big bang, in cui un enorme polipo sta mangiando tutti i pesci, fino alle balene blu. Si chiama buco nero, maestro di una creazione, il cui Creatore, con la sua immaginazione, terrorizza - voglio dire, teorizza - l'universo come un aspirapolvere che divora se stesso. Hollywood ha usato questa idea realizzando due film sui buchi neri e, mentre la maggior parte degli spettatori scappa disperatamente via dal cinema, qualcuno si diverte, in quanto "mente brillante."

Quando a bordo della nave nominavo Hawking, tutti lo ritenevano creatore di un mostro che un giorno ingoierà l'universo con la sua voracità e niente, neppure la luce sarà risparmiata. Alcuni hanno commentato che Hawking ha bisogno di assistenza psicologica a causa delle sofferenze fisiche. I pensieri malvagi fanno ora parte delle sue fantasie.

Prima di metterci a scrivere su un argomento, dobbiamo radunare i fatti disponibili e cercare di informarci al massimo per giustificare quello che scriviamo. La verità spesso fa male, ma poi ci fa guarire, come una medicina, che più è amara più fa bene.

Senza di noi umani ad apprezzarla, l'intera esistenza sarebbe ridotta a dei mucchi di atomi e di materia pulsante ed esplosiva, creatori di una massa di combinazioni senza senso e senza luce, e comunque non farebbe nessuna differenza perché non ci sarebbe *nessuno a sentirla e a gioirne.* E qui subentriamo noi.

Ciò è una conseguenza della frustrazione del Creatore che, una volta conclusa la sua meravigliosa creazione, si è reso conto che non c'era nessuno ad apprezzarla. Il Creatore aveva dato agli animali irrazionali, molti dei quali sono oggi estinti, un'intelligenza limitata ma un forte istinto di sopravvivenza. Tuttavia, la loro comparsa non ha creato legami familiari, né sono stati espressi sentimenti di gratitudine o di ammirazione. Nessuno ha detto: "Grazie, Allah! Sei grande!" e si è inginocchiato sulla soffice sabbia del deserto, con la faccia sul tappeto, grato per questa bellezza celestiale.

Per la prima volta, Dio si è sentito solo. Gli esseri irrazionali non erano in grado di ammirare i tramonti meravigliosi o le stelle cadenti, ma rimanevano chini a brucare l'erba o con le zanne nella carne, intenti a sfamarsi. Il Grande Creatore si è seduto allora a fare dei calcoli e in un secondo ha creato un essere a sua immagine, dotandolo di raziocinio e di grande intelligenza affinché entrasse a fare parte della sua famiglia e poi i big bang hanno cominciato a spargere la materia oscura dappertutto. Tutto il resto è venuto insieme, compresi santi e diavoli per mantenerci vivi e all'erta.

Dio ha creato l'universo e la sua famiglia affinché ne apprezzasse le meraviglie. L'esempio più grande è rappresentato dal veglione - ovvero i festeggiamenti dell'ultimo dell'anno - che si svolge sulla spiaggia di Copacabana, a Rio de Janeiro, proprio sotto la mia finestra. Circa cinque milioni di persone, tra cui mendicanti, milionari e turisti di tutto il mondo, si uniscono come fratelli e sorelle per festeggiare uno accanto all'altro. Sullo sfondo, ci sono una dozzina di cabinati, mentre il Cristo a 2.200 piedi d'altezza benedice peccatori, blasfemi e tutti coloro perduti nella loro ignoranza perché è stato mandato a noi dal Creatore. Ci vuole tutti assieme come bambini in evoluzione, in questo favoloso concentrato di anime, dove per una notte non viene rubato neanche un portamonete.

A mezzanotte, all'esplosione dei primi fuochi d'artificio colorati all'orizzonte, lungo le quattro miglia di spiaggia, si solleva l'urlo della folla, che può essere sentita dal paradiso all'inferno e che all'unisono grida: "Dio ti amiamo! Felice anno nuovo!"(*Deus te amo, Feliz ano novo*).

Durante la crociera, sedevo tutto il giorno al tavolino sul ponte superiore della nave, con un occhio sull'oceano e l'altro sul foglio di carta. Spesso ero interrotto dai passeggeri e adoravo questi contatti umani, perché senza di essi non ci sarebbe istruzione. La varietà delle loro domande mi rischiarava la giornata, e la mia penna non ne risentiva.

Ho capito in quei momenti che ci vuole uno sforzo straordinario che dura tutta la vita per capire quanto siamo importanti noi esseri umani, legati all'infinito della creazione. Le persone ritengono di essere troppo piccole per contare qualcosa e sono soprattutto i leader religiosi a farci sentire insignificanti agli occhi del Creatore.

Spero che le persone che hanno questi pensieri negativi, che spesso vengono scambiati per umiltà, leggano questo libro per capire quanto siamo tutti speciali agli occhi di nostro Signore, altrimenti non ci avrebbe creato.

Egli ci ha dato il libero arbitrio perché voleva che noi, i suoi figli, gli dessimo dei grattacapi. Una casa piena di bambini vivaci e intelligenti rende felici e fa volare il tempo.

A volte, mentre scrivo, la penna sfiora appena la carta e le parole esplodono sul foglio, e allora riempio le pagine alla stessa velocità della stampante del mio computer. Questa benedizione, se posso definirla tale, mi dà l'opportunità di mettere i miei pensieri per iscritto, mentre la mente comune salta da un'idea all'altra.

Niente è più noioso di un libro incentrato su un unico argomento, che non cambia mai colore, come una canzone con poche note o una grande zuppa che non sa di niente.

Ho visitato dozzine di paesi, è affascinante e ne è davvero valsa la pena spendere soldi per questo. Mi piace vagabondare per le strade senza una destinazione, osservare la diversità delle culture e assaporare le specialità culinarie locali, sorridendo e conversando nei caffè, non stando seduto su una sedia "chiodata" a bestemmiare contro il Creatore come colpevole delle nostre sfortune. Come disse un saggio: "Prima di accusare qualcuno guarda te stesso."

Sono orgoglioso di saper creare bei poster o modelli di scarpe o sandali da donna non immaginabili da altri, ma quando guardo la cartolina del Creatore, abbasso umilmente la testa e gli dico che è lui il grande disegnatore e lo ringrazio per avermi dato la possibilità di esserlo anch'io, nel mio piccolo. (Nelle ultime pagine di questo libro vi sono alcune creazioni che ho fatto durante la crociera, tra cui il viso di una bella, strana donna che vi fissa. È il mio ultimo dipinto.)

Un giovane membro dell'equipaggio che mi osservava mi ha detto che ho un modo di guardare le persone da cui si capisce che mi sono goduto la vita, perché anche quando non sorrido, il mio sguardo afferma che la vita è bella e che non bisogna preoccuparsi. L'ho guardato sorpreso dalla sua stravagante affermazione e mi sono sentito felice, anche se forse lui era dispiaciuto per me a causa della mia età avanzata. Era una brava persona e mi ha dato molta speranza dicendo che la vita è bella. Dopo aver fatto un respiro profondo, gli ho risposto: "Figlio mio, la vita è bella in ogni circostanza perché siamo tutte creature di Dio. Dobbiamo crederlo perché siamo esseri intelligenti e anche quando attraversiamo un periodo difficile non dobbiamo mostrarlo agli altri perché potremmo rovinar loro la vita. Basta una parola sbagliata. Le lacrime non durano per sempre, ma la felicità sì."

La cena è stata eccezionale. Più tardi, tornato al mio tavolino sul ponte, ho preso in mano la penna e ho visto che sul manoscritto c'erano un piatto di biscotti, un bicchiere di latte e un biglietto che diceva: "Grazie signor William. Le vogliamo tutti bene."

Ho chiuso gli occhi e ho sentito le lacrime scorrere sul viso. Erano lacrime di gratitudine per il nostro magnifico universo, e per la nostra fortuna di farne parte, come esseri intelligenti. Ho ricordato tanti momenti felici, mentre le immagini mi passavano davanti agli occhi. Ho sentito che quello che diamo ci torna sempre indietro, come premio per essere gentili con gli altri e per pronunciare le parole giuste. Il potere delle parole può essere scritto o orale e può distruggere o guarire. Coloro che pronunciano parole malvagie se ne pentiranno perché subiranno le cause e gli effetti della giustizia divina.

Dimenticare il passato è impossibile; che sia positivo o negativo fa parte della memoria e ci segue nel futuro. Resta conservato in uno schedario che possiamo tirare fuori quando ne abbiamo voglia o quando lo richiedono le circostanze. Il computer ha origine da questo, ma la nostra memoria è perfetta perché ha l'energia che deriva dallo spirito eterno. Ecco perché amo scrivere, perché il passato mi ritorna alla mente appena comincio a mettere le parole su carta. Sorprendentemente, persino le date custodite nella mia memoria sono corrette! Ricordo con estrema chiarezza il suono della voce dei miei familiari, degli amici e anche degli sconosciuti. Dice il saggio: "Ricordare è vivere!"

4 Dalla Costa Concordia al *Grand Holiday of Ibero*

Il 13 dicembre 2009, ero a bordo della sventurata *Concordia*, dove ho cominciato e finito il mio libro *GOD! The Realities of the Creator (DIO! Le Realtà del Creatore)* (260 pagine). È nato nelle sette notti trascorse tra inferno e paradiso, e tredici mesi dopo la sua pubblicazione, il 13 gennaio 2012, la *Concordia* è affondata perché il suo capitano era dedito al vizio dell'alcol, vizio che si chiama Satana. Questa tragedia è successa esattamente un secolo dopo l'affondamento del *Titanic* di cui si diceva che non poteva essere affondato neppure da Dio e che invece finì negli abissi dell'inferno durante la sua prima notte. Il capitano ha pagato cara la sua blasfemia e ha portato con sé molte anime. Tutto questo dovrebbe farvi sentire meglio: l'effetto è senza causa perché Dio non è ingiusto.

Stephen William Hawking è un vanaglorioso come "mente brillante", un maestro che pensa di sapere tutto, specialmente di cosmologia e, come sempre, le sue affermazioni sono basate su teorie, a cominciare dalla quantistica. Ora siede su un grande piedistallo di sabbia per le sue scoperte sui buchi neri che vagano per l'universo distruggendo per l'eternità tutto quello che trovano, persino la luce, sottraendo a Dio la sua creazione.

Chiunque legga dei suoi buchi neri si sente indebolito dalla consapevolezza che esistono dei mangiatori di galassie mostruosi e voraci. Le persone corrono in chiesa per chiedere protezione a Dio da questo mostro, che finirà per condurre l'umanità a una fine atroce. Hawking trascorre l'intera esistenza mummificato su una sedia a rotelle. Dovrebbe cominciare, come un prete cattolico, a recitare una serie di preghiere per tentare di salvare la sua anima. Sono pensieri da *Buon Samaritano*.

Peggio dei buchi neri è la sua affermazione che non esiste alcun Creatore ma solo il vuoto o il nulla. Mi chiedo come abbiano fatto a qualificarlo come mente brillante. Ogni causa ha un effetto, afferma la scienza, basata sulla logica, sulla ragione e sul buon senso. Immagino che la sua ribellione sia causata dalla sua condizione fisica che lo fa vivere da più di mezzo secolo come una mummia. Lui incolpa Dio come se fosse la causa di tutto, ma se distogliesse gli occhi dal monitor e si guardasse la coda troverebbe la risposta. Lui ha affermato di essere una scimmia intelligente e per questo conosce l'universo. Non è uno scherzo, cercate le "citazioni di Hawking" su Internet e divertitevi.

Negli Stati Uniti, in Inghilterra, e in molti altri paesi, il vilipendio alla religione come pure la blasfemia, se avvengono alla presenza di testimoni o per iscritto, sono puniti con l'arresto, sanzioni pecuniarie e un'indennità per la vittima. Le accuse negative possono distruggere una vita o un'azienda e spesso causano atti criminali e suicidi. Queste menti o lingue diaboliche sono peggiori dell'inferno perché portano via speranza e dignità all'anima.

Ho detto che forse questo sarà il mio ultimo libro perché la compagnia di assicurazioni che mi copre per malattia, vita e viaggi, mi ha rimandato la polizza sottolineata in rosso. L'assicurazione sul bagaglio è l'unica che hanno accettato di rinnovarmi, visto che ho più di settantacinque anni. Accolgo la decisione, perché in molti casi della vita, poco è meglio di niente.

Ancora una volta, dopo due anni, e sempre in dicembre, sulla stessa piazza di Rio de Janeiro, con un taccuino di cinquecento pagine, diverse penne a sfera e la mia *Parker 51*, mi trovo a confrontarmi con un altro cigno bianco delle galassie, la *Grand Holiday of Ibero*, ma con la magica ispirazione e le delizie culinarie della *Costa*, cominciata con la *Concordia*, il fantasma. Non è una coincidenza che sia affondata esattamente un secolo dopo il *Titanic*. Non ha colpito un iceberg ma una roccia. Il risultato è lo stesso. Non c'è da preoccuparsi però, perché il capitano di *Ibero* non era né blasfemo né alcolizzato.

Una volta a bordo, l'atmosfera mistica della nave mi ha subito coinvolto, con i movimenti della navigazione, in cui gravità e antigravità combattono la pesantezza della nave, facendola galleggiare, rendendo possibile l'impossibile ed evitando che affondi.

In questo processo della natura è come essere sospeso in tre dimensioni, senza sentire la terra solida sotto i piedi. Peggio o meglio di quando pilotavo a migliaia di piedi sopra il livello del mare, ad altitudine zero e l'aria non era solida come lo è l'acqua. La relatività dei sensi neutralizza l'anima nella spiritualità della libertà. In questi casi, per spiegare quello che provo, faccio del mio meglio con le parole, scritte o orali, perché non c'è modo di esprimere esattamente quello che abbiamo in mente. Come descrivere una crociera a un aborigeno australiano che non ne ha mai fatta una? Come descrivere l'oceano?

Sto per entrare a far parte delle 2.650 anime a bordo, per conoscere le loro opinioni sulla felicità e il dolore, perché nelle vesti di un vecchio con i capelli e la barba bianchi che scrive libri sulla realtà, mi sento come un padre o un nonno, che possiede abbastanza saggezza da trovarsi in grado di dare alcune risposte giuste. A volte mi sento come un "muro del pianto", che ascolta la gente sussurrare i suoi peccati e cercare approvazione per le sue azioni. Aspettano risposte ai misteri di un mondo duro, in cui le soluzioni non si trovano a portata di mano.

Il contatto che preferisco avere con le persone si basa su un rapporto faccia a faccia. Il contato diretto mi rende uno scrittore e un giornalista migliore. Infatti, diventiamo più logici quando sentiamo che la nostra esistenza spirituale è legata al mondo esterno. Tutto questo è logico ed è meglio essere logici. La maggior parte delle persone che ho conosciuto nei miei ottant'anni è morta, e la popolazione, composta di presidenti, re e regine, stelle del cinema, leader religiosi eccetera, è aumentata da 1.933 a 2.013. Sono tutti caduti dai loro piedistalli di sabbia per finire in una tomba, e l'unico bagaglio permesso in questi viaggi è una coscienza pulita.

Prima di diventare anziano, la gente che si lamentava m'irritava. Dicevo loro di andare a lamentarsi altrove, in Israele perché lì si trova il muro del pianto.

Col passare degli anni, nelle notti insonni causate dai miei problemi, ho cominciato a provare compassione per gli altri e a sentire il desiderio di aiutarli. Mi dispiaceva essermi comportato in quel modo. Ho notato che quando si diventa anziani, il dolore e i problemi provati nella vita, non sono sempre sufficienti ad ammorbidire il cuore, mentre la fila per il "muro del pianto" di Gerusalemme arriva fino all'aeroporto.

Le cattive notizie sono gratis e bruciano come il fuoco dell'inferno, non c'è modo di spegnerle. Ecco perché la legge degli uomini si basa sulla legge morale di Dio. I blasfemi sono sotto i riflettori e il pagamento comincia qui e finisce il giorno del diploma.

Sul ponte superiore della nave, mi sentivo sospeso tra l'inferno e il paradiso, tra l'oceano e la materia oscura dell'Universo-Madre o totale (una massa luminosa rarefatta, neutra, a noi sconosciuta, come tutto ciò che ne scaturisce, come se fossimo all'interno di un acquario pieno di gelatina e tutto avesse origine da lì. Per vivere, noi umani dobbiamo restare sulla terra, poiché ne facciamo parte).

Lontani dalle luci della città, dalla nave, vediamo l'oscurità infinita, così chiaramente da sentirne la profondità, senza inizio né fine. Alle persone piace pensare che sia incastonata di stelle, ma in realtà i corpi celesti galleggiano, come noi quando facciamo immersioni subacquee. Era il mio sport preferito, nei tempi in cui volavo a Key West. Al ritorno, alle prime luci dell'alba, ammiravo la vista spettacolare che non può essere ammirata dal monitor di nessun computer.

La mia nipotina ha detto che la teoria dei buchi neri di Hawking deriva dalle lunghe ore passate a fissare l'oscurità del suo monitor; col passare degli anni le sue retine hanno cominciato a vorticare nell'oscurità creando buchi neri. Quando usa un telescopio, vede un vortice di masse colorate e crede che siano galassie.

La mia nipotina adora le scienze e ha il massimo dei voti in matematica. Se parla di queste cose, lo fa perché c'è un motivo. La vita è migliore come realtà che come sogno sulle teorie dei buchi. Lei non è relegata su una sedia a rotelle, ma corre e salta come tutti noi dovremmo fare.

Sin da bambino, viaggiando da una città all'altra, la mia mente si apriva, sorpresa dalle oscurità che si differenziano tra loro e delle diverse posizioni dell'infinito. La massa non è veramente nera o oscura, è una composizione di luce riflettente da un vetro, ma poi sono arrivate le teorie rarefatte, esoteriche o olistiche. Credo sinceramente che non esistano parole o combinazioni di parole in grado di descrivere quello che gli occhi possono vedere.

Quando parenti, amici e perfino mia moglie mi dicevano che ero irresponsabile perché pilotavo il mio aereo di notte, dicevo loro che bastava che volassero anche loro per pochi minuti per capire la mia follia notturna.

Pochi minuti erano meglio di poche ore e molti di loro lo hanno fatto, e mentre ammiravano l'oscurità dell'infinito non avevano nessuna fretta di tornare sulla terra perché rimanevano incantati dallo spettro dell'infinito. Mia moglie mi ha accompagnato in un viaggio ad Atlantic City per bere un caffè a mezzanotte e mangiare un sandwich di pastrami al Caesar's Palace. Il piccolo aeroporto si trovava proprio nel giardino. La bellezza del cielo notturno nascondeva qualsiasi paura. Peccato che Hawking non potesse godersi quell'avventura perché sono sicuro che avrebbe trovato il Creatore. Questo disegno non può esser ignorato, nonostante i suoi buchi neri.

Il movimento ondulante della prua e l'affondamento della poppa ci faceva sentire come se stessimo chiedendo clemenza al Creatore. Mi dava la sensazione della fragilità della nostra bellissima vita. È lui che ce l'ha data. Se non ci fossimo noi ad apprezzarlo, il Creatore avrebbe avuto un'esistenza vuota, nonostante la sua supremazia, perché non ci sarebbe nessuno a "rompergli le scatole", soprattutto ora, che si trova ad avere una famiglia di miliardi di persone per aver sottovalutato il potere del sesso.

Oggi più che mai i grandi telescopi ci hanno aperto le finestre e i sogni sul cielo, rendendoci possibile vedere il giardino della dimora di Dio. Quello che non viene riflesso sulla retina è difficile da credere. Il vecchio detto "vedere per credere" indica che essere un testimone oculare aggiunge un chiodo in più nella bara.

Gli atei o non credenti (non credo nell'ateismo; secondo me dimostra una mancanza di conoscenza del fenomeno della morte) sono simili a molti amici miei. Ecco perché gli increduli devono avere il loro telescopio privato. Nelle prime ore del mattino, dopo una notte di incubi, corrono al telescopio cercando disperatamente l'Onnipotente, e guardano la sua cartolina senza vederla. Sono come quelli che guidano a 120 miglia l'ora, poi vedono una curva e cercano di rallentare a 30: prima sorridono e poi si svegliano all'inferno, perché è troppo tardi.

Il sussurrare del vento e la prua che fende le onde mi fa rendere conto di quanto siamo piccoli e grandi allo stesso tempo, come parti dell'universo generato dall'Universo-Madre. Grazie alla nostra intelligenza, vediamo e percepiamo la vita eterna, perché le religioni ci parlano dell'esistenza di un'anima e la scienza conferma che siamo spiriti senza frontiere. Di cos'altro abbiamo bisogno?

Molti autori confermano con orgoglio di avere bisogno d'isolamento per concentrarsi sulla scrittura, e questo mi sorprende moltissimo. Se io facessi altrettanto, non riuscirei a scrivere, perché mi mancherebbe il pulsare della vita: essere circondato dall'oceano, ascoltare musica classica o godere di una vista spettacolare mi dà l'ispirazione. La bellezza è importante per spiegare l'importanza della vita e il nostro posto in essa. La vita è senza tempo, come il tempo stesso.

Sulla nave, in mezzo all'oceano, navigando dal Brasile all'Italia, in una notte fredda e frizzante, riuscivo a vedere il foglio di carta soltanto grazie alla luce della luna, eterna e potente. Le parole scaturivano con forza dal mio servitore, piccolo, lucido e potente, che mi accompagna fedelmente dal 1952. Si tratta della mia *Parker 51* con vero inchiostro, il mio primo investimento, che dura da una vita. Purtroppo hanno smesso di produrle, ma io conservo la mia come un'icona che, impugnata, ha il potere di distruggere vite e intere nazioni.

La vita sulla terra è interessante perché può cambiare non solo da un giorno all'altro, ma addirittura in un minuto, e lo stesso vale per il nostro essere qui, nei nostri corpi. Appena due anni fa mi sono imbarcato sulla *Concordia*, nave maestosa, come un cigno bianco delle galassie che, con i suoi tredici ponti a rappresentare il potere dell'uomo sulla natura ha la capacità di trasportare cinquemila passeggeri nel lusso. Ci trovavamo a bordo di questo colosso, in un'altra dimensione dell'universo, in cui le 112.000 tonnellate galleggiavano facilmente come un guscio di riso su un piedistallo di roccia. In seguito è affondata, proprio come se stesse navigando sulle sabbie mobili, come quando un aereo che vale miliardi di dollari è dichiarato sicuro e poi cade dal cielo come un'anatra che riceve un colpo di fucile.

Una questione interessante è stabilire se siamo responsabili di quello che ci accade o se invece siamo vittime di un destino predeterminato. Vi chiedo di rispondere a questa domanda con un'e-mail! (l'indirizzo e-mail è nelle pagine finali di questo libro).

La *Concordia* ha maestosamente ignorato la questione, sfidando sia Dio sia Satana, dimenticando la fragilità che comporta essere una creazione e non il Creatore. Paragonate all'Intelligenza Suprema, le "menti brillanti" non sono altro che piccole menti, granelli di sabbia sulla spiaggia dell'universo.

L'irresponsabilità dell'ego porta soltanto a una sofferenza abissale, causata dall'aver ignorato i valori morali, e questo riguarda noi tutti, di qualsiasi classe e livello. Siamo stati creati uguali, ma siamo liberi di scegliere se abbracciare i nostri valori, compresi la morale, e quelli necessari a intraprendere il nostro viaggio spirituale. Non si tratta di religione, ma di buon senso basato sulla ragione.

Il termine *anarchia* non viene dal cielo ma dall'inferno, creato dal nostro libero arbitrio. Non è un concetto accettato dal nostro Creatore e finché non abbandoniamo i comportamenti negativi, non faremo altro che soffrire.

Dio non ascolta i nostri pianti di tristezza, le parole delle nostre preghiere, non vede le nostre donazioni di milioni di dollari alle istituzioni religiose, non si occupa di gruppi di beneficienza né delle nostre urla di dolore perché tutto questo è soltanto materiale. I miracoli accadono solo quando guardiamo un mendicante sdraiato sul marciapiede, sporco e affamato, in attesa di morire e gli buttiamo una moneta anziché ignorarlo e andare avanti. Oppure quando vediamo un bruto picchiare sua moglie o i suoi figli e interveniamo invece di dirci che non è un problema nostro.

Le nostre sventure non passeranno finché non capiremo di essere una singola entità agli occhi del Creatore. Come ho più volte ripetuto, non sono un leader religioso o un politico, altrimenti non esprimerei la mia opinione in modo così realistico.

Ci ho messo ottanta lunghi anni di vita terrena per imparare a salire su un solido piedistallo, alla fine di un cammino a 360 gradi in cielo e in terra, su strade rocciose e dolorose, prima di essere in grado di dare consigli agli altri e aiutarli a evitare di cadere negli stessi errori. Facciamo tutti parte di una grande famiglia, non soltanto i vostri fratelli, sorelle e parenti sono la vostra famiglia, ma anche i vicini che non avete mai invitato, quelli che cadono sui marciapiedi e che superate senza voltarvi e quelli di cui ignorate le grida di aiuto per non immischiarvi. Nel frattempo, il mondo è l'inferno descritto da Dante nella Divina Commedia, che ci mostra le due facce di una stessa medaglia.

Il *Titanic* è stato divinizzato e il Creatore lo ha affondato, dandogli un destino privo di gloria e un secolo dopo, il 13 gennaio 2012, la *Concordia* lo ha seguito negli abissi a causa di una persona irresponsabile che, nonostante il libero arbitrio, non aveva capito i "perché della vita." Il dolore dell'esistenza non lo ha riportato alla realtà, ha dovuto ricevere una lezione al momento giusto.

Il capitano della *Concordia* ha creato le condizioni per il disastro che è accaduto: *alcol e infedeltà*. La catena di eventi ha coinvolto i passeggeri, perché non si trattava di una crociera per santi o per il Creatore. Era un mostro come i buchi neri Hawking, che ingoiano le galassie che si trovano sulla loro strada.

Ora, a bordo del *Grand Holiday* per dieci notti, mi sentivo pieno di speranza, che è l'unica cosa che non ci abbandona mai. Oltre a scrivere, durante la crociera, ho goduto dei lussi che offriva, come il cibo gustoso servito con classe nelle stupende sale da pranzo, e sarei stato un pazzo a non farlo. Quelli che hanno lavorato duro per mettere da parte i soldi per questo viaggio hanno sicuramente capito che ne valeva la pena.

Non riesco a dimenticare la *Concordia*. Era un cigno ostentatamente gigantesco che veniva dal cosmo, ancorata al porto di Rio, che con le sue 112.000 tonnellate di acciaio sfidava le leggi di Dio sulla forza di gravità, in attesa di accogliere, proprio come un Creatore, migliaia di anime, allo stesso modo in cui le "menti brillanti" vanno in giro giudicando l'universo di Dio nel modo più immorale possibile.

Sono tutti persi nel loro egocentrismo, nelle loro teorie infondate, che portano l'umanità ad abissi di sofferenze per poi diventare a loro volta vittime di se stessi fino a quando non sono proclamati editti basati sui valori e sui valori morali. Questo vale per tutti i membri della società, che pur essendo miliardi, sono tutti chiamati a rispondere individualmente. Il Creatore non tollera l'anarchia, altrimenti l'universo non sarebbe stato creato.

All'inizio di questa crociera, ho detto agli amici che questo libro sarebbe stato probabilmente l'ultimo, perché quando si arriva a ottant'anni e il peso della vecchiaia aumenta, l'anima si alleggerisce. Il ponte che ci porta oltre i limiti del corpo materiale comincia ad apparire all'orizzonte, indicando che il momento per cominciare il viaggio si avvicina.

La cosa interessante è che i più giovani non capiscono il processo d'invecchiamento, perché si evolve continuamente nel tempo presente, muovendosi lentamente come nell'unità di misura chiamata tempo di Planck. È quasi impossibile da contare al millesimo di secondo, ma questo è un dono del cielo. Non abbiamo tempo di sentire il suo avanzare e accettiamo l'invecchiamento continuando a sentirci giovani. Nessuno rompe uno specchio perché si vede vecchio, anzi diciamo: *"Siamo come il vino, che migliora con gli anni e diventa vivo e più saporito."*

La settimana scorsa ho incontrato una signora di novantadue anni che si metteva il rossetto davanti a uno specchietto in un caffè e mi ha detto: "Credo di stare invecchiando, perché comunque non siamo in grado di sentire il passare del tempo." Conosco bene questo fenomeno divino, perché accade con l'esperienza.

Quando è il momento di andarsene, non possiamo portare niente di materiale con noi - eccetto le nostre *Parker 51*, perché non perdono inchiostro e non lo esauriscono. Tutto quello che abbiamo fatto di buono, invece, possiamo portarlo con noi, perché fa parte della nostra coscienza. Naturalmente, il nostro spirito ci accompagna.

In una calda giornata d'estate a Rio, ero in fila al porto, in attesa di imbarcarmi, quando ho sentito l'annuncio da un altoparlante: "Attenzione, passeggeri, benvenuti nel paradiso che si chiama *Grand Holiday of Ibero*. Stiamo cominciando l'imbarco, ma prima permettete a quel signore di bell'aspetto, con capelli, baffi e barba bianchi di imbarcarsi. Per favore, dategli una mano perché l'asse non è stabile."

Ho preso il portatile e il bagaglio pieno di materiale necessario al mio lavoro intellettuale, come penne, carta, riviste scientifiche, disegni, eccetera. L'equipaggio mi ha aiutato e mi sono sentito un bambino viziato circondato dai nipoti. Nell'entrare a bordo, ho salutato tutti con gratitudine.

Ho sentito subito la freschezza dell'ambiente, era come entrare in un altro mondo pieno di bellezza. Il cambiamento di equilibrio dalla terra ferma mi ha fatto sentire grosso e pesante. Non conto nulla per la legge di gravità, di fronte all'acqua, che si oppone al peso come un anatroccolo. La battaglia continua, perché entrambi sfidiamo la creazione, bilanciandone il potere. E noi ne usciamo vincitori.

Il mio proposito principale in questo viaggio, che avevo in mente da molti mesi, era scrivere questo libro. Ci provavo con tutte le mie forze, usando le mie esperienze di vita, sia positive che negative, e le mie risorse intellettuali, che mi sono costate migliaia di ore di piacere e di sonno nello sforzo di riuscire nel mio intento. Se dovessi dare una definizione di me stesso, mi considero una stella solitaria vincente, perché tutto quello che so, mi appartiene e posso aiutare gli altri con le mie conoscenze. Nell'attraversare la strada sotto le luci, la barca mi dava la sensazione di essere un pesciolino in un acquario infinito, senza confini, senza inizio né fine.

Mi sono svegliato dal sogno quando una bella, giovane donna in uniforme mi ha preso sotto braccio e mi ha offerto di fare un tour della nave per assicurarsi che non mi sarei perso in questo labirinto. Era piena di luci e di segnali. Non rifiuto mai l'aiuto che mi viene offerto e non l'ho fatto neanche questa volta. Era tutto pronto e non vedevo l'ora di mettere su carta il fiume di parole che avevo dentro. Avrei aiutato non una ma milioni di persone. Ho sempre sognato di cambiare questo grande pianeta, sul quale ho già trascorso un tempo considerato lungo. Il mio cuore è tranquillo e così posso stare sereno di aver compreso un po' del "perché la vita è così" per noi anime.

Da bambini sogniamo Babbo Natale, ascoltiamo le favole sugli angeli e leggiamo tante storie innocenti e divertenti, che ci tengono al riparo dall'incertezza del mondo degli adulti. Questo tempo finisce quando diventiamo adulti, e non c'è né pietà né perdono per coloro che creano incertezze. Non tutti hanno la capacità di superare l'infanzia. Coloro che ci derubano della fede o dei nostri sogni, siano essi travestiti da santi, religiosi, scienziati o politici, persone di successo come cantanti o attori o leader e icone in una società delimitata come un bozzolo che sta per dare vita a una farfalla, non devono essere perdonati. Persone come Hawking, che cerca di derubarci la fede e la speranza negando l'esistenza di Dio e di una vita dopo la morte, sono le prime a non godersi la vita, perché sono l'effetto di una causa.

Mentre l'ascensore saliva, ho chiuso gli occhi immaginando di essere sulla Concordia. Quando li ho riaperti, i fantasmi erano scomparsi, anche se solo momentaneamente, perché fanno comunque parte della nostra coscienza e del nostro passato. Tutto ciò che esiste deve essere reale, altrimenti sarebbe solo teoria, parte di credenze che non offrono soluzione, ma solo inutili fantasie.

Quello che sta accadendo a me accadrà anche agli altri, perché siamo tutti uguali. Ogni volta che lo desidero, sento le voci delle persone del mio passato, tutto è racchiuso nella nostra mente, compresi gli odori e persino il sapore di certi cibi. Tutte le cose positive e negative dell'infanzia possono essere riportate al presente, perché i ricordi sono custoditi nel computer della nostra mente. Possiamo fermarci nei momenti felici e sorridere, lasciando da parte lo stress, perché viviamo nel presente, ovunque ci troviamo, mentre il futuro è davanti a noi. Penso che non sia difficile da capire; chiunque è in grado di tracciare un grafico e vederlo chiaramente proprio come un albero genealogico.

Come anziano senza compagnia a bordo della nave, ho notato che l'equipaggio mi dedicava un sacco di attenzioni. Quando qualcuno mi prendeva sotto braccio mi lasciavo sorreggere, come se la terra fosse diventata un po' instabile e questo mi faceva pensare alla mia Carol (trentatreenne quando morì nel 1996), perché aveva un'attenzione speciale per gli anziani che entravano nel caffè dell'Hotel Marriott Marquis a New York. A quei tempi ero molto più giovane, avevo sessantaquattro anni, e già allora mi diceva che si sarebbe presa totalmente cura di me nella mia vecchiaia. Era un angelo senza ali e ora è qui, intorno a noi, soprattutto ai giovani.

Nessuno è tenuto a credermi, come io non devo credere agli altri, ma a volte, quando la situazione mi sfugge di mano, sento la sua presenza che mi calma. Anche se non fosse vero, è comunque un pensiero che mi dà beneficio.

Dopo un'ora che ero salito a bordo, sapevo già di trovarmi nel posto giusto. Ho detto alla giovane donna dell'equipaggio che avevo intenzione di scrivere un altro libro basato sulla realtà e l'osservazione scientifica, sulla spiritualità e il materialismo, per portare speranza a chi non ce l'ha e vede la vita come un inferno privo di soluzioni.

So disegnare curve perfette e recentemente ho scoperto di avere la capacità di creare modelli di scarpe e di sandali femminili. Le donne li adorano, mentre io possiedo soltanto quattro paia di scarpe (nere e marroni) mia moglie ne ha a centinaia e continua a comprarne. Ho detto alla giovane donna dell'equipaggio che avrei disegnato qualche modello di scarpe per il libro che stavo scrivendo e lei mi ha chiesto di mandarle un'e-mail per dirle quando il libro sarebbe stato messo in vendita su Internet. Infatti, nei nove lunghi mesi che passa a bordo della nave, l'equipaggio legge libri e giornali in inglese. (Date uno sguardo alle ultime pagine del libro, che mostrano vari disegni di modelli di scarpe, che potrete portare da un calzolaio).

Non ho mai detto addio a nessuno, ma sempre "arrivederci", perché sapere che un giorno ci si può rincontrare ci dà una sensazione di eternità. Tutto è circolare nell'universo e non c'è nessun posto in cui nascondersi.

Questa circolarità comincia con gli atomi e finisce nei corpi celesti colossali dell'infinito, visto che finora non ne sono stati trovati di quadrati neppure da Stephen Hawking, la cui unica distrazione è l'infinito con i suoi segreti. Persino i buchi neri sono circolari; vortici e curve sono più facili da fare, seguire e disegnare. Io sono bravo a disegnarli (si vedano le pagine finali).

Dopo il caloroso benvenuto—che non era dovuto soltanto alla professionalità dello staff, perché siamo tutti in grado di sentire la sincerità nell'animo delle persone—ho deciso di scrivere di giorno anziché di notte per mantenere i contatti con le persone. Tutti quelli che si avvicinavano al mio tavolo per chiacchierare o fare domande erano da me accolti a braccia aperte, anche mentre scrivevo. Parlavo di politica e religione facendo in modo che nessuno fosse escluso e facendo attenzione a evitare qualsiasi negatività nelle mie affermazioni.

Riesco a concentrarmi sulla scrittura anche quando sono circondato da centinaia di persone, mentre nelle buie e polverose caverne illuminate soltanto dalle candele o nei monasteri in cui risuona il mormorio dei canti o in una capanna nella foresta dove la sola compagnia è quella delle zanzare, la mia mente perderebbe immediatamente l'ispirazione.

La vera ispirazione deriva dal contatto tra anima e spirito. È pronta a scorrere ovunque, in qualunque momento, come acqua da un tubo rotto. All'età di settantadue anni, Thomas Paine scrisse il suo ultimo libro, *L'Età della Ragione*, chiuso nella prigione della Bastiglia, dalla cui finestra vedeva ogni giorno le teste mozzate dalla ghigliottina. Questo gli ricordava che avrebbe potuto essere il prossimo, ma gli ha dato anche l'ispirazione per scrivere il libro. Gli altri suoi scritti erano su piccoli frammenti di carta. Il suo libro è stato un best seller, al contrario di quelli con i nomi sulla copertina, la cui fine si trova già sulla prima pagina.

Ho scambiato il bagliore delle galassie con i raggi del sole che viaggiano a 186.000 miglia al secondo per scrivere i miei libri, perché il Creatore benedice ognuno di noi. Giorno e notte, siamo in paradiso come anime e spiriti e questo è più di quanto possiamo chiedere e pregare.

Sono le 5:45 del mattino e la prua oscilla lentamente in attesa di una giornata piena di energia positiva, con i raggi del sole che illuminano ogni cosa. È il suo lavoro senza fine. La prua con le sue oscillazioni sfida la gravità contro l'antigravità. È la relatività delle superficialità legate alla nave sull'acqua e al suo peso, e non si tratta di una creazione umana, ma di un dono che il Creatore ha dato alla nostra scienza. Ancora una volta, la scienza conosce i calcoli ma non sa come accade.

La nostra vita è simile a una partita a Ping-Pong, da cui la maestosità della creazione esce sempre vittoriosa. Come ho affermato in precedenza, abbiamo il diritto di goderci la vita finché possiamo, grazie all'intelligenza che ci è stata donata. Altrimenti mangeremmo erba e carne cruda, senza goderci le delizie gastronomiche e preoccuparci di chi è più bello e chi lo è meno, come sciocchi esseri vanagloriosi. Accettiamo gli altri con arroganza per le loro menti brillanti e la genialità, mentre le persone comuni fanno fatica a finire la scuola con un punteggio necessario per trovare lavoro come bidello.

Gli adesivi colorati che spesso vedo sulle automobili m'irritano profondamente:

"Mio figlio è il primo della classe."

"Siamo genitori orgogliosi perché nostro figlio è il primo della classe."

"Nostro figlio è tra i migliori all'università."

"Dio ci benedica, perché i nostri figli sono bravi studenti."

Ma peggio di tutti è la sedia a rotelle di Hawking:

"Qui siede una Mente Brillante, un Genio d'intelligenza superiore, il miglior risultato della natura. Ha scoperto che Dio non esiste. Il suo corpo deformato non è stato creato da Dio ma da uno scherzo della natura."

I sussurri di orrore del nostro mondo hanno origine da un uovo fuori da ogni contesto, o meglio, dal primo uovo senza gallina che ha portato l'anarchia negli asili e nelle scuole elementari. È come affermare che siamo nati senza gli spermatozoi, senza padre, e tutto ciò porta caos nel creato e ci conferma che le notizie cattive si propagano velocemente, perché l'idea che l'uovo non è nato nel nido di una gallina, ma dal nulla, è paurosa e rende i buchi neri reali, mangiatori di galassie, bestie sataniche che costringono la gente a pensare che cosa racchiuda l'anima di questa creazione.

In Brasile, quando l'ecografia mostra che il cranio del feto è privo di cervello o ha una malformazione, le donne sono libere di abortire legalmente. La domanda è: cosa succede se una donna decide di non abortire e poi suo figlio nasce normale? Questo libro offre la risposta giusta dal punto di vista spirituale, perché lo zigote all'interno del corpo materno, oltre al cervello, ha già un'anima e l'aborto ci ucciderebbe, privandolo della possibilità di crescere. Lascio la vostra coscienza libera di rispondere, ma non lasciatevi influenzare da nessuno!

Orson Welles (1938) ha trasmesso l'invasione dei marziani a New York City, e tutti sono scappati in cerca di riparo. Hawking ha seguito le sue orme facendo un lavoro migliore, perché con i buchi neri che invadono l'universo, non c'è più un posto in cui nascondersi.

I buchi neri sono così spaventosi che persino il Creatore ne è impressionato, perché ha dato al genio che li ha creati senza il suo permesso la possibilità di cancellarli e di riconoscerlo come Padre di tutti i padri. L'anima esiste per darci la speranza e rappresenta una medicina eterna, il premio finale. Hawking ha un computer parlante, ma non è tutto, perché i miracoli e i fenomeni non sono soltanto parole, e lo posso provare personalmente, ma dietro di essi deve esserci un comportamento corretto.

Non dovremmo mai privare i bambini delle loro fantasie, perché crescerebbero in un mondo senza colori e diventerebbero adulti privi di speranza. Chi è privo di speranza diventa crudele e non rispetta le leggi morali su cui si basa la società degli uomini. Il mondo spirituale ha le sue leggi e le sue regole che vanno rispettate. Il punto di partenza è ovunque, basta guardarsi intorno, perché ogni dolore ha una causa e ne rappresenta l'effetto.

I miei ottant'anni di esperienza mi hanno dato parole sufficienti a coprire lo spazio tra inferno e paradiso, ma non ci sarà nessuno che le legge se l'irrazionale prende il sopravvento, in un mondo in cui il più grande divora il più piccolo.

Il concetto di esistenza è fantastico: siamo circondati da una materia microscopica, pulsante di vita, anche nel mondo materiale. Il nostro corpo è una massa che noi possiamo gestire soltanto dai nostri cervelli. La maggior parte di questa materia è positiva, ma le parti dannose possono sfidarci, causando malattie. A volte vincono la battaglia, causando morte e deformità, e questo provoca dubbi sull'esistenza del Creatore che redime le anime ben illuminate.

Le microscopiche creature e le microscopiche composizioni, oggi studiate dalla scienza, dovrebbero essere analizzate con priorità perché lo spazio è una grande impresa. C'è molta innovazione da fare, ma prima dobbiamo "mettere in ordine la casa." Neanche scienziati e "menti brillanti" sono crocefissi senza speranza, perché lo zelo, in questo caso, viene messo al primo posto, quando dichiarano di voler trovare l'origine della creazione. Nel frattempo, la morte prende il pedaggio. Siamo il creato, non il Creatore. La legge è nostra, dall'anima allo spirito, immutabile, a nostro beneficio. L'Onnipotente è sopra di noi e su tutto il creato, nel passato, presente e futuro. Ho scoperto questa verità col buon senso e non leggendo testi religiosi.

L'ho letto in un libro che mi è stato dato nel 1972. Era vecchio e frammentato e mi ci sono voluti giorni di duro lavoro per comprenderne il significato, ma ne è valsa la pena perché ha risvegliato la mia spiritualità dopo tutta la negatività presente nel mondo. Le sfide avverse stanno per vincere la battaglia e il Brasile è al centro del campo di battaglia, come provato da scienza e religione. Il Vaticano ha mandato un rappresentante ufficiale ai funerali di Francisco Xavier, morto a novantadue anni in povertà, lasciando un'eredità di oltre 412 libri. Era molto famoso nel movimento spirituale brasiliano (Allan Kardec-Spiritismo), dove usano un processo noto come "psicografo", che proviene dall'inconscio di qualcuno che non è consapevole del suo contenuto.

Xavier ha scritto pagine intere a occhi chiusi. Lavorava all'ufficio postale del suo paese, ma ciò che ci ha lasciato gli ha fatto vincere il premio Nobel per la pace, mettendolo sullo stesso piano di Gandhi. Hawking sta aspettando da oltre mezzo secolo la medaglia, senza sapere che il riconoscimento viene dal cielo e non dai buchi neri.

Gli esseri umani che si dedicano alla scienza non sanno più cosa fare per creare nuovi nomi e scoperte, che li renderanno famosi. Ora sono particolarmente impegnati in campo medico. Cercano di scoprire la composizione della materia oscura, non dell'Universo-Madre. Cercano di ottenere immagini, perché le foto degli atomi sono esplosioni atomiche che porteranno molti scienziati in un deposito, dove il Creatore non li vedrà neppure.

Alla fine di questo libro troverete il mio indirizzo e-mail. Rispondo alle e-mail perché sono ancora in giro. Vorrei avere notizie sulla teoria sul bosone di Higgs o le particelle di Higgs. Queste teorie erano state anticipate cinquant'anni fa e ora destano l'interesse di tutti. Se due protoni collidono alla velocità della luce all'interno di tubi di collisione possono raggiungere Dio, e poi? I soldi che sono stati spesi per queste ricerche potevano essere dati alle famiglie dei malati di cancro o per trovare modi per salvare il pianeta da una distruzione lenta ma certa. Ci sarà una terra ma sarà priva di scienziati e leader religiosi. Ci saranno statue di Hawking con la seguente iscrizione: "Una mente brillante che ha passato la vita a sopravvivere e ha dedicato la sua sofferenza ai buchi neri e allo sviluppo di un universo senza Dio." Nel frattempo, avrebbe potuto dedicare i suoi sforzi per trovare una cura alla malattia di Lou Gehrig. Il mondo lo avrebbe acclamato come un altro Einstein, o Edison. Avrebbe potuto scoprire qualcosa di simile alla penicillina che avrebbe permesso agli angeli di scaricare i microbi nei buchi neri del demonio – scusate, intendevo dire di Hawking.

Edison, che dormiva poco, in media quattro ore per notte (subito dopo veniamo io e mia madre) ci ha lasciato 1.093 brevetti a nostro beneficio, nessuno dei quali ha fatto paura alla gente, ed egli fu molto più di una "mente brillante." Il Creatore sostiene gli spiriti illuminati come lui. Dio non dorme, né si riposa, né è mai stanco.

Mentre tutto acquista una dimensione cosmologica e universale, la scienza si dirige verso l'irraggiungibile infinito, mentre noi umili terrestri lontani dai riflettori sentiamo la terra col nostro corpo, dalla testa ai piedi, dal momento che la terra è il nostro universo, perché qui ha origine la vita, dall'unione di una coppia, proprio come gli esseri irrazionali. Un nuovo mondo ha inizio proprio come è iniziato l'universo. Siamo noi, nati in un corpo umano, che come il DNA perfetto, si moltiplica perfettamente. L'anima, come spirito, possiede le sue impronte digitali eterne.

Nessuno ci ha mai fatto attenzione? I nostri corpi perfetti sono costituiti da carne e ossa. Sono molto deboli ma anche molto gradevoli, e ce li teniamo stretti con i denti.

Hawking ha già fatto sapere a tutti che intende continuare a vivere e questo è bello, ma io che ho dieci anni più di lui sono pronto ad andarmene in qualunque momento, tra dieci o vent'anni, perché la morte non è la fine di tutto.

Siamo spiriti grandiosi ma realisticamente umani, perché tutte le strade portano al Creatore. (La Bibbia afferma che ci ha creati a sua somiglianza). Questo risale a qualche millennio fa, e allora c'erano persone intelligenti. Oggi, siamo sempre circondati da molte persone senza la pacchianeria delle "menti brillanti." Non basta travestirsi da santo per esserlo realmente. Un titolo non prova la realtà, si tratta di semplice buon senso.

Pochi esprimono i loro pensieri come faccio io perché è come mettere la mano senza protezione in un nido di vipere, ma io descrivo la realtà e questo dà fastidio a chi non è preparato. In questo modo si educano le persone ad avere un futuro migliore. Hawking sostiene apertamente che Dio non esiste e nessuno lo ha contraddetto. La gente ha paura di una mente brillante ma qui entra in gioco la mia intelligenza, che coltivo da ottant'anni. Io mi confronto con questo cosmologo faccia a faccia, nella consapevolezza che il suo intelletto non offusca il mio, che è un piedistallo fatto di solida roccia. Lui potrà sfidarmi in qualsiasi momento sulla CNN, ed io ci andrò, con i miei ottant'anni vissuti a 360 gradi, che comprendono risate e lacrime.

Lascio la mia e-mail ma non il mio cervello perché non c'è anima lì dentro. Lascio quello che esiste oltre la tomba alla scienza, o alla "non scienza", che scoprirà il mistero della materia oscura illuminata che riempie l'Universo-Madre, compresi i risultati degli esperimenti sul bosone di Higgs, che procurerà dei bei mal di testa a chi resta sulla terra. Questa composizione ha una formula, ma si ferma alla prima. Tra la composizione, ci sono milioni di sequenze. Se leggete questo libro fino alla fine, troverete una spiegazione che vi aiuterà a comprendere meglio tutto ciò.

Per quanto riguarda le idee da sogno sulla curvatura del tempo, si tratta di una tubatura di plastica. Il processo si svolge alla velocità della luce ed è meglio dei giochi dell'asilo, e lì deve fermarsi, senza essere esposto come una realtà futura. Il dolore e la morte sono reali e l'unico ingresso nel mondo è l'unione tra ovulo e spermatozoo. Questo dovrebbe essere sufficiente per qualsiasi mortale, nel suo percorso verso l'immortalità, per fermare il "codice delle sciocchezze" e cercare di salvare il pianeta senza dare idee a Hitler su come cremare i corpi. La bomba atomica non è stata creata dalle religioni ma dalla scienza.

Come ho affermato in precedenza, l'universo è un acquario infinito. Siamo pesci che nuotano sospesi, come i corpi celesti. Siamo controllati dal tocco di un telecomando; senza l'aiuto della forza di gravità saremmo frammentati nello spazio proprio come gli steroidi senza direzione.

Il tempo è curvo come un tubo di plastica. Arriveremo a un certo giorno nell'archivio del passato. Questa è stata la mia grande idea quando andavo all'asilo. L'insegnante mi disse che era geniale, ma si raccomandò di non dirlo agli scienziati o a nessun altro perché mi avrebbero preso per pazzo. Il futuro è un sogno perché non esiste. Il futuro è il presente di oggi. Ora capisco perché l'insegnante non è andata né a Oxford né Cambridge. Se fossi diventato un genio avrei avuto molte occasioni per insegnare la realtà piuttosto che le teorie legate a sogni intoccabili.

Più tardi, la mia maestra andò in un paese straniero con una borsa di studio per studiare medicina, cercando di fare quello di cui abbiamo un grande bisogno: ricerca su come controllare la diffusione delle malattie, piuttosto che sprecare il nostro tempo limitato qui. Lo stesso è accaduto a mia figlia: è morta ad appena trentatré anni a causa del suo lavoro in un laboratorio ad alto rischio di contaminazione, in cui non c'era posto per le fantasie. Lei faceva ricerca nella realtà, per ridurre i dolori dell'umanità. Rispetto la sua memoria e quella dei milioni di persone che hanno lavorato per migliorare il pianeta. Non si trovano su un piedistallo, non sono definiti geni e "menti brillanti." Non si perdono in fantasie mentre l'acqua dolce e salata stanno diventando inutili. È un pericolo per la nostra esistenza terrena. L'unico corpo celeste in cui viviamo è ora moribondo.

Ho viaggiato in molti paesi del terzo mondo, non come turista che andava in posti di lusso. Ho visitato piccoli villaggi e anche alcune capitali. Il cattivo odore dei fiumi, dei laghi o dell'acqua non si può descrivere a chi non si è mai mosso dai paesi del primo mondo. Questi paesi in via di sviluppo comprendono anche il Brasile e l'India, dove le persone buttano tutti i rifiuti nell'acqua. Il sistema fognario scarica direttamente nel mare. Nella spiaggia di Copacabana e in qualsiasi altra spiaggia si possono vedere i rifiuti galleggiare. Quando voglio andare in una spiaggia pulita, devo volare per nove ore per raggiungere Miami o le isole dei Caraibi.

I miei nipoti adulti hanno smesso di venirmi a trovare a Rio, perché dicono che i bagni pubblici non esistono, neanche nella metropolitana, e i milioni di bar e di caffè non sono obbligati ad avere una toilette per i clienti. Se ce n'è una in un parco, è talmente lercia che la gente è costretta a fare la pipì dietro le macchine. La scienza deve dedicarsi a risolvere questi problemi perché qui è dove noi viviamo e non in un mondo fuori dalla nostra portata.

L'energia dell'Universo-Madre è sempre esistita ma la sostanza oscura può essere composta di atomi esoterici come base o scheletro della sostenibilità. L'armatura dentro una colonna di cemento e la sua copertura hanno innumerevoli componenti. Ora arriva l'incubo: questi elementi sono infiniti, perché le minime divisioni si presentano come dei quark (gruppi di particelle N.d.T.). Sono divisi in sei parti ma, secondo le "teorie o i fatti", possono essere ulteriormente divise. Questo prova che lo spazio deve sempre essere riempito e può essere eternamente vuoto. Il vuoto tende a riempirsi e non importa quanto lo si schiacci. Gli atomi sono uniti, ma se c'è spazio tra loro, quando si smette di premere, si separano. È immaginabile e accettato perché è eternamente e perfettamente funzionale dall'inizio dei tempi. È meglio lasciar perdere perché le "istituzioni dei matti" sono già piene di scienziati, leader religiosi e di persone che non fanno una crociera per rilassarsi.

Questa è la terza crociera che faccio quest'anno; forse dovrei vivere su una di queste navi. Molti anziani lo fanno, non solo per la comodità, ma anche per rifuggire alle tensioni di un mondo che per molti di noi è privo di logica. È una soluzione se s'intende continuare a scrivere un libro velocemente o buttarlo fuori prima che danneggi il tuo cervello e non la tua mente. Si tratta di te stesso come spirito.

Prendete un barattolo rotondo di acciaio e riempitelo di piccole palle di diamanti finti; poi aggiungetene di più piccole e infine di talco. Poi, prendete una portaerei americana con 550.000 tonnellate, l'imbarcazione più pesante (più di cinque navi da crociera Costa messe insieme) e mettetela in cima al vasetto. Guardatela con un microscopio atomico e somiglierà al formaggio svizzero. Non aggiungete acqua perché non aiuterebbe. Vi prego di non prenderla troppo seriamente perché potreste perderci il sonno. È quello che è capitato a me.

Questo è ciò che gli umani continueranno a fare in eterno, come anime e come spiriti, ma al Creatore non dispiace, al contrario, è lusingato dal fatto che diventiamo sempre più intelligenti. Di conseguenza l'evoluzione spirituale sta procedendo a pieno ritmo, per un universo migliore, ma la moralità deve essere presente in ogni settore, come anima o come spirito.

Finché non sfidiamo il Creatore con dei dissensi, saremo felici in qualsiasi circostanza e riceveremo favori, miracoli e fenomeni. Questo è quello che mi è sempre accaduto fino agli ottant'anni. Spero che continui ad accadere fino all'ultimo momento, specialmente ora che il mio tempo è limitato. L'orologio del Creatore non si ferma mai, perché è energia.

Sembra un film di fantascienza di Hollywood, ma qualcuno è arrivato prima di me e ha vinto l'Oscar nel 1968, perché è riuscito ad avere una visione che anticipava di trentatré anni il futuro, soprattutto dal punto di vista tecnologico: *2001 Odissea nello spazio*.

Il film ha mostrato al pubblico una finzione come se fosse realtà. Ma era davvero finzione?

Ho sempre affermato che molti di noi sono angeli venuti sulla terra sotto forma di uomini e donne per portarvi la tecnologia e l'etica morale. Se non ci credete, vi consiglio di aprire gli occhi per il vostro bene. Questo film ha avuto un successo mondiale. Quello che mi colpì, quando avevo quarantacinque anni, era che la maggior parte della tecnologia presentata nel film come finzione è divenuta realtà pochi anni dopo. Eravamo pronti ad accettarla come evoluzione materiale, ma in fondo si trova l'anima. All'epoca ero un giornalista e chiedevo al pubblico le opinioni sulla storia e come l'avevano compresa, e la maggior parte delle persone non aveva fatto caso ai minuti finali, all'invecchiamento e alla nascita di una nuova vita.

La ragione è che l'astronauta è invecchiato nel suo lungo viaggio nello spazio che l'ha portato nel futuro e poi l'ha fatto morire, ma il suo spirito è ritornato sulla terra, è rinato o si è reincarnato (è di nuovo in carne e ossa, come neonato). Nel film si vede chiaramente quando l'astronauta è un giovane uomo con la faccia da centenario. In pochi secondi diventa un embrione nel ventre, che galleggia nello spazio. Il suo viso continua a cambiare col passare dei secondi, finché non diventa quello di un bellissimo neonato. Egli ritorna sulla terra in un letto in una stanza bianca e illuminata. Il neonato sorride e si mette a piangere… e il film finisce.

I tamburi suonano all'unisono, strumenti perfetti per la fine del film. Negli Stati Uniti, in Spagna e in Brasile si è molto parlato di questo film e so per certo che Hawking non ha avuto niente a che fare con la sua produzione.

A mio parere, la realtà di morte e distruzione nelle guerre e nelle rivoluzioni sanguinose è sbagliata; queste miserie portano vantaggi al pianeta perché le nazioni fanno di tutto per vincere le guerre e si danno da fare con ricerche e sperimentazioni di nuove armi da usare contro il "nemico" essere umano. Anche la comunicazione e la medicina sono al centro di periodi orribili e sanguinosi. Significa scegliere la vanagloria, a spese dei nemici, come nostri fratelli in relazione alla Creazione. La sofferenza è la stessa da entrambe le parti. La questione della sua presenza personale è una scelta del nostro libero arbitrio, che dobbiamo meritare con il nostro comportamento.

Ho provato un senso di vuoto quando un'adolescente, durante una festa nella villa dei suoi genitori di Fort Lauderdale, Florida, mi ha chiesto, subito dopo avermi incontrato, se potevo provare l'esistenza di Dio. Sono abituato a sentirmi rivolgere questa domanda, e non mi ha sorpreso che me la facesse anche una ragazza giovane. Un grande numero di suicidi è commesso proprio da persone di quel gruppo di età, specialmente se appartengono a famiglie agiate. Spero che Hawking abbia questa statistica sul suo monitor e, se ce l'avesse, gli darei il premio Nobel che sogna di ricevere, a patto che questo includa altri cinquant'anni da passare sulla sedia.

Mi rendo conto che le persone che hanno a loro disposizione tutti i beni materiali siano proprio quelle che sottovalutano la fatica che si fa per guadagnarsi da vivere, e per questo non apprezzano quello che hanno di materiale, mentre altri non possiedono niente. Questa differenza è spirituale. L'ignoranza (intesa come mancanza di conoscenza) trascura la bellezza e i mezzi della vita, come anima e come spirito.

Gli esseri umani che negano l'esistenza di un Creatore, perché non lo vedono in carne e ossa, non vedono neppure un piccolo fiore che cresce nella sabbia di un deserto rovente o una lucertolina che corre a nascondersi sotto una roccia alla temperatura di sessantacinque gradi nella Valle della Morte. Non ha bisogno di un rifugio o di acqua proprio come il piccolo e delicato uccellino che vola perfettamente controvento. Lui ci dà tutti i segnali da seguire e noi, con il nostro libero arbitrio, ci perdiamo da soli. Siamo testardi e molti di noi hanno tanti sentimenti negativi, così quando c'è qualcosa che non va, facciamo finta di niente. La domanda sul Creatore è una di queste.

Dopo aver volato da solo per qualche ora appena, all'età di sessantaquattro anni, sono partito nelle ore piccole di una chiara notte d'inverno, per sfidare per la prima volta le leggi degli umani, ma non quella del Creatore. Mi sono spinto oltre il limite dei quindicimila piedi di altezza, fino a raggiungere quasi i diciottomila. La temperatura esterna era di cinquanta sotto zero. L'aria all'interno dell'aereo era densa, quasi come quella di un acquario gelatinoso. Potevo volare lentamente o perfino fermarmi. Ho guardato la materia oscura dell'infinito, e mi sono chiesto perché non fosse nera come l'oceano di notte. È possibile guardare attraverso un gel, come se fosse una gelatina con una pallida aureola.

Mentre la fissavo, mi sentivo come se vi stessi scivolando dentro, come se stessi abbandonando la terra, ed era una sensazione meravigliosa. Improvvisamente, immaginai di perdermi nell'immensità e quest'idea mi diede i brividi.

Osservavo la linea curva della terra all'orizzonte, circondata da una sottile linea rossa, poi divenuta gialla. Cominciò ad allargarsi finché non comparve il bordo del sole, timidamente. Dopo qualche minuto mi guardò e mi disse che era la mia vita. Chiusi gli occhi, mentre cercavo di raggiungere gli occhiali da sole, e gridai al Creatore: "Dio, mio Signore! Sono qui!"

Poi sussurrai: "Mi dispiace di aver urlato, ma è tutto così splendido, mi mancano persino le parole per descriverlo. Grazie."

Poi ho disceso le cento miglia per arrivare a Caldwell a una velocità minima, sopra milioni di anime, dove tutti ancora sognavano e presto si sarebbero svegliati per affrontare un nuovo giorno; il sole spargeva i suoi raggi per la nostra gloria, unendoci tutti, come una famiglia. Potremmo e possiamo essere più felici, perché nell'amore non c'è negatività, non ci sono guerre, e così via.

5 L'universo ha confini?

L o scienziato Stephen William Hawking afferma che l'universo ha delle frontiere, perché la sua teoria prevede molti universi. Le sue affermazioni hanno lo stesso valore di "credo che potrebbe essere in questo modo o nell'altro" o di una "speculazione." Per anni ho pensato che prendesse in giro la gente, con i suoi buchi neri, ma è venerato da milioni di ammiratori per la sua "mente brillante", gli stessi che sono per gran parte allo stesso livello delle sue teorie, che lui ha sempre dichiarato ai quattro venti. Non è un Creatore, ma dopo aver analizzato le sue anormali condizioni fisiche e il suo stile di vita, atrofizzati al massimo livello, il suo punto di vista sulla vita vale zero. Come siamo tutti d'accordo, egli aspetta il suo ultimo respiro per liberarsi dal peso della sua ingiusta esistenza, almeno per lui. Pensa che Dio non sia ancora pronto a riceverlo e tenga in vita il suo corpo. L'unica sua via di uscita è dirgli: "Dio, sono qui!"

L'orizzonte e il libero arbitrio sono a disposizione di ogni essere razionale e sono da usare con intelligenza, persino all'interno di un corpo inadeguato. I pensieri sono gratis e, come ha detto Thomas Paine: "Un uomo può incatenare un altro uomo, ma non può incatenare la sua anima!"

Non riesco a capire perché qualcuno, il cui lavoro si basa su teorie e supposizioni, diventi famoso, quasi come se fosse l'unico in grado di ragionare, mentre il nostro pianeta è in pericolo e ha bisogno di soluzioni dalla scienza, e non dei buchi neri, contro i quali non c'è difesa.

Hawking afferma di avere il tempo per concentrarsi sullo studio del cosmo, le teorie quantistiche, e quant'altro, a causa della malattia, che lo limita nei movimenti. Il suo unico obiettivo è comprendere le sfide della scienza, allora avrebbe potuto studiare medicina, e in quel caso immagino che sarebbe diventato un chirurgo del cervello, che scava tra miliardi di neuroni per cercare l'anima.

Questa non è una ragione per dargli credito o avere pietà delle sue fantasie senza amore, come se fosse l'unico a portare una croce. Nelle sue fantasie afferma che tanto per cominciare l'universo non ha avuto un'origine da cui svilupparsi. Avrebbe dovuto pensare alla nostra origine come anima all'interno di un corpo, perché noi esseri umani che nasciamo dall'unione tra ovulo e spermatozoo dovremmo fare più attenzione a chi ci ha creato. Il resto ha paralizzato il suo corpo; non c'è effetto senza causa e lui più di ogni altro scienziato dovrebbe capirlo, proprio a causa delle sue condizioni. Io lotterei fino all'ultimo respiro per liberare il mondo dalle malattie e lotterei per ottenere un miracolo e debellare queste calamità, perché la natura è troppo perfetta e noi non avremmo ragione di esistere.

Più m'immergo in questo argomento e più mi deprimo a sentire gruppi di persone che non la pensano allo stesso modo, fratelli e sorelle senza sentimenti. Mi fanno perfino paura, perché mi danno l'impressione che l'evoluzione stia regredendo in un tempo ricurvo, ma ciò non è possibile. Sarebbe troppo ingiusto.

Con questi pensieri è impossibile fare appello al Creatore affinché li aiuti, perché non si fanno miracoli per i non credenti. Niente ha origine dal nulla, eccetto una tomba in cui seppellire i loro corpi senz'anima. L'unica cosa che deriverà da loro saranno i fuochi fatui provocati dalla decomposizione dei loro cadaveri.

Grazie ai sogni e le fantasie che vive di fronte al monitor, Hawking, è considerato uno dei più grandi cosmologi, ideatore della teoria quantistica e autore dei terrificanti buchi neri. Ora afferma che non c'è bisogno di un Creatore Universale. Il suo ultimo libro ha ancora meno senso degli altri, perché molte delle sue fantasticherie sul fatto che il materialismo non incontra mai la spiritualità non sarebbero state approvate nemmeno da Einstein.

La teoria degli universi multipli viene forse da un allevamento di polli? Non intendo mancare di rispetto a nessuno, perché come scienziato, è stato Hawking a sostenere che abbiamo origine da un uovo e questa teoria sembra essere qui per restare.

Per la grazia di Dio, la logica scoperta di un nido come Universo-Madre ha illuminato la materia oscura, quale eterna forma precedente l'esistenza di tutte le cose. Quest'idea è nata dalla mente di un giornalista di un paese in via di sviluppo che ha infiniti talenti, compreso quello di pilotare un aereo per cercare Dio in mezzo alle nuvole. Dopo aver vissuto negli Stati Uniti per oltre quarant'anni, egli è andato a conoscere il mondo, camminando, nuotando, volando, godendosi la vita in prima classe e anche stando seduto sulla coda dell'aereo. Ha imparato tante cose parlando con angeli e demoni. Poi, ha preso in mano la sua *Parker 51* e ha sfidato la banda di anime senza Dio perse in un mondo di teorie che, quando affronteranno la realtà, fuggiranno come tacchini impazziti al suono di un colpo di fucile - specialmente quelli zoppicanti e con le ali rotte - con Hawking in veste di burattinaio.

La teoria del big bang è accettata da tutti. Ho parlato con gli abitanti di molti paesi e di diverse classi sociali, dal più ricco al più modesto lavoratore dei campi e delle catene di montaggio, e tutti provano pietà, non solo dispiacere, per chi ha introdotto i buchi neri nel big bang allo scopo di promuovere l'idea di un universo senza Dio, invece di dedicarsi ad aiutare la ricerca in campo medico, perdendo tempo che avrebbe potuto invece impiegare per aiutare gli altri. Migliaia di persone disabili, felici di essere state create, vivono con la consapevolezza che arriveranno tempi migliori quando diventeranno spiriti. Ridono e si godono la vita così com'è (*National Geographic* e *Discovery Channel* sono le migliori fonti d'informazione).

La metafora è la creazione del Vaticano (Chiesa Cattolica) sugli *Humani generis*, con la quale ha assunto una posizione neutra nei confronti dell'evoluzione. Questo mi riporta alla storia e a *Ponzio Pilato*, che si lava le mani per sottolineare la sua estraneità alla crocifissione di Gesù. Coloro che non prendono una posizione rappresentano un bel dilemma per il Creatore, che deve decidere se sono colpevoli o innocenti.

L'affermazione che "la Chiesa deve sopravvivere" sembra che sia un balsamo per l'eternità da usare in ogni circostanza e perché no? Ora la Chiesa riconosce la validità delle teorie di Galileo Galilei. Dopo un'eternità non fa comunque differenza perché la terra continua a girare intorno al sole con o senza l'inquisizione o la benedizione della Chiesa, che confrontava Satana al "fuoco purificatore", acceso per l'eternità, chiamato scherzosamente dalla gente griglia dei diavoli.

Il premio Nobel viene assegnato all'Accademia Pontificia delle Scienze del Vaticano, che opera più in fretta delle santificazioni; le loro teorie sono oggi accettate e i concorsi non prevedono un "fuoco purificatore per salvare gli animi dall'inferno" o gli arresti domiciliari a tempo indeterminato. Sono più clementi con quelli come Galileo, perché lui aveva la ragione dei fatti e non praticava "il gioco dei tentativi chiamato teoria."

Sono sorpreso che Hawking ammiri lo scienziato che è stato quasi condannato al rogo, perché accettando l'invito del Vaticano si è esposto al rischio di essere cremato, giacché non sta mettendo in discussione la rotazione del pianeta ma l'esistenza stessa di Dio Onnipotente. La tentazione è forte e ha fatto bene a non restare per la grigliata finale.

Il Vaticano custodisce le teorie, le opinioni e le ricerche scientifiche che conduce in privato. Gli scienziati del Vaticano non invitano nessuno a unirsi a loro. Hawking ha dimostrato che persino i peggiori peccatori senza Dio sono i benvenuti, ma il punto di vista degli ospiti non è commentato. Sono meglio del "legno che brucia", perché comunque l'evoluzione è qui per restare.

Sappiamo che ci sono molte scienze, e questo è positivo perché aiuta il nostro pianeta a prendere una direzione migliore. Si potrebbero perfino trovare soluzioni per rendere potabile l'acqua dei paesi in via di sviluppo, per sconfiggere la fame nel mondo, per garantire a tutti un salario dignitoso, per diminuire la criminalità e, soprattutto, per usare gli atomi soltanto per scopi energetici.

Ho copiato un articolo di giornale con la dichiarazione di "Papa Benedetto XVI", perché il Vaticano oggi ha un'enorme responsabilità sulla terra dal punto di vista della morale, basata sull'amore per Cristo, seme su cui hanno lavorato duramente e i cui frutti, ora, appartengono a tutti, religiosi e non. La natura è un libro la cui storia, evoluzione, stesura e significato vengono "letti" con approcci diversi a seconda delle varie scienze, ma che propone sempre la presenza fondamentale dell'Autore che nella natura ha voluto svelarsi.

La mente siamo noi come individui. È intoccabile e invisibile, perché è l'intelligenza dello spirito. Essa varia da persona a persona, perché non abbiamo tutti lo stesso livello d'intelligenza e lo sappiamo; un esempio di ciò è la famiglia. Su otto fratelli e sorelle, soltanto uno è nato per prendere il massimo dei voti, mentre gli altri arrivano a malapena alla sufficienza, ma ottengono comunque il diploma perché il sistema scolastico ha bisogno del loro posto per i nuovi studenti. Non c'è niente di male in questo, perché il nostro mondo è perfetto. Abbiamo bisogno di manovali, di autisti di autobus, di chef, di domestiche, di operai alla catena di montaggio, di raccoglitori di frutta, e l'elenco potrebbe continuare all'infinito. Lavori come quello del medico, dell'ingegnere, dello scienziato e perfino del pilota sono per chi ottiene un punteggio di otto su dieci. C'è sempre bisogno di queste professioni, e coloro che le esercitano dovrebbero farlo con umiltà, perché sono lavori come gli altri. Abbiamo bisogno di gente con voti bassi perché altrimenti non ci sarebbe pane sulle nostre tavole.

Vi invito ora a fare un giro per la galassia sulla navicella spaziale di Star Trek. Faremo un viaggio ai confini dell'universo per passare qualche giorno di vacanza e arriveremo anche ai confini di un altro universo o all'interno dell'Universo-Madre, dove non c'è inizio né fine. Hollywood ha reso famosa la serie televisiva di Star Trek a riprova del fatto che non si tratta solo della mia immaginazione, perché Hawking è stato il primo a porre dei confini tra universi e universi paralleli, che ha annotato sul suo computer portatile.

"Signor William, mi scusi se la interrompo, ma lei sta sorridendo. Volevo dirle che ieri ho cercato i suoi libri su amazon.com al computer della nave e mia sorella ed io ne abbiamo ordinati due. Migliorerò il mio inglese leggendoli."

"Signora, posso offrirle un caffè o un tè? Possiamo fare due chiacchiere mentre la nave si dirige verso la grande Buenos Aires, la terra del tango?"

"Quello che mi preoccupa fin da quando ero adolescente, è sapere cosa c'era prima dell'universo di cui facciamo parte. È cominciato dall'esplosione di un uovo?"

"Questa era l'unica cosa che non preoccupava me da adolescente, visto che Hawking non era ancora nato. Io ho diciotto anni più di lui e a quei tempi i suoi buchi neri e l'esistenza senza Dio non turbavano i miei anni da teenager."

"Secondo le idee di Hawking e le sue teorie, l'uovo è esploso senza la gallina. Se questo è vero e lui è in grado di provarlo, allora siamo senza la gallina numero uno, come il cibo più popolare e a buon mercato, perché la scoperta del DNA è recente. Per favore non pensate che vi stia raccontando delle storie, a volte mi servo del senso dell'umorismo per alleviare il peso dell'anima e, inoltre, serve a farvi andare avanti nella lettura del libro."

"Signor William—o preferisce che la chiami Bill?—Ho bisogno della sua opinione, perché l'uomo senza Dio, che è uno scienziato famoso, ci porta via la speranza di una vita ultraterrena e inoltre ci spaventa spargendo per l'universo i buchi neri. Non dovrebbe essere illegale?"

"Mi scusi, signorina, se rido ma mi sorprende come la maggioranza delle persone creda a qualunque cosa per mancanza d'istruzione. Non si preoccupi, qualunque persona di buon senso, anche analfabeta, deve solo guardarsi attorno, osservare il cielo di notte, o ancora meglio, guardare il proprio figlio uscire dall'utero e sollevarlo verso i confini della terra ed esclamare con gioia: 'Ti ringrazio, mio Dio, per tutto quello che mi hai dato.'

Con le lacrime agli occhi, la famiglia s'inginocchia con gratitudine. Un altro miracolo è scaturito dalla meravigliosa fontana del Creato.

La materia oscura è finalmente una priorità della ricerca scientifica. Una volta, da bambino (avevo circa 10 anni, nel 1943), mi trovavo con mio padre e degli amici a Belo Horizonte (MG), Brasile. Era sabato sera e gli adulti si erano riuniti per ascoltare il notiziario e parlare della seconda guerra mondiale. Ero l'unico bambino cui era permesso partecipare.

Riuscivamo a sintonizzarci sulla BBC e ascoltavamo le terribili notizie che accadevano in Europa, Medio Oriente, Africa, e Asia e che coinvolgevano l'intero pianeta. Alla fine, è stato coinvolto anche il Brasile come pure gli Stati Uniti. Io ero considerato un bambino intelligente.

Quando parenti e amici cominciavano a parlare dell'universo e della scienza, mi brillavano gli occhi. Sapevano che avrei cominciato a porre dei problemi e ne erano felici. A quei tempi, i buchi neri erano bianchi e invisibili. Dopo la nascita di Hawking, e con telescopi più tecnologicamente avanzati, i buchi sono diventati neri.

Io dicevo ai miei parenti che la massa oscura visibile di notte era più vasta dell'intero universo, della terra e di tutti i mondi colossali messi insieme, simili a granelli di sabbia in un oceano infinito e oscuro da cui tutto ha avuto origine. Molti mi chiedevano dov'era DIO e la mia risposta era: "Lui è dappertutto, per mantenere in armonia la sua creazione."

Il cibo fa parte della vita e mangiare piatti prelibati è un nostro privilegio, come tutto quello che il Creatore ci ha dato. Quella notte, a bordo della *Grand Holiday*, ho scelto un antipasto di anatra al confetto, coda di aragosta e ostriche al gratin; per dessert ho ordinato un petit gâteau al cioccolato con salsa di more e cremoso gelato alla vaniglia. Il mio compagno di tavola ha ordinato *ossobuco alla romana* come piatto principale, e poi abbiamo condiviso i piatti.

Saggiamente, l'arte culinaria fa parte della mia educazione, ed è stata una scelta giusta per me, visto che è uno dei miei passatempi preferiti, insieme alla scrittura, la lettura, la pittura, il disegno, e il pilotare un aereo. Questi svaghi mi hanno aiutato nei momenti difficili in cui dovevo prendere delle decisioni importanti. In quei momenti correvo e corro tuttora in cucina, che considero il mio paradiso nascosto. Mia madre e mia nonna, appassionate di gastronomia, m'invitavano spesso in cucina e dicevano che ero l'unico figlio e nipote che faceva delle critiche sul cibo preparato da qualcuno, questo era dovuto al fatto che ero un epicureo e l'unica cosa che restava da fare era di insegnarmi a cucinare. Non sarei diventato un genio della cucina senza di loro. Quando sono morte, ero già un appassionato di pentole e fornelli, come erede di una famiglia dedita all'arte culinaria, un'altra fantastica opportunità che la vita ci offre.

Nella Genesi al punto 1:3, la Bibbia della Chiesa Cattolica Romana commenta la creazione dell'universo e del Creatore con questa frase: "E luce fu."

"E ci fu luce perché l'oscurità era profonda."

Il senso comune, in sintonia con la ragione, formatosi grazie a religione, scienza, profeti, "menti brillanti" o al fedele che urla dal fondo di una sinagoga la stessa frase, icona che echeggia in tutti gli angoli della terra e che afferma che il Creatore esiste. È un'affermazione che appartiene a ogni generazione per l'eternità, e ci permette di essere felici senza cercare qualcos'altro, perché abbiamo quello che desideriamo. Questa esclamazione era tutto ciò che Dio aveva da dire di fronte alla creazione dei suoi peccatori, impegnati a costruire il loro mondo nel suo universo.

Come scrittore senza nessuno degli aggeggi tecnologici moderni, resto meravigliato dallo splendore della nostra vita su questo bellissimo pianeta, sempre parzialmente coperto da nuvole bianche come batuffoli di cotone del paradiso. La terra è azzurra, bellissima come ci mostra la prima foto della terra scattata dalla luna, opera d'arte di un'Intelligenza Suprema.

Credo che ci sia un'organizzazione così potente e intelligente che deve essere arrivata da un posto del passato, dove era ed è irradiata dalla materia oscura. Cosa c'era prima? All'inizio dei tempi non c'era nulla in questa massa infinita di una composizione raffinata, che ha tutto il necessario per dare origine all'universo. Non ci sono risposte oggi, né mai ci saranno, ma resterà un mistero eterno che porta gente come Stephen Hawking e milioni come lui e come me a spremersi il cervello pensandoci, ma io ho il mio club di ammiratori, che crede nell'effetto della presentazione di questa maestosa creazione. Oltre la nostra vista e la nostra immaginazione, egli è lì e qui, come maestro di tutta la materia.

Io ho una soluzione. Fate una bella crociera e godetevi la compagnia della folla, come sardine in scatola. Divertitevi a conversare con gli sconosciuti, che diventano amici per breve tempo, assaporate il cibo e, soprattutto, abbandonatevi al rullio della nave, scherzando in compagnia mentre bevete un aperitivo un po' alcolico. Poi, andate a guardare uno spettacolo. In questo modo passano tutti gli stress e si tranquillizza anche il Creatore, perché questo è il modo giusto di vivere, senza infelicità ed evitando di finire con gli occhi incollati su un monitor come farebbe una mente stramba.

Ma il big bang non ha confini perché continua a espandersi nell'infinito. Per semplificare il concetto, è come un lago in cui abbiamo spruzzato dell'inchiostro, che continua a espandersi spinto dalla corrente, colorando la mastodontica materia oscura dell'infinito con un'esplosione di sfumature, creando nuove composizioni e formando un mondo inimmaginabile che si può vedere con delle lenti fatte da sabbia sciolta (silicio e soda alcalina).

Possiamo immaginare la materia, ma non sappiamo da dove viene. Qual è il principio di tutto, e che cosa c'era prima? Non c'è fine, ma anche la mente più innocente ha la sensibilità ora. Davanti a noi si trova la stabilità dell'eterno passaggio segnato dall'estinzione dei corpi materiali. Tutto ciò è venuto dal nulla, come il maestoso, eterno, inizio.

Sicuramente la nostra scelta migliore è continuare a godere di tutto questo, in armonia, grati di avere l'intelligenza per farlo, che ci rende diversi dagli esseri irrazionali. Ma un giorno forse non vi accontenterete di essere semplicemente una persona felice o saggia. Vorrete entrare a far parte del circolo di coloro che vogliono sapere di più. Cominciate allora a leggere e a fare ricerche, perché i libri ci aiutano e la cultura è fondamentale per capire il mondo che ci circonda.

Sono grato a chi capisce di cosa scrivo, del conforto materiale e spirituale, e sono grato a voi, perché nulla si ottiene facilmente. Niente è facile, ma conserviamo la speranza, perché non siamo ufficialmente cittadini della terra. Almeno si tratta di un processo automatico che dopo la morte del nostro corpo materiale ci porta in un'altra dimensione, sicuramente migliore. Non possiamo morire due volte e lo spirito è un corpo fluido. Non c'è sangue da versare o cuore che smette di battere e quindi non c'è bisogno di un medico.

"Signor Bill, posso unirmi al suo tavolo per cena. Prometto di non farle altre domande, signore, ma lei è un angelo della speranza. È un frutto raro sulla terra!"

"Signorina, questa sera non ceno, più tardi mangerò un panino in cabina, perché ho molto da leggere, ma domattina presto mi troverà al solito tavolino nella sala da pranzo."

 Leggere indiscriminatamente
significa educare se stessi

Se non avessi nutrito il cuore e l'anima con tante letture di libri, pubblicazioni, dizionari, enciclopedie, video, DVD, articoli, messaggi e memorandum, avrei buttato al vento il mio lavoro, sperando che un'anima persa lo trovasse nel suo cammino verso la felicità e capisse che esiste un Creatore. L'amore ci unirà, perché la solitudine sarà eliminata quando l'amore sconfiggerà la malvagità. Allora potrò riposare in pace, sapendo di avere almeno provato a fare qualcosa di utile. La mia missione è compiuta.

Grazie allo sforzo che mi ha quasi portato alla conquista di un posto al sole, sono in grado di distinguere i demoni dagli angeli e spero di trovare l'assioma glorioso da chi è predestinato a combattere con la speranza il negativismo dilagante che produce caos e confusione in tempi così duri per la vita sulla terra.

Ho trovato la storia di uno di loro, giunto sulla terra duemila anni fa. La sua vita è stata breve, come dimostrano gli ultimi tre anni della sua giovane esistenza. A quell'epoca non c'erano mezzi di comunicazione a parte il suono dei tamburi. Bianchi e neri potevano essere schiavi; torture e crocifissioni avvenivano in pubblico come pena per i vari reati. Quelli fisicamente più forti o politicamente più potenti vincevano sempre. Il pubblico si divertiva a vedere i gladiatori o i combattenti con la spada massacrarsi tra loro fino alla morte. Le donne accusate d'infedeltà venivano lapidate nelle pubbliche piazze.

Lui giunse al momento giusto, quando l'immoralità e l'anarchia formavano lo stato primitivo. Roma e parte dell'Asia, il Medio Oriente, l'Africa e l'America erano ancora nell'utero, e il potere veniva dalla spada. Lo spargimento di sangue era glorificato.

Quando parlava, non c'erano CNN, radio, o giornali ad ascoltarlo. Non lasciò alcun messaggio scritto e non andò neppure a scuola. I suoi seguaci erano dozzine di pescatori analfabeti e nessuno lo chiamava "mente brillante" o genio, ma lui sapeva cosa c'è oltre il cosmo e non aveva bisogno di fissare un computer o frequentare un'università famosa. Non ricevette onorificenze da presidenti e non spaventò la gente con i buchi neri.

Egli riconosceva l'Universo-Madre nell'infinita materia oscura, illuminata da miliardi di galassie e bastava che sospirasse per essere sentito: "La casa di mio padre possiede molti palazzi."

Secondo la mia interpretazione, i palazzi sono le case dove andranno le nostre anime dopo la morte e questo ha senso, perché ci dà una grande speranza, ed è sempre meglio morire con speranza piuttosto che con uno sguardo verso la nostra tomba, scura e senza finestre, in cui le anime e i corpi dei non credenti resteranno sepolti per l'eternità.

Egli ha detto di amarci l'un l'altro come amiamo noi stessi, e non di amare soltanto i parenti e pochi amici. Ha chiaramente affermato che chi vive di spada muore di spada. Questa citazione è molto profonda perché la spada ha un grande significato morale. Il risultato ci provocherà un dolore fisico e morale, proveniente da più parti, ed è presente nelle nostre case, basta guardarsi attorno.

Egli ci ha lasciato un sermone, il Sermone del Monte, in cui, rivolgendosi a poche centinaia di persone, ha raccontato molte storie sotto forma di parabole facili da ricordare, e poi ha affrontato una morte ingloriosa per crocifissione per essersi ribellato ai preti senza amore. Il potente Impero Romano che governava di spada ha appoggiato i responsabili di questo crimine. I suoi seguaci sono scappati con codardia di fronte a questa scena, ma lui aveva previsto tutto, sia il presente sia il futuro, dicendoci che soltanto con l'amore, in qualsiasi circostanza, avremo diritto al paradiso.

È stato l'unico a possedere così poco, neppure un luogo in cui riposarsi; tutto ciò che possedeva erano una semplice tunica, una corda e dei sandali. Ci ha lasciato la sua saggezza per l'eternità, provandoci che noi siamo simili a lui, spiriti in corpi materiali destinati ad autodistruggerci in qualsiasi momento dopo la nascita. Egli ha affermato di non provenire da questo mondo, sottintendendo che vale lo stesso per noi, in quanto suoi fratelli e sorelle.

Non scrisse mai neppure una frase, né lasciò teorie sull'universo o sulla sua composizione, perché sapeva che nessuno dalla terra potrà mai raggiungere le stelle, né tantomeno capire il mistero della Creazione. Possiamo soltanto alzare lo sguardo al cielo, con l'aiuto di un telescopio, per ricevere le immagini che ci sono davanti. Queste immagini si possono raggiungere con lo spirito o con l'aiuto della fantasia, mentre aspettiamo il momento di andare oltre la vita terrena.

La sua arma o spada erano le sue parole, le uniche in grado di penetrare la nostra coscienza, e le ha lasciate a noi tutti, anche a quelli che si ribellano al Creatore. Le sue parabole contengono tanta logica e ragioni di vivere le nostre vite quotidiane che vanno oltre la religione, i confini e lo status sociale. Quando stiamo per affrontare la morte o il dolore prende il sopravvento, quando subiamo perdite finanziarie, quando le baionette sono puntate contro di noi, l'aereo precipita, i bombardamenti distruggono le nostre città, le nostre case e la nostra vita, o quando perdiamo qualcuno che ci è molto caro, come a me è successo di perdere mia figlia Carol per un incidente a Times Square—allora tutti noi, atei e religiosi, invochiamo "Gesù!"

Pronunciamo questa esclamazione quando siamo sopraffatti da un problema o la nostra morte è imminente, e questo succede in tutti gli strati sociali, anche in paesi lontani come l'Asia e il Medio Oriente. A tutti capita di sentire, a una festa o nel corso di una conversazione, qualcuno che afferma: "Sono ateo" oppure "non ho mai creduto in un Creatore e per questo sono un ammiratore di Hawking, che ha il coraggio di esprimere pubblicamente le sue credenze." Gli atei dimenticano l'icona inchiodata a una croce morale da cui non c'era scampo, se non attraverso la morte. Egli aveva paura della morte ma non aveva scelta. La morte è reale, ma anche l'eternità lo è, perché rappresenta la continuità della nostra esistenza ultraterrena. Lo saprà presto anche lui, perché il processo d'invecchiamento pone termine a tutte le punizioni."

"Io non giudico, per non essere giudicato."

"Chi di spada ferisce, di spada perisce."

"Coloro che danno, riceveranno."

"Chi non ha peccato, scagli la prima pietra."

Alcuni amici, anche quelli che non sono religiosi, si trovano a guardare il cielo stellato in una notte particolarmente luminosa mormorando

"Gesù ha detto che la casa di suo padre possiede molti palazzi." Io resto in silenzio, sapendo che ci sono milioni di anime perse, sconcertate dalla sua esistenza.

Questo prova che oltre le galassie e le eterne esplosioni celesti esistono mondi che possiamo scegliere come il nostro futuro indirizzo.

Gesù ci ha lasciato un'eredità, non perché si è laureato in una delle migliori università, ma perché ha svelato grandi verità per aiutare l'umanità, comportandosi come un condottiero della statura di Giulio Cesare, un dignitario come il presidente degli Stati Uniti o il Papa in Vaticano; come se parlasse alla CNN e alle altre TV, in diretta e ascoltato da milioni di persone. Molti leader di religioni diverse offrono parole di pace o di guerra, ma pochi mesi dopo, i loro nomi sono dimenticati. Il nome di Gesù, invece, è vivo in ogni cuore, perché nessuno ha mai detto una parola contro di lui. Scriviamo Dio con la D maiuscola e non lo nominiamo invano.

Quando mia figlia Carol è morta nel 1996, investita da un camion a Times Square, Galil, suo marito, un grande uomo egiziano di religione musulmana, che prega cinque volte al giorno, è andato all'obitorio a vedere ciò che restava del suo corpo. Ha cominciato a sbattere la testa sul pavimento gridando in agonia: "Gesù, aiutaci, perché Allah è grande!"

Gesù è l'unico a restare nel tempo; è diventato il personaggio più grande della storia, ed è tuttora dentro il cuore di tutti noi. Egli non si è servito del materialismo per promuovere l'amore, bensì della spiritualità, perché noi siamo spirito e la vita continua dopo la morte del nostro corpo materiale.

Stephen Hawking continua a parlare, senza andare da nessuna parte, perché usa la matematica e non è dotato di buon senso spirituale. Alle persone non interessano numeri e calcoli, ma siamo tutti alla ricerca di consolazione.

Quando amore e buon senso superano la ragione, il nome resta in eterno. Non è necessario essere una "mente brillante." Gesù era un semplice falegname in un piccolo villaggio polveroso di un territorio occupato, e tuttavia ha attraversato il cosmo per cercare saggezza. È arrivato, ha guardato il cielo e ha visto il Creatore con gli occhi dello spirito. Ora il suo nome è scritto su un solido piedistallo di roccia. Altri sono su piedistalli di sabbia, aspettando di morire, per essere poi lavati via dal presente che scorre verso il futuro.

7 Presto ti vedrò perché Dio è Speranza

La scienza è necessaria quanto la religione perché ci porta una conoscenza ottenuta attraverso lo studio e la sperimentazione e ci fornisce una varietà di definizioni. Ci porta anche il mondo meraviglioso della medicina e della tecnologia.

Gli approfondimenti della scienza non arrivano al grande pubblico, impegnato a sopravvivere quotidianamente. Tuttavia la maggior parte delle persone conosce l'uovo divino, che ha dato origine all'universo con il big bang e i terrificanti buchi neri. Alcuni conoscono Hawking come lo scienziato paralizzato su una sedia a rotelle.

Come nell'aviazione, milioni di passeggeri si servono degli aerei come veloci mezzi di trasporto senza sapere nulla riguardo alla loro meccanica, e tantomeno la loro origine e la complessità del volo. Le istruzioni dell'equipaggio al momento del decollo vengono ignorate da quasi tutti, e di solito durano non più di qualche minuto e vengono eseguite come un obbligo da espletare.

I passeggeri delle navi ricevono le istruzioni di emergenza sul ponte mezz'ora prima di salpare, ma non si presenta quasi nessuno, e quelli che lo fanno, lo affrontano come se fosse un gioco, portandosi dietro un drink. La religione è come la scienza; le persone conoscono solo la copertina dei libri sacri. Quando andavo dal barbiere o dal dentista, leggevo riviste come *Scientific American*, che sarebbero state buttate nella spazzatura alcune settimane dopo perché nessuno le avrebbe sfogliate.

La genialità della scienza, come in ogni altro campo, è rappresentata dal progresso umano materiale: senza l'evoluzione dell'intelligenza dello spirito non ci sarebbe la tecnologia e neppure persone che si dedicano a migliorare le nostre condizioni a beneficio di tutta la popolazione. Tutto è cominciato quando i primi *Homo gautengensis* (scoperti di recente in

Sudafrica) cominciarono a lanciarsi pietre e a mangiare carne cruda. L'evoluzione richiede un prezzo da pagare, mentre il tempo scorre incessantemente. Adamo ed Eva sono entrati a far parte della mitologia e gli scienziati del Vaticano non si pronunciano e lasciano riposare in pace questa coppia famosa. Ma l'evoluzione della specie comprende anche l'evoluzione spirituale. Negli ultimi vent'anni non ricordo che nessuno abbia nominato Adamo ed Eva, neanche in Brasile. Il Vaticano afferma che siamo tutti cattolici, e Maria è stata proclamata Madre di Dio. Per me va bene, perché questo allevia la pressione di un universo privo di Dio postulato da Hawking.

Senza ricerca il progresso materiale, inteso come combinazione di arti spirituali, è impossibile. Gli scettici hanno diritto alle loro credenze o teorie, ma non hanno il diritto di interferire con gli altri, sbandierando le loro opinioni ai quattro venti, causando un'anarchia spirituale che finisce per coinvolgere il mondo materiale, come effetto di una causa, in un modo simile all'inquisizione.

Le mie lezioni di vita comprendono un po' di tutto. A diciotto anni andavo molto bene a scuola e mia madre mi chiese a quale università volevo iscrivermi. Preferiva che studiassi medicina perché c'è sempre bisogno di dottori. Sarei stato un chirurgo cerebrale eccellente.

Risposi a mia madre che se avessi cominciato una carriera all'università o in una grande azienda mi sarei specializzato in un solo campo, mentre volevo ampliare la mia conoscenza agli altri 359 gradi. Volevo conoscere un po' di tutto, soprattutto per rispondere alla domanda "perché la vita è così" e non vivere un'esistenza monotona in bianco e nero, senza colore.

Durante l'adolescenza, ho passato molto tempo a leggere e a fare ricerche sulla vita, mentre i miei coetanei giocavano a calcio o stavano in gruppo a fare chiacchiere inutili. Nelle lunghe ore prima dell'alba in camera mia, leggevo tutto quello che trovavo, specialmente se trattava di scienza, astronomia, filosofia, medicina, guerre, musica classica e contemporanea e documentari. Leggevo tutto, dalla fauna alla meccanica generale. Peccato che non esistessero i computer.

L'aviazione è sempre stata una mia passione. Ho ottenuto il brevetto da pilota a sessantaquattro anni presso l'Aeroporto di Terteboro nel New Jersey. Ho smesso di volare qualche anno dopo quando facevo soprattutto atterraggi notturni alla ricerca della mia anima perduta, mentre osservavo la materia oscura illuminata. Come avevo promesso a mia figlia Carol, ho smesso di volare al mio millesimo atterraggio (esattamente 1.042). Sei mesi dopo la sua tragica morte ho abbandonato il mio sogno pericoloso.

Ho cominciato a guadagnarmi da vivere senza fatica dopo aver fatto il servizio di leva obbligatorio nell'esercito del Brasile. A diciannove anni ho condotto un programma radio di jazz e musica leggera, poi sono diventato giornalista e ho cominciato a scrivere in portoghese per giornali e riviste.

A ventun anni ho deciso di migliorare il mio inglese e sono andato a New York City. Era il 1954, e ho incontrato una giovane donna che mi ha rubato il cuore. Sono rimasto e ho deciso di aprire un ristorante brasiliano vicino al Rockefeller Center. È stato un successo assoluto. Sono nato con la penna nella mano destra e un cucchiaio d'oro nella sinistra. Il mio Brazilian Club Restaurant, che si trovava al 150 West Forty-Ninth Street, pochi mesi dopo l'apertura ha ottenuto una recensione dal *New York Times* che gli ha attribuito tre stelle e un commento che sosteneva che dovrebbero esserci più posti come il mio. Questo mi ha aperto le porte alla società di New York, e a quella dei vicini consolati brasiliano, portoghese, francese, spagnolo, australiano, britannico, irlandese, eccetera. Mia moglie ed io non abbiamo mai mancato a una festa o a un assaggio di vini.

Niente è gratuito in questo mondo ma grazie ai nostri sforzi, come si suol dire: "raccogliamo quello che seminiamo." Restare immobile a fissare le stelle aspettando che ne cada una nel nostro giardino è come comprare un biglietto della lotteria e progettare quello che faremo con i milioni di dollari che vinceremo. Fissare il cosmo, o la foto di un santo, non ci trasforma in "menti brillanti" e sognare non basta, dobbiamo rimboccarci le maniche e rendere il sogno realtà. Dobbiamo elevare lo spirito e chiederci "perché la vita è così." Dobbiamo scoprire che nell'acquario dell'Universo-Madre esistono tutte le forme di vita, dal minuscolo pesce alla balena blu.

Se ci dedichiamo a una ricerca individuale e generale su tutti i fatti e le cose della vita per cercare di conoscerla dalla A alla Z, ne otterremo un conforto morale, materiale e spirituale, ma questo ci porterà anche a prendere le distanze dalla gente comune e ad aspettarci che le persone educhino se stesse, e siano in grado di usare il loro libero arbitrio.

Col passare del tempo, il presente scorre lentamente verso il futuro e l'esplosione del big bang ne è l'esempio. L'intera esistenza del pianeta deriva da un uovo, che si trova sulle nostre tavole, ma senza la gallina alcune anime perse diventano "uova orfane."

Non credere nello spirito o nel Creatore è, a mio parere, illogico. Una persona che non s'istruisce a 360 gradi, o almeno a più di un unico grado, avrà bisogno di formarsi una visione più ampia, migliorare il quoziente intellettivo e la capacità di generare idee.

Non capisco come si possa ripudiare l'Intelligenza Suprema e la sua influenza sulla bellezza dell'universo e nello stesso tempo godere della propria esistenza, che inizia con la creazione del corpo da parte di un uomo e una donna. Questo dovrebbe essere più che sufficiente a immaginare l'esistenza di un essere supremo, maestro di pace, che chiamiamo Dio.

Sinceramente, quando sento qualcuno affermare che tutto deriva dal nulla e la morte è la fine della vita mi allontano e prendo le distanze perché queste persone vedono il mondo come galline dietro uno steccato, credendo che segni i confini del mondo. La vista non supera le montagne del mondo materiale, ma la mente oltrepassa continuamente i confini della tomba, perché queste sono le regole dell'evoluzione.

"Perché la società definisce queste persone "menti brillanti"?

Non tutti sono in grado di vedere e sentire la profondità della mente altrui e la persona comune mette la pietà al primo posto e usa la ragione ciecamente, perché la fede cieca, come ha affermato Thomas Pane, è il nostro più grande nemico.

Hawking è diventato una "mente brillante" perché ha rifiutato il Creatore. Questa è la ragione per cui scrivo questo libro, correndo il rischio di aumentare la sua fama, mentre molti cadono nella sua trappola, vedendo un uomo dall'aspetto orribile, totalmente paralizzato, che è più intelligente di tutti noi messi insieme. Lui ha il diritto di parlare, ma la più grande consolazione per l'umanità che soffre è la speranza che esista la vita eterna, persino il paradiso. È forse una bugia?

È certamente mio diritto controbattere alle sue teorie calunniose e prendermi una rivincita a nome di tutti. Hawking non può alzarsi, camminare e vivere una vita normale, è mummificato e vive nell'amarezza, rappresenta quasi un pugno nell'occhio come essere umano, con o senza "mente brillante." Per me non lo è, perché il suo mondo è composto dal conteggio dei buchi neri e da sogni su teorie quantistiche. Non importa quante medaglie riceve, visto che non può neanche mettersele al collo, né è in grado di abbracciare la donna che ama o di andare in bagno mantenendo la privacy. Continua a scrivere e ad affermare che la sua condizione non è una maledizione di Dio ma una legge di natura.

La preoccupazione per le sue condizioni in pubblico è che col passare del tempo il suo aspetto è diventato così irregolare da fargli sentire la sventura di una vita trascorsa nella negatività. Nessuno sarebbe fiero di averlo a tavola, ma a lui non rimorde la coscienza per aver rinnegato Dio, perché Dio gli ha dato la fama, ha paralizzato il suo corpo ma non la sua lingua. È diventato il derelitto del Creatore.

Questo accade a chi rilascia dichiarazioni ai quattro venti con arroganza - come Satana (Hitler era chiamato così) o l'Anticristo, reincarnati sulla terra sotto forma di leader religiosi. Le loro azioni e le loro parole ne rivelano l'anima.

Mi ricordo quella volta che sono andato a trovare mio fratello a San Diego, California. Ho affittato un Cessna Cardinal RG e ho deciso che saremmo andati a Las Vegas. Mio fratello, il suo amico ed io abbiamo sorvolato le Montagne Rocciose, e in pochi minuti ci siamo trovati nel deserto che, visto dall'alto, così piatto e sabbioso, assomigliava al paesaggio lunare, basterebbe oltrepassare l'orizzonte per perdersi nello spazio. Era spaventoso. Durante questo viaggio mi sono reso conto che tante volte facciamo le cose senza considerare le conseguenze. Mentre sorvolavamo le montagne in questo piccolo aereo, il vento ci spingeva contro le pareti dei canyon e i miei passeggeri osservavano felici il magnifico paesaggio. Siamo tornati due giorni dopo, volando tranquillamente nelle prime ore del mattino, senza entrare a far parte delle statistiche sui disastri dei piccoli aerei perché avevo ancora qualche libro da scrivere.

Ho firmato, acquistato e preso in prestito libri di ogni genere, ma sempre a scopo educativo, perché la conoscenza è personale quanto lo è l'anima. Il passato fa parte del presente e, al contrario di quanto affermano in molti, non va liquidato perché non serve più.

Il nazismo di Hitler, rappresentante di Satana, ha causato la quasi estinzione del nostro pianeta, con l'uccisione di almeno 240 milioni di persone, il ferimento di miliardi di altre (secondo una stima) e la distruzione di innumerevoli abitazioni. Ci sono voluti anni per la ricostruzione. Il Giappone divenne loro alleato. (Alla fine della guerra avevo dodici anni e non sapevo niente di quel che era successo, ma vent'anni dopo ho appreso tutti i dettagli, compresi quelli delle guerre in Corea e in Vietnam.)

Molti parenti e amici (che ora sono in cielo) dicevano che ero ossessionato dalla conoscenza, ma loro hanno vissuto una vita mediocre, senza piacere, felici di mangiare riso e fagioli ogni giorno e di andare in canoa nel piccolo lago del paese, come se fosse una crociera.

Dall'esplosione del big bang è nato un pulcino, che si chiama universo. È un nome che abbiamo creato, proprio come Dio, gli atomi, Giuseppe e Maria. Ora il grande nido renderà il pulcino molto felice, sapendo di avere un'origine, l'Universo-Madre.

Il passato non dimenticato è stampato e registrato nelle biblioteche del tempo, e rappresenta una lezione affinché non vengano commessi più gli stessi errori, da esso dobbiamo imparare e rendere migliore il nostro presente e il nostro futuro.

Non possiamo sederci a osservare la vita, ma dobbiamo partecipare, non con un telecomando o fissando il monitor di un computer, come fanno tanti politici, dittatori, sovrani e scienziati, che prendono le distanze dalla vita reale. Questo atteggiamento provoca anarchia, come fa Hawking, dalla sua sedia, con cui viaggia a tre miglia all'ora ad altitudine zero, incapace di vedere il mondo, di viaggiare, parlare con la gente, ascoltare i loro problemi, mangiare cibi esotici e godere della bellezza della natura. Ho sofferto fisicamente e moralmente in molte situazioni in cui mi sono trovato faccia a faccia con la morte, oppure quando ero preoccupato per il mio lavoro; ho visto morire centinaia di persone, tra cui familiari, amici e sconosciuti. Hawking può aprire la sua bocca ingrata, visto che deve mangiare anche lui, ed essere curato a spese dei contribuenti, ma che lavoro duro pagare le tasse per uno che priva il mondo della speranza. Hawking sente che la vita non ha speranza, ma la sua coscienza sa quello che ha fatto per avere ricevuto un destino così ingrato e se non lo sa, allora è un semplice blasfemo senza valore.

Durante i dieci giorni di crociera nel dicembre scorso ho scritto questo libro cercando di non dilungarmi troppo, perché la maggior parte della gente impiega troppo tempo a leggere e finisce per annoiarsi, anche se è interessata all'argomento. Ero insieme a 2.600 passeggeri che provenivano da tutti i cammini della vita. Io facevo ricerche in campo spirituale, ma non riesco a scrivere lontano dalla gente, perché mi manca l'ispirazione. Tutto quello che faccio è legato alla gente e lo stimolo deriva dalla realtà che vivo. I miei argomenti sono parte della realtà, qui o nella galassia e con questa motivazione la penna non si ferma, e il mio desiderio di scrivere aumenta, più che se scrivessi un romanzo o dei calcoli per le equazioni.

A volte, come chiunque, ho dei pensieri che non sono sogni o fantasie, ma che si basano su fatti reali. Mi sento come se avessi l'opportunità di conoscere qualcosa di sufficientemente grande da distruggere la vita nell'universo. Non divulgherei mai, mai, mai un'idea negativa, perché sarebbe un atto satanico.

Hawking dichiara di ammirare Einstein, mi piacerebbe allora che ne condividesse i sentimenti spirituali, specialmente riguardo all'"architetto e costruttore, Creatore dell'universo", visto che tutto ha origine dall'Universo-Madre, la materia oscura o grande nido, l'espressione "big bang" è stata digerita dal pubblico.

Hawking afferma di essere orgoglioso delle sue teorie (sono favole). Ho fatto ricerche per anni, e so che il pubblico neppure le commenta, a causa della sua deformità fisica, come se questa richiedesse un rispetto sacro. La negatività delle sue teorie le rende false, perché toglie la speranza al genere umano. Lui non ricerca spiritualmente un Dio che gli ha dato un corpo terribile in cui vivere, ma se lo facesse, capirebbe che la nostra vita terrena non è eterna e avrebbe un'illuminazione che lo renderebbe uno "spirito brillante" e la conferma che la sua malattia ha una ragione che origina dalla medicina e non dalla cosmologia, e potrebbe risparmiargli "il grande chiodo."

La cosmologia e le teorie quantistiche gli hanno conferito delle medaglie ma non il premio Nobel, visto che non sono in grado di salvare il pianeta o migliorare la conoscenza medica, industriale eccetera. Ci lasciano solo la disperazione di un mondo senza speranza. Se fosse curioso, leggerebbe la Bibbia, come ho fatto io nel giro di qualche notte, e questo gli tapperebbe la bocca. Sono grato alla religione, che ha scritto questo libro materiale e spirituale, rendendolo il libro più venduto al mondo. Per usare le parole di Cristo "La sua cecità non era colpa sua o dei suoi genitori ma della gloria di Dio, e poiché loro non bestemmiavano il Creatore, io l'ho curato."

Se questo genio trascorresse un'ora al giorno a fare ricerche sulle persone e i loro problemi, il suo modo di vedere la vita cambierebbe. I suicidi degli adolescenti sono in aumento. Alcolismo e tossicodipendenza sono incontrollabili e il numero di divorzi è aumentato oltre ogni limite, lasciando milioni di donne a crescere da sole i loro bambini. Il Vaticano si preoccupa del futuro della famiglia, mentre la "mente brillante" tiene la retina fissa al monitor, diffondendo il negativismo che gli rende dura la vita. La colpa è interamente sua, che agisce con il libero arbitrio.

Grazie al dono del Creatore Onnipotente, i sogni permettono alla nostra anima di lasciare il corpo e di viaggiare libera dove la porta la fantasia, e questo aiuta particolarmente i prigionieri o le persone confinate in un letto o su una sedia a rotelle a raggiungere le profondità del cosmo.

Anche le persone che hanno una vita normale sognano a occhi aperti, mentre camminano o quando socchiudono gli occhi su un tram o altrove. Volando ho incontrato i angeli; non sono sicuro che fossero reali ma lo erano per me.

Hitler definiva sogno la sua fantasia di una razza perfetta che, insieme a quella di dominare il pianeta, si è rivelata fatale per lui e per i suoi seguaci ed è stata una disgrazia per tutti.

I sogni e le fantasie che sono belli, invece, ci mantengono giovani e felici e ci permettono di aiutare gli altri. Mi considero un esempio di questo. Non sono anziano nei miei sogni, ma, come dicono i miei nipoti: "Il nonno è tornato bambino da quando cerca di aiutare il pianeta, ma il tempo che gli rimane è limitato."

 Senza speranza, la vita non è degna di essere vissuta

Immaginate di essere un bambino che cresce in un ambiente sereno, con i genitori, i parenti e gli amici, in attesa del Natale e dei doni e delle sorprese da Babbo Natale.

Improvvisamente il sogno svanisce e lui si trova a confrontarsi con la morte di una persona cara, ad esempio suo padre o sua madre. Come posso descrivere questa situazione? Lo posso fare perché ci sono passato quando mia figlia Carol è morta tragicamente lasciando suo figlio, Christopher, di otto anni, che abbiamo cresciuto noi? (Ho parlato di questa tragedia nel mio libro *Life Is Beautiful Doesn't Matter What, because We Are God's Children*, 2004) (*La vita è bella in ogni caso, perché siamo tutti figli di Dio*).

Familiari, amici e persino la scuola hanno provato a tenergli nascosta questa tragedia fino al funerale, svoltosi una settimana dopo, concordi nel sostenere che è meglio comunicare una brutta notizia il più tardi possibile. Sembrava un atto di pietà lasciargli ancora in po' di tempo. Quando portiamo via un sogno a un bambino, il suo mondo va in frantumi e diventa senza colore. Lui perde la speranza di vivere una vita normale e si porta dietro questo dolore fino all'ultimo giorno.

Lo stesso accade quando un leader di una folla—un presidente, un campione dello sport, uno scienziato, un attore, un cantante o chiunque altro - usa la sua posizione per fare del male, portando via sogni e illusioni, danneggiando le menti in ogni modo, diffondendo teorie e mettendo in atto comportamenti negativi, distruggendo le speranze e i sentimenti terreni. Le anime si fanno forza, perché rimaniamo sempre bambini.

Ho il diritto di puntare il dito contro gli errori di qualcuno, fatti non in nome del Creatore, ma di un'esistenza priva di morale, che rinnega l'Intelligenza Suprema che ha messo in moto la creazione. Se così fosse regnerebbe l'anarchia e non ci sarebbe esistenza senza l'assoluta precisione del sentimento dell'amore.

Le persone geniali ammettono che l'uovo si è frantumato per un'esplosione diabolica. Le teorie e le affermazioni degli atei sostengono che qualsiasi forma di creato è possibile senza un Creatore. Credono che gli atti diabolici siano frutto del libero arbitrio e dubitano dell'esistenza di una composizione nera, chiamata scientificamente materia oscura, ora meglio nota come Universo-Madre. Non solo non credono alla sua esistenza, anzi, la definiscono persino diabolica.

La materia oscura è definita come sostanza che va oltre qualsiasi idea, anche oltre l'idea di composizione di atomi o di qualsiasi materiale collegato. Questo dà senso a una scienza persa nelle sue complessità e alla meraviglia di un ingrediente inimmaginabile che non ha inizio né fine. La perfetta neutralità non interferisce con nessun'altra composizione, perché rappresenta il legame di tutto ciò che esiste.

Questo elemento può essere vissuto come profondità o assenza di luce, ma è indubbio che si percepisca come entità circondata da un alone luminoso. Come ho affermato in precedenza, le parole sono inadeguate per spiegare quello che ci troviamo davanti.

Ecco perché i non credenti dovrebbero lasciare i loro monitor e le foto del cosmo e andare sull'Himalaya o attraversare le Montagne Rocciose o la Cordigliera in una notte d'inverno, volando lentamente su un piccolo Cessna, e guardare l'infinito. Allora entrerebbero in contatto con la mente e lo spirito e, una volta atterrati, la smetterebbero di spargere ignoranza e sarebbero felici di essere parte di tutto ciò.

Molti scienziati credono, senza alcun fondamento logico, che la materia oscura si sia creata al momento big bang, associandosi a Hawking e ammettendo indirettamente che tutto ha origine dal vuoto, in cui non esisteva materia. Questo è impossibile e non lascia spazio a un Creatore e alla meraviglia per questa creazione istantanea. Chi sono gli scienziati comunque? Da questo punto di vista, io stesso sono uno scienziato, come lo sono i filosofi e i cosmologi, ma un bravo medico ha più valore per la comunità che tutte le teorie e le filosofie messe insieme. Essere chiamati *scienziati* è lusinghiero, perché è sinonimo di grandezza. Nei paesi del terzo mondo, i poveri chinano la testa e ti chiamano "dottore" perché sono analfabeti.

Senza l'esistenza di un Universo-Madre e la materia oscura luminosa, l'universo in cui ci troviamo potrebbe perfino espandersi, perché i suoi frammenti hanno avuto origine dal big bang. Non potrebbe andare in uno spazio non esistente, proprio come un pesce che cade fuori dall'acquario non atterrerebbe sulla coda.

Tutto ciò è confermato dalla realtà, perché le persone comuni hanno buon senso e da questo concetto e analisi sono state fatte grosse scoperte da menti con una logica avanzata, e a tutti piace Einstein, che ha chiaramente affermato che senza un'Intelligenza Suprema niente potrebbe esistere.

Gli scienziati studiano tutto fin nei minimi dettagli, dal colossale corpo celeste che galleggia nell'universo agli organismi microscopici fino al movimento della materia che causa la formazione delle rocce. Quest'ultimo fenomeno è stato osservato alcuni anni fa da una studiosa di rocce australiana, che ha scoperto, con la sorpresa di tutti, che anche le rocce si muovono, crescono e si espandono. Ha lasciato sotto un microscopio dei frammenti di roccia che doveva analizzare ed è andata in vacanza per alcune settimane. Ha fatto una foto dei frammenti prima di partire e dopo il suo ritorno e quando le ha paragonate, ha notato la differenza.

All'inizio le associazioni scientifiche hanno espresso dei dubbi; questa possibilità era considerata così illogica che nessuno ha mai fatto delle ricerche. La scienziata che ha osservato il fenomeno ha persistito e anni dopo il fenomeno è stato confermato: tutto ciò che esiste, pulsa continuamente.

L'intelligenza umana lo conferma e, come la maggioranza di noi crede incondizionatamente, l'intero concetto della nostra esistenza, e la sua precisione, prevede che qualcuno lo abbia disegnato, calcolato e creato. Da dove viene resta un mistero. Lo spirito onnipotente è fluido; noi siamo anime che abitano corpi che erano zigoti in una fase precedente. Grazie alle ricerche svolte sui gameti, siamo in grado di vedere il DNA ma non riusciamo a vedere l'energia dell'anima perché si muove, è ciò che noi siamo, è il nostro corpo di uomini e donne. La fusione tra ovulo e spermatozoo si basa sullo stesso principio dell'origine dell'uovo del big bang: deriviamo da ovuli e spermatozoi, e il big bang deriva dall'Universo-Madre. Sono d'accordo con Hawking sul fatto che potrebbero esserci più universi, anche un numero illimitato di universi, così come esistono tante galassie. E allora? La scienza deve dedicare le sue energie a fermare le guerre a riportare la pace sul pianeta, a prevenire i disastri ambientali che ci minacciano.

Credo che in questo momento, il big bang e i buchi neri siano simili a cannibali che mangiano le galassie, in competizione con le parabole di Cristo, i Dieci Comandamenti, le affermazioni di Buddha o le bellissime esclamazioni del Corano che lodano Dio. L'unico elemento negativo è Hawking, che continua a confermare l'assenza di un Creatore, ma questo è comprensibile se si pensa alle sue condizioni fisiche che gli impediscono di godere di qualsiasi cosa a parte la gratitudine di essere vivo. Chiuso nel suo corpo mummificato, continua a elaborare teorie, sogni e fantasie, ma anche lui, come le sue teorie, non durerà per sempre.

L'aggressività verso il Creatore da parte di chi è afflitto da un fisico debilitato può essere comprensibile, e una possibile arma per dubitare della sua esistenza è la sua assenza, fisica e vocale. Ma quelli che credono in Lui hanno una vita più felice e questo si può vederlo tutti i giorni in bellissimi programmi TV su canali come *Discovery*, *National Geographic* e molti altri.

Gli scienziati concordano sul fatto che non c'è effetto senza causa e coloro che non si conformano e si sentono discriminati dovrebbero cercare di capirlo, non attraverso un contatto diretto col Creatore, ma con altri approcci, ad esempio osservando quelli che vivono con un terribile handicap e hanno una vita normale.

Le parole, come le azioni, possono aiutare o distruggere, creare felicità o anarchia. Grandi leader e capi di Stato hanno speso parole negative contro chi ha preso strade sbagliate, come Hitler, Stalin, Mussolini, Gheddafi, Hussein, e tanti altri. Questo dimostra che le parole portano guerra o pace e possono rendere la società un inferno o un paradiso.

Orson Welles (1915–1985) era un attore e conduttore radio che nel 1938 ha trasmesso *La guerra dei mondi*. La notizia dell'invasione dei marziani di una piccola cittadina vicino a New York (avevo cinque anni) era immaginaria, ma la gente ci ha creduto ed è dilagato il panico al punto che è dovuto intervenire l'esercito.

Ora posso affermare che se Stephen Hawking e i suoi seguaci dichiarassero che i buchi neri si stanno minacciosamente avvicinando alla Via Lattea, vi assicuro che *La guerra dei mondi* sarebbe niente a confronto del pandemonio che si scatenerebbe. Si perderebbe il controllo della situazione. Tutti correrebbero a cercare rifugio nelle chiese o nelle istituzioni religiose e servirebbero le forze armate dell'Onnipotente. Una volta scoperto lo scherzo, sarebbe troppo tardi. Queste persone senz'anima e senza Dio fanno leva sulla negatività e il risultato può essere disastroso, perché il panico è quasi impossibile da controllare.

La sorpresa più interessante è che *raccoglieremo quello che abbiamo seminato* grazie al libero arbitrio, che ci dà il diritto di dubitare del Creatore ma ci dà anche il diritto di difenderlo. Non sono ancora morto. Ho ottant'anni ma sono ancora in grado di alzarmi alle 6:00 del mattino (dopo essere andato a letto alle 2:00 o le 3:00 di notte), prepararmi una gustosa colazione con due o tre uova e poi, come sempre, recitare la preghiera di ringraziamento. Faccio molte cose fisiche e intellettuali che sono invidiate dai giovani. Se mi siedo, è perché mi fa piacere mangiare, scrivere, leggere o lavorare al computer, come sto facendo ora, da alcuni giorni, per rivedere questo libro. Continuo a farlo perfino quando mi si gonfiano le mani a causa del mouse, ma non smetto, perché sarebbe una sconfitta. Quando ci indeboliamo, non riusciamo a portare a termine nulla.

Con il mio lavoro intendo esprimere un ringraziamento al Creatore. Sono, ero e sempre sarò, ora come in passato, col tempo che scorre verso il futuro, il suo ammiratore numero uno, e non soprattutto attraverso i miei atti, come pensano gli amici. Loro si basano sul fatto che sono molto attivo, ho preso il brevetto di pilota e li porto in aereo a sorvolare i cieli congestionati di New York, Philadelphia, la California e Miami, non per sfidare la morte o il sistema, ma perché sono un grande pilota anziano la cui esperienza deriva dal buon senso e dalla ragione, come afferma Thomas Paine, una delle più grandi "menti brillanti." Il suo nome è qui per restare, in quanto ha aiutato, non spaventato la società.

Io mantengo sempre la speranza nelle avversità. Quando ho dovuto affrontare la morte di mia figlia, nel 1996, molti mi hanno chiesto come mi sentivo nei confronti di Dio, che prima ci aveva dato un angelo e poi ci ha restituito il suo corpo straziato.

La mia risposta è che quando mi confronto con l'orrore della mia vita, m'inginocchio ed esclamo: "Oh, Dio Onnipotente e Creatore, tu mi hai dato e tu mi hai tolto, non solo a me in questo momento, ma a tutti noi, sempre, nel passato e nel presente. Tu ci hai dato Carol da crescere con amore e lei è diventata una giovane e bellissima donna. Poi, improvvisamente ce l'hai portata via. Oh, Signore, quando arriverà il momento per me di diventare spirito capirò finalmente le tue ragioni, perché è tutto così straordinario che non può essere compreso da noi mortali, cui tuttavia hai donato la speranza, che rappresenta un balsamo per la nostra anima, perché è la speranza di poterci ri-incontrare in un futuro, che è domani. Ti amo, mio Dio, e ti prego di aiutare me e la mia famiglia e i miei amici nei prossimi anni. Amen."

Incredibilmente, anche coloro che dichiarano con orgoglio di essere atei mi hanno abbracciato in quel momento difficile, sussurrandomi che Dio sapeva quello che faceva, e che noi non abbiamo altra scelta che accettare.

In tutti questi anni, fino al momento in cui ho cominciato a scrivere questo libro, sono stato grato non solo al Creatore ma anche a tutti quelli che mi hanno dato amore nella vita quotidiana. Tutti, dal lavoratore più umile come il contadino che porta cibo sulla nostra tavola, al grande magnate della finanza che crea posti di lavoro, portano avanti le cose, a beneficio dell'intera società. Tutti noi collaboriamo per il bene comune e facciamo tutto ciò che deve essere fatto, come le api in un alveare. Tutti noi siamo utili a far girare la ruota, come su una nave da crociera, dove ogni membro è importante e se mancasse all'appello, la nave non potrebbe salpare.

Se l'uovo del big bang cominciasse a surriscaldarsi, com'è successo al sole, di miliardi di gradi in un trilionesimo di secondo, finirebbe per scoppiare frantumandosi in un'infinità di pezzi che, secondo una persona, hanno creato la materia oscura dal vuoto, cioè dall'assenza di tutto – di materia, di atomi- perché non esisteva nulla.

Qualsiasi analfabeta del terzo mondo o mendicante che vive su un marciapiede dell'India, Brasile o posti simili, sorride quando gli viene posta la questione, e risponde che dal nulla non cresce nulla. Da un rubinetto senz'acqua collegato a un tubo senz'acqua non sgorgherà mai acqua. Poste di fronte ad una simile domanda, le persone intelligenti si allontanano, pensando di trovarsi di fronte ad una persona poco intelligente, irrazionale.

È come affermare che il pulcino non ha una madre gallina, ma non perché è un orfano, anche gli orfani hanno una madre, come il big bang che ha avuto origine dall'Universo-Madre. Stephen Hawking e suoi buchi neri hanno origine nelle università del Regno Unito, ed egli è come un robot senza dio, con la voce metallica di un pazzoide derelitto, poiché si comporta come tale, destabilizzando i suoi simili. La speranza non fa parte del suo sistema computerizzato, egli è privo di sentimenti, altrimenti non dichiarerebbe apertamente che non c'è nessun bisogno di un essere spirituale responsabile della creazione, come se lui stesso avesse origine da una catena di montaggio di computer.

Noi umani, come gli animali irrazionali, abbiamo una madre e deriviamo da un ovulo, e per questo possiamo essere orfani, ma nessuno è privo di madre. Lo stesso vale per l'intera creazione, originata dalla materia oscura che è simile a nostra madre. Insisto su questa questione perché la ritengo importante a beneficio di tutti e non mi rimangono molti anni per continuare a insegnare.

Che ci crediate o meno, la grande intelligenza e la mente brillante ci sta mettendo in guardia da possibili distruzioni nucleari o causate dalla collisione di un asteroide sulla terra e, se ciò non accade, allora ci sarà un attacco degli *alieni*, da cui dovremmo stare alla larga perché sono tecnologicamente molto più avanzati di noi, nello stesso modo in cui Colombo era superiore agli indigeni quando arrivò in America.

Tutto ci fa pensare che l'alieno sia lui. Nella *Guerra dei mondi* (1951), la terra veniva invasa da dischi volanti con tentacoli simili a serpenti che bombardavano tutti e non c'era scampo per nessuno. Quando pensavano che la terra fosse distrutta, cominciarono a morire di malattie terrestri, attaccati da microbi provenienti dal nostro ambiente contaminato che invadevano la loro pelle senza protezione. Sicuramente sto spingendo troppo l'analogia, ma, proprio come gli alieni del film, Hawking è stato colpito da un potere microbico che gli impedisce di abbattere le nostre speranze.

Ora, la grande "mente brillante" viene contaminata fino alla paralisi, ma ha tenuto duro per mezzo secolo, cosa considerata impossibile per un essere umano. Non gli interessano i nostri sentimenti e distrugge la nostra speranza di vita dopo la morte. Non gli interessa la medicina, resta a fissare l'infinito, in attesa che lo squadrone di alieni ci invada. Lui ci prepara ad arrenderci immediatamente; il suo proposito di ignorare i sentimenti degli esseri umani *è stato smascherato da me, dopo cinque anni che seguo il suo percorso.*

Lui parla del cosmo come se fosse l'unica autorità sulla Via Lattea. La sua voce lo tradisce di fronte a chi non crede alle sue affermazioni. Pensa di avere una mente superiore, anche se è limitata dai microscopici difensori, che cerca disperatamente di trovare all'interno delle sue ricerche matematiche sulle teorie quantistiche. Sta per fare nuove scoperte, mentre soccombe all'invisibile mondo dei germi, di fronte ai quali non ha difese. Nessuno di noi le ha, ma la sua vulnerabilità ci aiuta, perché altrimenti avrebbe potuto impadronisti dell'intero sistema.

Hawking dimostra molto chiaramente di essere un esperto di alieni, del resto è lui che ci spaventa con i suoi buchi neri dai quali non c'è scampo. È un esperto di buchi neri perché rappresentano il suo mondo perduto, è alla ricerca di corpi celesti sui quali iniziare una nuova vita. Gli altri pensano che la vita sia sulla terra, ma non conoscono la negatività biologica dei microbi mortali che possono essere responsabili della nostra distruzione. La lebbra e le altre malattie non conoscono distinzioni, perché il sangue è sangue.

Senza Dio a proteggerci, gli alieni avrebbero vita facile, e questo è l'obiettivo di Hawking, che ci toglie le speranze negando che ci sia un Creatore. In realtà ci fa il lavaggio del cervello per farci arrendere, visto che ora afferma che nonostante le sue pessime condizioni fisiche vuole continuare a vivere finché non arriveranno gli aiuti. Ora dobbiamo tenere un occhio su di lui e l'altro fissato al cielo, con le Forze Armate delle Nazioni Unite in allerta, pronte a puntare le pistole Gatling.

Questo libro mantiene la mia promessa, fatta ormai più di cinquant'anni fa, quando io avevo trentun anni e Hawking ventuno. Da allora ho raccolto sempre più dati, aspettando il momento giusto, poiché il tempo scorre continuamente dal presente al futuro. Vivevo la storia dietro porte aperte, entrando nel futuro, e intanto gli anni passavano. Non ho mai perso la speranza, perché la speranza non si può perdere, e finalmente, d'improvviso arriva un fulmine che colpisce due volte lo stesso posto. Ho letto *Il Grande Disegno* appena è stato pubblicato, in un viaggio dal Brasile alla Pennsylvania per essere presente al funerale di mia sorella Helena, che aveva soltanto due anni più di me.

Ho comprato il libro da *Barnes and Noble*, pagandolo oltre trentacinque dollari. Era rovente come il sole; la gente faceva la fila per comprarlo, ed io mi assicurai una copia. Volevo sapere se Hawking fosse uscito dalla sua vita infernale e fosse entrato nell'universo del Creatore.

Ho fatto la stessa domanda alle dozzine di persone che aspettavano in fila, e quelli che credevano in Dio si aspettavano che l'autore, mentre trascorreva la vita come un essere mummificato, avesse imparato la lezione. Sono andato in un bar, e dopo alcune tazze di caffè e un buonissimo sandwich ho finito di leggere il libro. Mi sono alzato col sedere gonfio, sono andato direttamente verso un bidone dei rifiuti e ho buttato via il mio primo libro in oltre ottant'anni di vita. Hawking continua a restare orfano, ma non ha nessun posto in cui scappare, perché ha ucciso anche la filosofia.

Se fossi rimasto io inchiodato su una sedia per mezzo secolo, senza potermi muovere né parlare, avrei sperato di ricevere dal Signore una morte pietosa, che avrebbe riportato la mia anima da dove era venuta. Molte persone vivono su una sedia a rotelle, ma hanno libertà di movimento, e si godono la vita come milioni di altri. Partecipano anche alle Paralimpiadi, sono felicemente sposati e conducono una vita normale. Questo è tutto ciò che chiediamo al Creatore.

Hawking tuttavia è chiuso in prigione per un motivo, e quando è dentro, il prigioniero si ribella contro il sistema. La pena aumenta. È come andare controcorrente, è illogico. Anche se i nostri sentimenti sono negativi, tenere la bocca chiusa sarebbe la soluzione migliore, se il terreno su cui camminiamo è cosparso di buchi neri, perché per ogni amico che troviamo acquistiamo mille nemici. I pensieri negativi possono spaventare e persino uccidere, proprio come le preghiere ci possono condurre da qualche parte.

Se cercate il mio libro sui miracoli e fenomeni (su amazon.com o in altri siti) scoprirete che è pieno di foto realistiche che mostrano i fatti più incredibili mai registrati e successivamente ignorati. Le persone comuni sono ancora troppo lontane per rendersi conto del mondo spirituale di cui siamo circondati e che raggiungeremo dopo la morte. Vedere *Dr. Fritz: The Phenomenon of the Millennium (Il dottor Fritz: e il fenomeno del millennio)* (440 pagine, 160 foto, 2002).

Io stesso finora ho ricevuto almeno una dozzina di miracoli da quando ero bambino. L'ultimo è avvenuto cinque anni fa quando ho scoperto di aver la cataratta e mi è stato detto di operarmi di urgenza, io non l'ho fatto e ancora oggi la mia vista è normale. La cataratta sta perfino diventando azzurra. Ho gli occhi castani e i miei nuovi occhiali sono solo da lettura. Sono molto grato di questo. Una mattina, tutto si guasterà perché saremo chiamati in paradiso. Ne sono felice.

Ci sono malattie incurabili, tra cui molte forme di cancro, e milioni di morti sono causate da microbi che non possono essere sconfitti dalla penicillina, né da altre medicine. Nel frattempo, assistiamo alla morte di amici e familiari, mentre le malattie causate da motoneuroni attaccano la colonna vertebrale. Sono malattie molto rare ma hanno immobilizzato il genio della cosmologia, circondato dalle migliori cure mediche disponibili nel mondo sviluppato. È per noi la dimostrazione che quando c'è una cura, è coinvolto qualcosa di più del mero materialismo. Hawking dovrebbe vincere il premio Nobel per la sopravvivenza a una malattia mortale per oltre mezzo secolo. Come ha detto qualcuno, Dio lo mantiene in vita per mostrare all'umanità che non lo vuole con sé. È una lezione per Hawking e per tutti quelli che si comportano come lui.

Quasi tutte le teorie sono un capro espiatorio per i misteri, o meglio, non esistono soluzioni a domande impossibili in nessun campo. Mi sono reso conto che con l'invecchiamento, alcune menti diventano più affilate e il quoziente intellettivo aumenta ed io ne sono un esempio. E perché no? Ogni cosa ha un merito.

Ecco perché i congegni elettronici che ci ha dato la scienza sono meravigliosi (computer, laser, cellulari, ecc.) e continueranno a migliorare, fino a un certo punto. I nostri corpi potranno materializzarsi ovunque in pochi secondi ma per arrivare a questo ci vorranno migliaia di anni e questo non ha niente a che fare con la dimensione spirituale, ma soltanto con l'evoluzione materiale.

Per ora il teletrasporto è utilizzato solo nei film di Hollywood, ma un giorno diventerà realtà. Una cosa è certa, l'uomo (e, oggi, la donna) non riuscirà mai a sconfiggere la morte e a penetrare nel segreto della nascita dallo spermatozoo all'ovulo. Com'è cominciato il tutto rimarrà un'eterna domanda. Il futuro infinito è il tempo e noi abbiamo la capacità e le energie di costruirlo, ma rimarremo sempre e soltanto i manovali e non gli ideatori.

Non ci sarà mai una società perfetta sulla terra, perché siamo esseri umani e il nostro spirito non ha influenza sul pianeta, e il nostro libero arbitrio è soggetto a questa pressione. La separazione tra chi ha e chi non ha, e l'indifferenza dei potenti e delle loro famiglie verso i comuni mortali li terrà sempre divisi dagli altri. Non si tratta di discriminazione, perché lo status sociale fa parte della vita sulla terra. È bello avere buone intenzioni, ma io capisco la differenza, perché mi trovo tra due livelli diversi e mi rendo conto che in Brasile, negli Stati Uniti e in altri paesi, i soldi sono importanti, ma i soldi senza cultura non sono sufficienti. L'istruzione è necessaria, ma non apre le porte di Satana sulla terra.

Ecco perché se volo su un anfibio (aereo che decolla su terra o acqua N.d.T.) posso atterrare su ogni superficie. L'elicottero è ancora meglio perché ci fa atterrare sul tetto, evitando portieri e maggiordomi.

Nessuno sano di mente vuole morire, nemmeno quando invecchia (naturalmente non mi riferisco ai suicidi, che sono un'altra questione). In fondo, però, nessuno di noi vuole tornare indietro, e questo è il motivo per cui la reincarnazione non è stata inclusa in alcune religioni, eccetto la *Spiritism Doctrine* (Allan Kardec 1869, Francia), i cui sostenitori rappresentano una minoranza ininfluente.

Mi sono creato quest'opinione perché non ho mai sentito né visto l'espressione "perché la vita è così?" e quando la pronuncio vedo le persone inarcare le sopracciglia perché questa domanda è dentro ognuno di noi; la vita dovrebbe esaudire i nostri desideri, cioè essere priva di dolore, morte, guerre, furti e tutti dovrebbero ricevere un salario adeguato, non ci sarebbe disoccupazione e tutti lavorerebbero soltanto venti ore la settimana. I figli crescerebbero bene, non ci sarebbe né criminalità né infedeltà, gli aerei non cadrebbero dal cielo, le navi non affonderebbero e gli asteroidi non colpirebbero la terra. È meglio che mi fermi qui, altrimenti potrei continuare a riempire altre cento pagine così.

Fin da adolescente ho pensato che il nostro universo fosse uno di un numero infinito di universi, proprio come dichiarano le teorie di Hawking. Ci sono tante galassie con soli e pianeti sostenuti dalla materia oscura infinita, che regge qualsiasi volume creato, come se tirassimo un granello di sabbia nell'oceano.

Facciamo parte del sistema solare e siamo circondati da altre galassie e varie nebulose in formazione. Questa è la nostra nozione di frontiera, in cui esistono dei limiti. È tuttavia impossibile distinguere i confini, se ci sono. Ho guardato i fuochi d'artificio sulla spiaggia di Copacabana a mezzanotte l'ultimo dell'anno.

La materia oscura è l'assenza della densità della luce e non è nera perché c'è un contorno sfuocato che rende il suo interno luminoso. Noi non la vediamo come oscurità totale. Mi sono trovato a volte in alcune caverne e quando le luci si spensero per qualche minuto mi sembrò di non essere immerso in un'oscurità totale, pur avendo la sensazione di essere al buio, e questo mi ha dato il conforto della speranza. È come un bambino, ma anche un adulto, che accende le luci in casa, di notte, per non sentirsi solo nell'universo e per controllare un super potere.

La massa oscura è l'esistenza, ed è difficile, anzi impossibile da spiegare, perché mancano le parole, tuttavia può essere facilmente compresa a livello mentale.

Si possono scrivere parole su una pagina per cercare di descrivere qualcosa, ma se uno non la conosce, potrà soltanto farsene un'idea, ma non comprenderà il significato reale. Si può dire "te ne potrai accorgere quando la vedrai" oppure "devi vedere il Grand Canyon per sentirne la potenza" e aggiungo: "La notte, fissando l'oscurità infinita, riusciamo a sentirne la profondità."

All'interno della materia oscura, che ha un po' di luce, c'è uno scintillio. La luce che Dio ha creato sulla nostra retina è un condensato di materia oscura, perché ne fa parte, e noi ce ne accorgiamo di notte, nel deserto, lontano dalle luci, oppure volando su un Cessna a quindicimila piedi di altezza. La materia oscura comprende la curvatura della terra.

La materia oscura è il magazzino del Creatore, che contiene tutti i materiali conservati all'interno di un uovo di struzzo erroneamente scambiato per gallina, equivalente a venticinque uova regolari. Alcune persone che non sono interessate alla scienza mi hanno chiesto come faranno gli scienziati a raggiungere i confini dell'universo e la mia semplice risposta è stata che due più due fa quattro. Avverrà nel giorno della loro morte, in cui sotto forma di spirito, potranno raggiungere istantaneamente qualsiasi punto dell'universo, alla velocità dell'immaginazione. Pensate a un punto qualsiasi, chiudete gli occhi (quelli dello spirito) apriteli e voilà! Siete arrivati. Questo fenomeno si chiama "tele-trasporto." Le serie Tv come Star Trek lo mostrano a colori.

Quando la grandezza di qualcosa è inspiegabile, il nostro buon senso e la ragione ammettono che esiste un'Intelligenza Superiore precedente a fenomeni come la materia oscura e gli universi, che rappresentano l'effetto della causa.

Le persone immodeste e poco sagge negano queste affermazioni e questo, per me, è vantarsi nei confronti di chi ha un complesso d'inferiorità.

Quelli che hanno difficoltà a confrontarsi con questa grandezza devono essere in una posizione disperata, avere problemi mentali come paranoia e depressione, causati forse da difficoltà morali, inadeguatezza fisica o problemi economici. Per queste persone Dio diventa il capro espiatorio oppure ne negano l'esistenza perché non possono vederlo né sentirlo, senza sapere che Dio è così potente da non aver bisogno di apparire, perché qualsiasi esistenza dipende da lui e dalle condizioni che detta.

Ho incontrato persone di successo e celebrità che mi hanno confessato di fare difficoltà ad andare nei club e ristoranti esclusivi perché sono obbligati a mantenere le distanze dalla gente, che toglierebbe loro il respiro nel tentativo di ottenere autografi, baciando le mani, chiedendo favori oppure semplicemente restando a fissarli a bocca aperta o accecandoli con i flash, impedendo loro di vivere una vita normale.

Nel mio ristorante, i personaggi famosi prenotavano i tavoli nell'angolo, e se qualcuno si avvicinava si alzavano e lasciavano il locale senza pagare, per non tornarci mai più. Dicevo al personale che se avessero importunato gli ospiti li avrei licenziati su due piedi. E avvertivo anche i miei clienti abituali.

Lady Diana è morta in un incidente mentre correva in macchina a grande velocità per evitare i fotografi che la inseguivano a Parigi. Immaginate Dio che mostra alle sue creature mortali che si prenderà cura della creazione infinita.

Nel quarto giorno di viaggio ero seduto al mio tavolo, alle prime ore del mattino, e guardavo il riflesso della luna sull'oceano che danzava sulle onde, quando una signora molto anziana si è seduta al mio tavolo. Mi ha raccontato di essere vedova da diciotto anni e che lei e suo marito avevano fatto molte crociere perché le adoravano. Ora, a novantun anni aveva deciso di continuare a farle finché sarebbe stata in grado di muoversi. Ha chiesto di parlarmi, le ho detto che avevo mezz'ora libera, e le ho offerto una tazza di tè.

"Signor Bill, la materia oscura, l'universo o gli universi non fanno alcuna differenza. Tutto è parte della creazione di Dio; alcuni non se ne rendono conto perché l'ignoranza li acceca e non vedono la bellezza e la magnificenza. Bisogna ricordare che 'una rondine non fa primavera' ma può comunque disturbare il sistema migratorio. Non permetterò che ciò disturbi il mio modo di essere."

Mentre parlava, io scrivevo e poi mi sono reso conto che se n'era andata, quietamente com'era venuta. All'ora del caffè ho chiesto all'equipaggio notizie di Ana Paula, così si chiamava la graziosa signora anziana, ma non la conosceva nessuno, e il suo nome non era sulla lista dei passeggeri. Quella notte, guardando la luna, ho sussurrato una frase ad Ana Paula, ringraziando il suo spirito per aver notato me e quello che scrivevo. Non dimenticherò mai la sua visita, che mi ha portato la speranza di vita oltre la morte e mi ha sostenuto in quello che stavo facendo.

Mentre scrivevo, pensavo ai critici e a coloro che sarebbero rimasti colpiti moralmente dalle mie realtà. Non intendo offendere nessuno, soltanto mettere in guardia le persone. La mia realtà colpisce soltanto chi ha rimorsi di coscienza quando vede che "il cappello è adatto alla testa."

Aristotele è un filosofo rispettato e il padre della scienza. Sono passati millenni, il tempo continua a scorrere. È vivo nelle nostre menti e quando ascolto le affermazioni negative di Stephen Hawking secondo le quali non abbiamo bisogno di filosofia mi rendo conto che la sua reputazione sta miseramente crollando, non solo tra il pubblico ma anche tra i suoi seguaci. Ciò è confermato dai miei discorsi con i passeggeri e anche dai commenti sul suo ultimo libro apparsi su Internet. Questo significa che dobbiamo aggiungere legna al fuoco finché brucia, come diceva mia nonna.

Lo stesso vale per i grandi leader; quando si sentono messi su un piedistallo, sognano e corrono dietro alle fantasie. Le teorie possono andare fuori strada e perdere la gloria, e chi le porta avanti cammina su un campo minato, in cui ogni passo potrebbe essere l'ultimo, mentre s'illude di salvare l'umanità da un futuro di dubbi e dalla stessa fede.

 Che cosa c'è oltre la morte?

Ogni giorno la gente mi ripete questo interrogativo, a riprova del fatto che il pensiero della morte occupa il tempo di tutti. Ogni tanto mi fermo al Cimitero di Weehawken nel New Jersey a visitare la tomba di mia figlia. Non so perché i cimiteri sono circondati da cancelli chiusi, perché la gente ci entra solo per seppellire qualcuno, lasciando il motore della macchina acceso. Arrivano, firmano il libro delle presenze, guardano brevemente il cadavere, e corrono a prendere l'aereo, invece ai matrimoni tutti arrivano in anticipo e si fermano a pranzo.

Il problema è che la morte non si rivela sotto forma di spirito. Solo in pochi affermano di averne visto il fantasma. Tutti cercano di fotografare i fantasmi, ma le macchine fotografiche non collaborano.

I medium (che hanno il previlegio di vedere il mondo degli spiriti) affermano di vedere le anime dei trapassati dal vivo o in foto e sono dunque gli unici testimoni di questi fenomeni. Anch'io, come tutti, vorrei far parte di questo gruppo.

Negli Stati Uniti i fantasmi abbondano e danno a Hollywood materiale necessario a mantenere l'industria cinematografica fiorente. Ogni anno qualche film sui fantasmi e sull'aldilà riceve un Oscar. Il film *Ghost* ha avuto un successo strepitoso, anche alla televisione, e tutti si sono precipitati a comprare la cassetta (il DVD è arrivato in seguito).

Durante i funerali si sentono i pianti e le grida delle persone di fronte ai corpi senza vita dei loro cari, divenuti, a causa delle leggi della natura, semplici involucri di cui liberarsi al più presto (in alcuni paesi devono essere cremati entro ventiquattro ore o essere congelati).

Noi siamo rimasti indietro ma ci toccherà la stessa sorte in un futuro molto vicino e questo è poco ma sicuro. Le persone comuni credono che i morti riposino in pace, al riparo dalle malattie. In questo caso, sono morti per "riposare in pace." Io non sono d'accordo, perché non voglio riposare, ma essere attivo in pace, perché sono convinto che nella sua dimensione spirituale la vita sarà ancora più colorata e interessante di quella terrestre. Io sono pronto, ed è meglio che lo sia, perché quando si arriva a ottant'anni, si deve accettare il senso di ansia provocato dal dubbio su quello che viene dopo. Tutti vedono l'entrata avvolta nella nebbia, ma a nessuno è dato di sbirciare oltre la soglia, e questo provoca un senso di vuoto e di paura, e allora le lacrime vanno a chi ci ha lasciato, anche se il tempo attenua il dolore, specialmente se vi sono nuove nascite, matrimoni o altri lieti eventi in famiglia.

I nostri pensieri non si fermano mai e ciò è positivo, perché tengono a bada l'ansia. È come se tutti i misteri sull'aldilà fossero stati svelati e come se il mondo spirituale fosse a portata di mano. Credo che così la vita diventerebbe noiosa e inutile e le cliniche che accolgono i suicidi diventerebbero più popolari dei bar e dei ristoranti. Nessuno si preoccuperebbe dei buchi neri di Hawking o, e questo è più grave, del suo universo senza Dio.

La fede dei predicatori religiosi deve essere incondizionata, il che significa che non devono porsi domande né avere dei dubbi, ma accettare ciò che è stato loro insegnato dai superiori, sulla base delle sacre scritture. Io considero i predicatori come persone laureate in religione che sono felici e dormono sonni tranquilli, perché si occupano di ciò che li appassiona.

Alla mia età, sono diventato indirettamente un guru, forse a causa di barba, baffi e capelli bianchi, che danno l'impressione di avere già un piede nella fossa. Quando cammino per la strada o entro in un ristorante, bar o centro commerciale, quando salgo su un autobus o su una nave o prendo taxi, la gente mi dice: "Mi scusi, signore, se le faccio questa domanda, che mi tormenta da un po' di tempo. Può spiegarmi com'è la vita oltre la morte?"

Mi sono talmente abituato a sentirmi fare questa domanda che non mi dà più fastidio, anzi, sono sorpreso di non essere l'unico a porsela. Alcuni sono insoddisfatti per la mancanza di una risposta, e questo li fa sentire in un vicolo cieco. Le teorie sono utili ai bambini dell'asilo.

Ricordo quando ho imparato l'alfabeto, succhiavo ancora il latte da un biberon, avevo un ciuccio attorno al collo e lunghi riccioli biondi. La maestra diceva a mia madre che era sorpresa di sentire le domande che facevo alla mia età, ma lei rispondeva: "Dio non ci ha creato tutti uguali, altrimenti Dio non sarebbe Dio!"

Quando qualcuno è dichiarato morto da un medico, il suo corpo comincia a decomporsi dopo appena due ore, rendendo il processo più veloce di quello degli animali, a dimostrazione del fatto che la natura non permette allo spirito di rientrare nel corpo.

Siccome vivo in una zona in cui la Bibbia influenza cattolici ed evangelisti, ho letto a mia moglie le 1.200 pagine di questo libro sacro senza saltare una riga. L'ho letta per un'ora al giorno, dopo mezzanotte, per due mesi, e poi ne discutevo con mia moglie, gli amici e i parenti che avevano letto la prima e l'ultima pagina e che frequentavano la chiesa e si divertivano a farmi domande del tipo: "Come ha fatto Gesù a resuscitare Lazzaro quattro giorni dopo che era morto?"

Io rispondevo: "Non sono un predicatore né un prete" e li consigliavo di rivolgersi a loro per avere una risposta. Era una risposta logica, ma loro mi guardavano con delusione, come se stessi nascondendo qualcosa. Come sempre, quando si trattava della famiglia, il perdente ero io, ma per punirli, l'ultima volta che abbiamo organizzato una grande cena, cui si sono presentati anche gli scrocconi, non ho messo piede in cucina. La cena è stata molto ordinaria.

L'unico fatto garantito e confermato dalla scienza e da chiunque di buon senso è il processo di invecchiamento del corpo umano e animale. Oggi, nel ventunesimo secolo, si calcola che il DNA risalga al big bang, esso è un'infallibile legge della natura (la legge di Dio), prevista in anticipo, come tutte le cose che precedono la comparsa degli esseri umani sulla terra.

La cosa interessante è che i cervelloni famosi, che si dedicano a fare ricerche sul cosmo, non fanno il minimo sforzo per inventare congegni per scoprire qual è il loro posto nel mondo spirituale.

Il telescopio riflette la luce lontana milioni di anni luce. È un sogno poterla vedere, ma è anche un semplice modo per passare il tempo, mentre dal microscopio i microbi ridono di noi. E che dire del mondo spirituale, dove tutti andremo per restare, compresi amici, parenti e nemici? Stephen Hawking sa che il suo tempo sta per scadere. Ha dieci anni meno di me, ma ultimamente afferma di voler vivere più a lungo. La ragione è che viene coccolato dai suoi ammiratori. Oltre ad essere un uomo senza Dio, è anche un uomo senz'anima. Dopo la morte vivrà in eterno e questo sicuramente lo terrorizza. Preferisce essere una mummia piuttosto che un cadavere.

Smettiamo di guardare al piedistallo spirituale come se fossero statue di marmo, legno, pietra o argilla e vediamoli come spiriti pulsanti che ballano il tango, come li vedrebbe un ubriaco. Se c'è qualcuno che lo conferma, sarò il primo a proporre il premio Nobel.

Ogni giorno saliamo sulla bilancia, preoccupati dell'aumento di peso, dei vestiti che ci vanno troppo stretti, ma mai nessuno è salito su una bilancia digitale e ha sentito uno spirito che pesava la sua forza di gravità.

Molti di noi affermano che l'anima non ha le stesse preoccupazioni del corpo, ma questo non è vero perché ci saranno presentati i nostri debiti da saldare – rilassatezza morale, pigrizia, arroganza, ignoranza, mancanza di fede, infedeltà, crimini, abusi, eccetera– e questo influenza la vita spirituale che è parte della nostra coscienza. Fama e ricchezza sono cose terrene, ma nella terza dimensione ci sarà uno stile di vita diverso, fondato sul valore dei sentimenti. Gesù ci ha detto di amare il prossimo come amiamo noi stessi. Lui era consapevole dell'esistenza del mondo spirituale, altrimenti non avrebbe accettato di portare il peso della croce.

Non bisogna aver paura di entrarci, perché comunque non abbiamo scelta. È il luogo cui siamo destinati, il posto in cui troveranno rifugio coloro che sono stati discriminati perché poveri, brutti o poco intelligenti e coloro cui sono state chiuse le porte in faccia. In questo mondo spirituale le persone non sono misurate con parametri materiali e secondo le classi sociali terrene.

Grazie al potente telescopio di Hubble e altri apparati tecnologicamente avanzati messi a punto dalla NASA e dai russi, la conoscenza dello spazio sta diventando sempre più sofisticata e questo è di aiuto all'umanità e ci porta molti vantaggi, rendendo le cose sulla terra più vivibili.

Tuttavia, sebbene l'idea di altri pianeti come la terra sia più che verosimile, la realtà è l'immensità dell'infinito. Esistono più universi, perché il big bang è accaduto realmente. Ma perché non potrebbero esserci stati più big bang che hanno creato condizioni di vita come la nostra nel passato? Perché tutto questo non dovrebbe continuare in eterno, non come possibilità ma come realtà, inaccessibile ai nostri corpi materiali?

Non possiamo escludere la possibilità di avere contatti indiretti con esseri umani che vivono su altri pianeti, tecnologicamente più avanzati, perché l'universo è così vasto. Tuttavia crediamo che la vita intelligente esista solo sulla terra, e allora che senso avrebbe, se non ci fosse una vita ultraterrena? L'intera esistenza, intelligente e non, materiale o spirituale, qui o altrove nel calore dell'inferno o nella freschezza del paradiso, è per noi, esseri umani intelligenti, straordinaria quanto l'origine della vita. La vita che continua in eterno, in un'altra dimensione, sotto forma di spirito ci fa sognare di conquistare l'eternità, ci conferma che i nostri pensieri sono la nostra realtà, oppure non starei scrivendo questo libro alla mia età. Non lo faccio solo per mettere parole sulla carta. Resto seduto al computer con i piedi gonfi e la mano destra che mi fa male a causa del mouse, potrei fare qualcos'altro piuttosto, andare in montagna, fare un'altra crociera. Eppure sento che questo libro è un modo per comunicare, ecco perché l'intelligenza fa la differenza e non può andare perduta con la morte del corpo, perché l'investimento del Creatore è reale.

A chi trova conforto nel mondo spirituale io dico: buon per loro. È una benedizione, ma io ho una missione da compiere, come quando decollavo con il mio Cessna. Questa volta, voglio oltrepassare la gravità e arrivare all'infinita materia oscura, portando lo spirito oltre la negatività terrena verso mondi fluidi, fluidi come le nostre anime. L'origine è qui, nel nostro big bang, nell'unione di un ovulo e uno spermatozoo. Non è uno scherzo, a meno che qualche "mente brillante" come Stephen Hawking non prepari un'altra teoria. Tutti possono elaborare teorie, io stesso potrei scriverne un migliaio, ma a chi importa? Lui sogna di essere una scimmia e fuggire dalla sedia a rotelle. Come lui stesso ha affermato: "noi non siamo altro che una specie avanzata di scimmie che vivono su un pianeta minore che ruota attorno a una stella di media grandezza." Ecco la mia risposta: "Signor Stephen William Hawking, definito genio e la più grande mente brillante, con un quoziente intellettivo di 250, mentre sei una mummia inchiodata su una sedia a rotelle, la tua mente è impegnata a portare l'inferno sulla terra. Sei la persona più irrispettosa che esista. La tua immobilità è l'effetto di una causa e questa causa è il tuo menefreghismo verso tutto e tutti, compresa la terra, che definisci pianeta minore. Se non ti piace, perché non salti dalla nave e non uccidi il tuo corpo materiale? Hai confessato di voler vivere in questo tuo "corpo non proprio bello." Hai affermato che vedere le donne e non poterle toccare è una punizione spirituale. La società ti cambia pietosamente i pannolini, ti nutre come un bambino e si occupa di quello che resta del tuo corpo mentre tu avanzi con la sedia a rotelle su un tappeto rosso. Quello che più mi scandalizza è quanto poco tu stia dando ai tuoi simili, tutto quello che fai è prendere e questo va oltre la ragione. Mentre gli altri si prendono teneramente cura di te, avendo fede nella tua 'mente brillante' tu sputi in faccia a tutti. Credi che siamo una specie di scimmie perché sei tu a essere una scimmia, altrimenti non ti comporteresti come tale. La tua voce viene tradotta da un computer meccanicamente perché la tecnologia ti permette di fare i tuoi discorsi da scimmia senza Dio. La terra non ha abbastanza alberi che ti permettano di arrivare alle stelle."

Se avesse davvero compreso l'universo, avrebbe trovato amore, carità e il potere supremo che ha creato la materia oscura luminosa da cui hanno origine gli universi e che ha originato lui, una *specie di scimmia* come quella interpretata da Charles Heston nel film *Il pianeta delle scimmie,* (2008). Hawking dovrebbe guardare *El Cid* (che narra di un guerriero dell'undicesimo secolo che ha difeso la Spagna dall'invasione musulmana), interpretato da Heston, per capire come anche gli esseri umani primitivi fossero più evoluti delle scimmie. La punizione di Dio sono gli esseri privi di amore. Pensiamo a come sarebbe la terra senza Dio.

Ci sarebbe un'unica legge morale: "Ognuno per sé e nessuno per tutti." Cristo è giunto ed è morto per i suoi principi: "Ama i tuoi nemici e non ci saranno guerre"; "Chi ama i propri simili va in paradiso." Lo hanno inchiodato a una croce, mentre lui supplicava il nostro Creatore di perdonarli perché non sapevano quello che stavano facendo.

Hawking è rimasto inchiodato su una sedia a rotelle per oltre mezzo secolo, senza Dio e fiero di esserlo. Non sa di stare togliendo la speranza alla gente e di sostituirla con l'anarchia in un mondo pieno di Hitler, Bin Laden, Saddam Hussein, Bashar Al-Assad, Gaheddafi, ecc. La lista si allunga a vista d'occhio, l'ultimo ad aggiungersi è Kim Jong-Un (Presidente della Corea del Nord N.d.T.), saltato come un maiale sulla coda del leone (gli Stati Uniti) con una torcia letale (la bomba atomica) per finire arrostito come un maiale mentre la brandisce sotto il naso del leone. Ma qui non si tratta di un'arena in cui combattono due nemici, perché sono coinvolti milioni di persone innocenti che potrebbe subire un nuovo olocausto.

Se Hawking avesse realmente una mente brillante, farebbe di tutto per salvare questo pianeta minore popolato da scimmie, ma la sua mente tutt'altro che brillante da bestemmiatore senza cuore, lo rende una scimmia priva di pietà per l'umanità, proprio come nel film *Il pianeta delle scimmie*.

Fisicamente, una scimmia ha un aspetto migliore del suo, perché un essere umano con la faccia da scimmia e i denti che toccano il naso non è attraente. Io inviterei a cena prima una scimmia ammaestrata e solo come ultima scelta una scimmia travestita da scienziato umano.

Quelle immensità che noi conosciamo come galassie galleggianti nell'infinita materia oscura luminosa non sono state create per fondere un mucchio di sabbia. Costruiamo lenti giganti da pezzi di vetro e le puntiamo sull'infinito come se l'universo fosse di nostra proprietà, ma ci troveremo di fronte a una sorpresa, perché quando gli zigoti entrano nell'utero, acquistano un passaporto che si chiama mortalità del corpo, e solo come spiriti ci guadagneremo l'ascesa al cielo.

Ogni secondo c'è la prova di ciò. La morte comincia a fare vittime, con il Papa che si prepara alla partenza, come mia figlia morta a trentatré anni e i 251 adolescenti e universitari morti in un incendio in una discoteca avvenuto qualche settimana fa nel sud del Brasile con altre 80 persone morte per le inalazioni di fumo. Si calcola che le vittime della seconda guerra mondiale siano state almeno 240 milioni.

Quest'ultima guerra che ha portato cinque anni d'inferno sulla terra è accaduta soltanto sessantotto anni fa. Io avevo dodici anni e grazie a Dio a quell'età pensavo solo a studiare, giocare e nuotare. Ho vinto molte medaglie. Il Brasile era in guerra ma noi cittadini eravamo lontani dai campi di battaglia, anche se i nostri soldati erano in guerra, per garantire la salvezza al pianeta al prezzo delle loro vite, la stessa cosa avvenne negli Stati Uniti. La malvagità si presenta in varie forme, per sfidare l'evoluzione e la spiritualità.

Dobbiamo stare sempre all'erta, attenti a coloro che si infiltrano nella nostra società, portando quello di cui non abbiamo bisogno. Causano anarchia, prendendo in giro la nostra intelligenza e proclamandosi di esserci di aiuto. Gli anarchici si spacciano per super geni dalle "menti brillanti", mentre gli altri sono stupidi, ma si scontrano con il muro che si chiama buon senso, e la ragione li mette al loro posto. L'arcobaleno risplende sempre dopo la tempesta.

La stessa scienza è un fenomeno, specialmente Hawking, che passa ogni minuto col naso sul monitor, non per fare ricerca e sgominare microbi dannosi, ma per creare teorie che "rompono le scatole a Dio", come dicevano gli inglesi quando mi trovavo a Londra, mangiando un pasticcio di carne e bevendo birra tiepida, per la prima e l'ultima volta.

Le sue teorie parlano di buchi neri che raggiungeranno la terra e se la mangeranno fra miliardi di anni, quando sulla terra non rimarrà altro che la polvere delle nostre ossa, e del sole che fra miliardi di anni incenerirà il nostro pianeta. Allora, gli spiriti e le anime saranno lassù, su una delle galassie dove si trovano tutte le generazioni del passato, perché hanno avuto la speranza e la fede in una vita oltre la morte. Ecco il modo giusto per continuare a vivere. Migliaia di anni fa i faraoni avevano preparato il loro ingresso nelle galassie, e all'epoca non avevano nessun monitor o telescopio né stupide teorie. I media non hanno niente di meglio di cui scrivere e per questo hanno tutte le ragioni per mantenere le "menti brillanti" sui loro piedistalli.

Se guardo il piedistallo della vita vedo Dio, mentre Hawking vede una scimmia. È la ragione per cui la sua non è una teoria ma uno scherzo. Seriamente parlando, la sua visione degli esseri umani è che sono scimmie. Se avesse un corpo normale, avrebbe conquistato la terra sotto forma di Anticristo, terrorizzando le persone. Dio rispetta il nostro libero arbitrio, ma tiene a freno i pesci grossi- gli alieni travestiti da scienziati, perché i terrestri hanno fede in Cristo. La speranza li protegge.

Mi dispiace non poter tornare sulla terra tra qualche anno sotto forma di spirito per aggiustare le cose. Dio ha voluto darmi un percorso a 360 gradi su cui navigare con il mio Cessna oltre la gravità della terra, all'interno della materia oscura cristallina. Mi ha fatto sorvolare sulle città di quella grande nazione che sono gli Stati Uniti, che mi hanno ricevuto a braccia aperte e hanno dato a me e a tanti altri la libertà di esprimere l'amore per l'umanità da loro definito "libertà per tutti." Quasi subito dopo il mio arrivo a New York, i brasiliani sono ripiombati nel Medio Evo a causa di una malvagia tirannia militare durata un ventennio e finita nel 1985. Dio mi ha dato protezione sotto la Statua della Libertà, permettendomi di arrivare a ottant'anni facendo ricerca e scrivendo questo libro, adempiendo i miei doveri sulla terra. Gli Stati Uniti mi hanno dato l'opportunità, Dio la sua benedizione.

I buchi neri che Stephen Hawking vede sul monitor sono qui, sulla terra, sotto i suoi piedi. Chiunque, scienziato o ignorante, può scavarli con una pala. Lo ha confermato lui stesso, quando ha dichiarato di voler continuare a vivere. Lui afferma che si trovano lassù, lontani miliardi di anni. Nel frattempo la NASA sarà in grado di prendere in mano la situazione.

Non prendo in considerazione le sue teorie, forse una nullità, perché le teorie sono sogni che volano con ali di cera, possono essere sciolte dal sole. La bestemmia è un peccato mortale contro la logica del Creatore e comporta gravi sofferenze. Dobbiamo svegliarci, perché non siamo i creatori, ma il creato.

Il buon senso prevale su tutto, perché la fede non è tale senza la ragione. La fede è al di sopra delle teorie, che si basano sui sogni perché non si avverano. È difficile distinguerli dalla realtà, perché occupano l'inconscio quando dormiamo. Sono fantasie, e ne siamo consapevoli quando ci svegliamo. Non mi sono mai interessato ad ascoltare i sogni e gli incubi delle persone perché non sono realtà, altrimenti vivremmo migliaia di vite in una.

I nostri limiti cominciano dove il Creatore ci ha creato, nel tutto, o materia oscura (Universo-Madre) che coinvolge l'esistente. È la sua dimora, e perciò è neutrale e non interferisce con nessun'altra composizione creata nell'universo. È un acquario che contiene tutto l'esistente e non è difficile concepirlo.

L'universo o gli universi non sono altro che piccoli pesci in un acquario infinito. La materia oscura luminosa è sempre esistita, anche prima della vita in quest'oceano infinito, prima che il passato diventasse passato. Il presente è sempre presente, perché è il futuro. Il futuro non è nulla, perché il presente è eterno.

La scienza non scherza mai con l'aldilà; la maggior parte degli scienziati, compreso Einstein, ci rimanda a un'Intelligenza Suprema e lascia saggiamente alla religione il compito di approfondire questo argomento. La religione sta perdendo molti fedeli a causa di illogiche teorie che sono in competizione con la fede, e la battaglia continua. Anche loro hanno bisogno di stare al passo con i tempi.

Miei cari lettori, se questi problemi diventano più confusi, pensate e ricordate che niente ci viene offerto su un piatto d'argento. Dobbiamo guadagnarci tutto per avere il riconoscimento finale. A volte lo otteniamo sulla terra, altre volte nell'aldilà perché l'universo siamo noi, che ne facciamo parte.

Una delle teorie di Einstein è stata discreditata e lui stesso l'ha cambiata sulla base delle teorie evoluzionistiche. La sua flessibilità rendeva la sua mente davvero "brillante." Ammettere è vincere per il bene di tutti. Ricordate, dopo un genio c'è un altro genio perché il tempo passa, e anche l'evoluzione, mentre Dio continua a creare. Lavoisier ci ha portato solo fatti scientifici e non un fascio di teorie. Ha provato che niente è perduto, ma si trasforma e questo ci offre la logica per controbattere ai buchi neri. È solo un sogno inaspettato, che divora persino la luce. Può essere digerito, ma questo non ci fa sbarazzare di ciò che è già stato creato, come un'esplosione atomica. Gli atomi continueranno a irradiare e si riuniranno in un futuro.

Ogni giorno adulti e bambini provenienti da tutto il mondo, tra cui Stati Uniti, Inghilterra e Brasile, affermano di aver visto o sentito dei "fantasmi" o spiriti, alcuni amichevoli altri spaventosi. Alcuni offrono foto a riprova delle loro affermazioni, ma ciò non convince gli scettici, che si interessano al fenomeno solo come divertente trovata. Oggi si possono affittare "case dei fantasmi", c'è chi rischierebbe la vita per aver conferma che esiste una vita oltre la morte. È un fenomeno interessante ma scienza e religione mantengono le distanze.

Come l'India, il Brasile ha sempre avuto dei medium (persone in contatto con gli spiriti) con poteri di guarigione e per curiosità ho visitato molti di questi "san Tommaso" in carne ed ossa. La Chiesa Cattolica ha voluto vedere con i propri occhi e non "con gli occhi della bocca di qualcuno." Il mio libro: *Dr. Fritz: The Phenomenon of the Millennium* (2002) nasce da queste esperienze.

A questo punto desidero porre una domanda: perché scienza e religione non si uniscono su questi temi come una famiglia? È una domanda simile a: Perché ci sono le guerre? Qualsiasi risposta rappresenta un effetto e non arriva alla causa, almeno nei tempi presenti, perché il dolore fisico e morale deve raggiungere l'anima in una singola esplosione e non lentamente, come nella seconda guerra mondiale, che non aveva ufficialmente colpito tutti i cuori.

Scienza e religione considerano tutto ciò una perdita di tempo, qualcosa di irrazionale come lo stesso Dio. Parlano con ignoranza di fantasmi invisibili, comportandosi come San Tommaso. Non c'è dibattito, devono vedere l'orma del leone prima di ammettere che è reale, deve sbranarli prima che lo notino. Ho il diritto di esprimere la mia opinione, perché se il Creatore entrasse in scena, tutti dovrebbero comportarsi bene. Potrebbe esserci il terrore di affrontare l'Onnipotente e perdere la posizione materiale di falsa supremazia, come il piedistallo sulla spiaggia che viene lavato via dalla prossima marea, proprio come fanno la malattia e la morte.

So che ciò è più della mia semplice immaginazione e non rientra nelle teorie, perché milioni di persone, comprese quelle famose, sono d'accordo. Per questo non vorrei rivivere la mia infanzia. Nessuno che merita il premio Nobel è malvagio. Fino all'adolescenza ho visto spiriti e fantasmi tutte le notti, da sveglio, prima di dormire. Mi apparivano in forme diverse e mi facevano correre a cercare rifugio nel letto dei miei genitori per sdraiarmi in mezzo a loro col cuore che mi batteva così forte da scoppiarmi nel petto.

Se non fosse stato per quell'angelo di mia madre, non avrei superato l'adolescenza e la paura del vuoto fluido, perché la terra è il territorio delle anime.

Le visioni sono più frequenti nei bambini. A volte appaiono sotto forma di angeli, altre di demoni, rendendo la terra un inferno. Se continuasse ad avere visioni la povera anima finirebbe in manicomio. Ho ricevuto l'aiuto di molte persone, compresi preti cattolici e il mondo spirituale mi ha lasciato in pace. È uno spazio per gli angeli e sono grato di sapere che siamo eterni. Quelli che hanno la benedizione di vedere e sentire il mondo invisibile sanno che Dio esiste e anche noi lo sappiamo, anche se le sue immagini non sono riflesse nella nostra retina. Possiamo vedere gli spiriti con la mente e questa è la ragione per cui pochi li vedono alla luce del sole.

La prova di ciò oggi è il Vaticano, con il suo "gruppo riservato di esorcisti" che espellono gli spiriti maligni dal corpo di qualcuno senza incolpare Satana e i suoi associati.

Questo importante lavoro li porta dappertutto in poco tempo e per questo hanno una flotta di piccoli aerei pronti a portare i preti specialisti con il crocefisso nella mano destra e l'acqua santa nella sinistra. A volte ci vogliono ore per completare il rituale. Quando le cose sfuggono di mano, basta telefonare al: VATICANO-EMERGENZA-SPIRITUALE, dare il proprio indirizzo e loro arriveranno come angeli misericordiosi che agiscono nel nome di Dio e di Gesù, con l'aiuto degli spiriti benigni, che hanno il permesso di venire sulla terra a darci una lezione sulla vita dopo la morte e poi sono richiamati in cielo.

Il 30 aprile 2004, il *Los Angeles Times* aveva pubblicato un articolo in prima pagina: "Il più importante esorcista del Vaticano espelle il demonio; Padre Gabriel Amorth dà battaglia a Satana come uomo impegnato."

Verificate sul sito che "non scherzo col fuoco." Nel corso della "Giornata Mondiale della Gioventù" svoltasi a Città del Vaticano, Giovanni Paolo II è stato continuamente assalito da una ragazza adolescente inglese. Lo stesso Papa, con tutto l'aiuto su cui poteva contare, stava perdendo la battaglia contro Satana e la sua famiglia, finché non è arrivato un gruppo speciale di esorcisti e ha interrotto il divertimento degli spiriti cattivi. Quest'anno (2013), la "Giornata Mondiale della Gioventù" si svolgerà a Rio de Janeiro, ai piedi della statua del Cristo che si staglia a 2.200 piedi di altezza, come settima meraviglia del mondo. Basta guardarla per essere sicuri che Satana non avrà il coraggio di farsi vivo.

Ora che è stabilito che due più due fa quattro, il Vaticano, come autorità scientifica numero uno afferma che dovrebbero fare di meglio con i loro esorcismi.

Se creassimo un sensore in grado di localizzare gli spiriti e poi li fotografassimo e impiegassimo un genio o una "mente brillante" come Hawking che li osservasse, non con le sue teorie, ma nella realtà, sono sicuro che troverebbe Dio, specie per il suo beneficio – perché la sua conta dei buchi neri non sta aiutando né lui né noi.

Queste persone dedicano la vita a contare particelle e misurarle, cercando forme sempre di più piccole per chiamarle con dei ricercati nomi latini. Al momento stanno disperatamente cercando di identificare la composizione della materia oscura. Tutto quanto riguarda il big bang va bene, ma non includere il mondo spirituale è un errore grave. È incredibile come una persona nelle sue condizioni non si preoccupi di cercare la medicina necessaria sulla terra, e anche il fatto che non si appelli a una spirituale, perché non ci sono altre soluzioni. Preferisce restare seduto sui chiodi.

Non è necessario avere una laurea di un'università importante per essere una mente brillante o essere in grado di formulare teorie logiche, perché le migliori istituzioni educative insegnano le religioni; inoltre, è il Creatore, anche se non di persona, a far sentire la sua presenza e a ricordare a noi mortali che non sappiamo neppure se saremo qui a vedere la prossima alba, perché neanche un aeroplano può garantire di non cadere uccidendo tutti i passeggeri a bordo.

Essendo la materia oscura la residenza del Creatore, un giorno ne scopriremo la composizione e questo è positivo perché fare ricerca è sviluppare la nostra intelligenza e aumenta il quoziente intellettivo, ma stiamo attenti a non toccargli la testa, altrimenti potremmo soltanto raccomandarci a lui.

10 Una mente in armonia rende la vita felice

La psicologia studia la mente con l'obiettivo di aiutare le persone che soffrono di patologie come la depressione e di problemi che impediscono una vita normale o, meglio ancora, con il proposito di aumentare il loro benessere. È un programma che funzionerebbe meglio se fosse portato avanti da angeli e non da chi è allo stesso livello dei suoi pazienti. Ho avuto molte esperienze negative con professionisti che avevano in cura dei miei amici.

Quelli che si dedicano a questo vasto campo, uomini e donne, si muovono su un campo minato; il prossimo paziente potrebbe essere quello che calpesta una mina, creando un caos che non coinvolge soltanto se stesso ma tutti gli altri. La mente umana è l'aerea più complessa, il cervello è una massa in cui risiede anche l'anima, perché è il centro del pensiero del nostro essere.

Anche un giovane studente può fare una domanda complessa che mette in un vicolo cieco. È mio diritto non negare il Creatore, così come Hawking ha il diritto di negare la sua esistenza e di affermare che l'universo deriva dal nulla e si è materializzato improvvisamente, con un big bang, ma Hollywood non ci è cascato, e neanche tanta gente come me.

Attraverso lo studio della mente di un paziente e del suo comportamento, la psicologia cerca di capire e spiegare i suoi pensieri e sentimenti, per poi aiutarla, ma se qualcuno resta fissato al concetto che la vita deriva dal nulla, allora è meglio internarlo in un istituto per malati mentali di gran classe, per "menti brillanti", da cui Hollywood può trarre materiale per un film dal successo assicurato.

Dio ha fatto le sue correzioni, perché è il primo super genio a scommettere con un microscopio. Non ci sono germi geni e Hawking non combatte per la gloria di andare in giro e godersi la vita, ma per stare seduto su dei "chiodi" divini.

Un giorno, molti anni prima dell'invenzione dei telefoni cellulari, quando il GPS era ancora un sogno, durante una riunione a Manhattan qualcuno affermò che prima o poi saremmo stati in grado di leggere la mente. Mi sono alzato e ho detto: "Non potrà accadere, neanche le macchine della verità sono perfette. A volte credo che non ci riesca neanche Dio, a causa del nostro libero arbitrio. La mente è un mondo privato e se fosse violata saremmo dei semplici derelitti, la vita perderebbe di significato e l'anarchia prenderebbe il sopravvento."

Alcuni psicologi cercano di guarire aspiranti suicidi, che solitamente pensano che non ci sia nessuno di cui fidarsi o che nessuno sia veramente interessato ad ascoltarli oppure che non riescono ad affrontare il loro confessore. In questi casi, sono il primo a indicare quelli che hanno preso un titolo di studio per aiutare gli altri che si trovano sull'orlo di una crisi di nervi.

La mia vita passata e presente è molto attiva, persino ora che ho i piedi gonfi come palloni per stare al computer fino a venti ore al giorno. Non riesco a fermarmi e per avere ottant'anni sono in ottima forma fisica e mentale perché non ho permesso ai miei problemi di sopraffarmi. La vita non è facile per nessuno, ricchi e poveri, menti brillanti e offuscate.

Come promesso, questo libro presenta al lettore qualcosa che non trova negli altri libri; parla della realtà e non porta anarchia ma consapevolezza a chi è destabilizzato, porta pace e bontà nelle nostre vite piene di stress che riservano, da un momento all'altro, soddisfazioni o tragedie. Vediamo i nostri figli andare via senza avere la garanzia che ritornino. Dopo trentatré anni, mia figlia Carol (1996) non è più tornata.

Purtroppo ho avuto occasione di constatare che molti psicologi professionisti che dovrebbero aiutare le persone in momenti di stress hanno scelto questa professione non per passione ma per la posizione sociale e il compenso economico, attratti da un investimento "low cost", ma questo è vero per ogni professione.

Mi sono reso conto che, contrariamente a quella degli animali irrazionali, l'esistenza degli esseri intelligenti è piena di dubbi che li spingono a ribellarsi al Creatore in virtù del libero arbitrio. Stephen Hawking è l'esempio numero uno. Egli usa la sua posizione nella scienza;

è considerato da molti l'erede di Einstein, che era un uomo di Dio perché, come ho affermato, continua a vivere come spirito. Quando è morto, ha sentito un'energia fluida lasciare il suo corpo materiale, liberandosi.

Einstein ha avuto una vita difficile ma non ha incolpato nessuno per questo. Era grato al Creatore di non essere confinato su una sedia a rotelle. Ha fatto del suo meglio per non spaventare le persone, ha anche fatto le linguacce ai media, affermando che nella vita dovremmo anche ridere e non solo piangere e puntare il dito contro la mancanza di logica degli altri. Dovremmo essere grati per tutto quello che ci ha dato il Creatore.

Penso che la psicologia aiuti ma non che sia la soluzione, perché i problemi mentali variano per ognuno, secondo l'accettazione dell'esistenza che si vive.

Da adolescente, mia nipote, che abitava a Washington DC, diceva di voler diventare psicologa per conoscere i segreti dei pazienti e guadagnare molti soldi e il rispetto della società. A ventinove anni si è laureata e suo marito le ha aperto un ufficio di lusso e lei dice che tutto quello che deve fare quando torna a casa è "rompere le scatole a suo marito."

La mia vicina di casa cinquantenne, che litiga e urla notte e giorno col suo personale di servizio, afferma orgogliosamente di essere psicologa. Quando ha iniziato a infastidirmi, le ho detto che aveva bisogno di aiuto e che l'avrei aiutata io con i miei scritti. Lei è al corrente delle lunghe lettere che scrivo ai politici di dubbia onestà e dei risultati che ottengo.

Quella notte le ho scritto una lettera che ho fatto scivolare sotto la porta del suo appartamento, suggerendole di trattare con carità la sua fantastica cuoca, la ragazza adolescente che le fa le pulizie e l'autista, che sono tutti esseri umani liberi, visto che la schiavitù è stata abolita in Brasile il 13 maggio 1888. Le ho scritto che altrimenti l'avrei denunciata. La mia esperienza in questo campo deriva dal buon senso, dall'amore e dalla comprensione spirituale. Se molti di questi professionisti si fossero laureati nelle università del cielo, il mondo sarebbe un posto molto migliore in cui trascorrere la nostra lunga vacanza.

Siamo stati creati per essere felici, e i bambini ne sono l'esempio. Se potessimo restare bambini in eterno, non ci sarebbero guerre e non esisterebbero stress e negatività. La terra sarebbe un paradiso. La cosa peggiore è che le persone che esercitano questa professione vivono nel nostro stesso mondo e possono subirne l'influenza quanto gli altri. È difficile per un essere umano con gli stessi sentimenti e lati positivi e negativi degli altri dare lezioni alle nostre anime. Queste persone, sentendosi soltanto dei numeri, dichiarano di avere "menti brillanti", mentre il resto della popolazione si rimbocca le maniche e fa quello che può per portare agli altri amore e conforto.

L'unica mente davvero perfetta è quella che è arrivata qui, vaga e confusa, e che soltanto negli ultimi tre anni della sua vita svantaggiata ci ha lasciato parole sotto forma di brevi parabole e sermoni che durano non più di tre minuti, semplici affinché fossero compresi da tutti. Era circondato da analfabeti e ignoranti, ma la sua intelligenza era più alta di quella di chi cerca l'origine dell'universo senza Dio. Sono uomini che non capiscono il significato dell'amore. Solo guardando all'infinito, egli ha visto quello che i telescopi non avrebbero potuto mostrare neppure dopo migliaia di anni. Lui e suo Padre, il Creatore dell'universo, aspettano che le loro creature tornino a casa. C'è vita nell'infinito, lontano dalla terra, basta solo dare un'occhiata per trovarla.

Ci limitiamo a vedere, sentire e andare oltre il nostro corpo materiale, considerato zero dalle persone insicure e ignoranti, dalle menti chiuse, incapaci di confrontarsi con le meraviglie del paradiso che lo distruggono come vandali. Quando arriverà l'ora di pagare il prezzo si dichiareranno vittime del sistema.

La *materia* è la nostra barriera sulla terra, come lo sono i nostri corpi, e questo rende la speranza l'unico strumento per compiere il nostro viaggio e raggiungere l'aldilà. È una speranza appesa a un filo, ma è *l'unica* via di uscita dal vuoto e dalla tomba del cimitero, dove il vento sussurra e non c'è nessuno che risponda alla chiamata.

Ci viene detto di andare avanti, perché presto sarà il nostro turno di lasciare il corpo ed entrare in un mondo silenzioso, senza voci né urla, perché è "terra di nessuno." Il tempo continuerà a scorrere, rendendo il futuro presente, perché il domani si avvicina.

L'antropologia studia il comportamento umano cercando di spiegarlo dal punto di vista psicologico, ma che cosa succederebbe se ci fosse un "alieno" oppure degli esseri di un'altra galassia intellettualmente più avanzati? Potrebbero aiutarci a rendere migliore il nostro mondo, ma lo farebbero? È meglio che ci proviamo da soli, dopotutto abbiamo quello che ci serve a portata di mano.

Da dove ricava le sue conoscenze l'antropologo? Dalle sue opinioni, infatti, gli antropologi confutano le teorie di chi non è d'accordo con loro! Ma gli "alieni" o perfino gli "angeli" non sapranno mai dove il Creatore custodisce il suo magazzino, la sua catena di montaggio o i compressori di uova. Non sapranno mai dove si trovano le miniere del Creatore nella materia oscura o da dove prende gli atomi e i kilowatt per mantenere chiare e luminose le sue ricerche. L'eternità luccica continuamente, senza blackout, ma si può dire lo stesso anche riguardo alla materia oscura luminosa?

Il Cessna 182-RG raggiunge un'altezza massima di quindicimila piedi, ma il pilota può arrivare soltanto a dodicimila piedi senza maschera di ossigeno. Io ho superato questi limiti arrivando a diciassettemila piedi in una notte ghiacciata e la densità dell'aria mi ha dato l'impressione di essere in un acquario pieno di gelatina. Ho fermato l'elica e sono rimasto inerte, a fissare indisturbato la crosta terrestre fluttuante fondersi nella materia oscura cristallina, cercando di incontrare il Creatore e augurandomi che qualcuno fosse con me a testimoniare tutto questo, Stephen Hawking in particolare, così avrebbe potuto sentire quello che provavo io, e questa sensazione gli avrebbe fatto cambiare idea sull'esistenza del Creatore, dando inizio al miracolo.

L'estasi da me provata era eterna ed io mi rifiutavo di interromperla, ma mi sono reso conto ad un tratto di stare sprofondando lentamente verso l'inferno. Perfino gli strumenti, che brillavano nel buio, erano offuscati dalla mancanza di ossigeno. Per recuperare quota, ho dovuto spingere il pulsante in avanti come unica difesa contro il diabolico vortice ruotante.

Quando sono tornato in me, e i miei sensi si sono sintonizzati con la realtà, ho chiaramente visto gli strumenti in tre dimensioni, luminosi come se fossero stati accesi dal sole, e ho cominciato l'atterraggio sulla pista illuminata come un albero di natale. Dopo aver unto l'asfalto (è il gergo del pilota che vuol dire compiere un atterraggio perfetto), mi sono diretto verso l'uscita e sono rimasto per una mezz'ora a fissare il cielo dal livello del mare, pensando a quanto sono cieche le persone che guardano questa magnificenza senza vederla.

Gli ignoranti fissano l'infinito come allocchi senza coglierne i particolari, ma io ho visto il cielo incastonato di stelle come una sfida, come accade a uno scienziato o un leader religioso quando si confronta con un mistero. Loro spargono voci e affermazioni illogiche con arroganza, provocando panico e anarchia tra le persone bisognose di consolazione.

Ho portato il mio esempio a dimostrazione del fatto che è impossibile che nell'universo vi siano effetti senza cause. Cominciare dalla materia oscura come origine ed espansione non è logico, perché un altro big bang è pronto a scoppiare com'è accaduto milioni di anni fa, perché la costruzione non si ferma, visto che lo spazio non ha dimensioni.

Molti anni fa, quando ero giovane e abitavo a Manhattan, New York, ho assistito ad alcune lezioni di psicoanalisi. Freud (1939) era il padre della psicoanalisi e tra i suoi successori c'erano Jung, Reich, Lacon, eccetera. Dopo alcune lezioni su cui mi sono concentrato con tutta la mia buona volontà, ho sentito che giravamo in un cerchio senza uscita, e la monotonia di ciò mi faceva dormire, soprattutto dopo una giornata di lavoro nel mio bel ristorante vicino al Rockefeller Center, in cui preparavo piatti di alta gastronomia e affrontavo tutti i problemi che si pongono a un perfezionista che gestisce un ristorante.

La ragione per cui andavo a lezione di psicoanalisi era che un cliente mi aveva sfidato con le sue letture sulla consapevolezza e avevo bisogno di corroborare le mie affermazioni che lo avrebbero fatto cadere dal suo piedistallo. "Freud ci ha lasciato praticamente tutto il necessario per poterci dedicare all'analisi dei sogni, esperienze che spiegano e ampliano il dibattito che coinvolge scienza, religione e cultura" e l'insegnante, con la sua eloquenza, confermava che due più due fa quattro. Ho alzato la mano e mi è stato concesso il permesso di parlare, ma quello che ho detto non è stato di loro gradimento. L'esperienza che ho avuto da adolescente, conducendo e producendo un programma radio, mi ha dotato dell'eloquenza necessaria per esprimere quello che pensavo dell'interpretazione dei sogni. Ho detto che le zingare che leggono le carte fanno un lavoro migliore. Ho raccontato i sogni che facevo di notte mentre la mia coscienza si rilassava, che non hanno mai portato logica nella mia vita, e che non esisteva nessuno scienziato famoso che mi convincesse a rendermi ridicolo, visto che tutti potevano tirare a indovinare, proprio come nelle teorie della scienza. Poi, educatamente, ho aperto la porta e me ne sono andato senza aspettare l'ascensore. Non sono mai ritornato e ci ho speso dei soldi, perché le uniche cose buone e gratuite della vita provengono dalla natura.

La maggior parte dei sogni si dimentica nel momento stesso del risveglio e sparisce per sempre dalla memoria. I pensieri che non sono reali e non hanno relazione con la vita di tutti i giorni provocano solo frustrazioni, perché non li abbiamo coscientemente creati. Sono scene non associate a qualcosa di logico. Quando incontriamo persone o siamo nel mezzo di una conversazione o situazione, ci viene da chiederci perché questi stupidi sogni si presentano come pensieri indesiderati.

Il nostro subconscio è un incubo e dobbiamo starne alla larga, anche se fa parte della mente umana. È fuori dalla nostra portata. È incredibile come riusciamo a ricordare gli eventi del passato grazie alla banca dati che risiede nella memoria. I sogni, invece, confermano che la nostra mente non dorme né si riposa mai perché ha un'energia che deriva dall'anima, che è fuori dal nostro controllo.

La gente che amo, come mia madre e mia figlia Carol, morte entrambe, i viaggi fantastici, le migliaia di persone che ho incontrato, gli eventi importanti, come il mio sogno di pilotare un aereo divenuto realtà, non sono mai arrivati quando dormivo, sotto forma di sogni o di incubi.

Secondo me, Freud ha sbagliato a dedicare il suo tempo a un campo minato, ma senza che le mine gli scoppiassero in faccia, perché era divertente, nell'alta società, rivolgersi a indovini, chiromanti e analizzatori di sogni. Freud vi si è dedicato mentre si godeva i suoi tempi, in cui viaggiare non era difficile come oggi e si comunicava tramite piccioni viaggiatori.

Pensare e immaginare il contenuto delle nostre menti è un sogno ad occhi aperti, più completo, realista e concreto di quello cui pensiamo mentre dormiamo. Freud afferma che i sogni sono come il mostro di Lochness, la misteriosa creatura che vive nel lago scozzese—tutti lo conoscono, ma solo nei loro sogni.

Quando qualcuno mi parla dei suoi sogni o incubi, gli dico che non sono interessato alle fantasie della mente, perché sono prive di logica e non vale la pena di soffermarcisi, altrimenti oggi sarei un giovane all'inferno, o leggerei le carte, o analizzerei sogni e incubi e mi divertirei come Freud faceva con le signore dell'alta società.

Alcuni libri che leggiamo restano con noi in eterno; in uno di questi, cui ho dato solo un'occhiata quando mi trovavo nella biblioteca pubblica di New York sulla Quarantaduesima strada a Manhattan, l'autore si dichiarava convinto che molti problemi psicologici potrebbero essere risolti da avvocati o nel corso di ricchi banchetti oppure alla stazione di polizia. Aggiungo che potrebbero anche essere risolti con una cerimonia voodoo a Cuba o in Costa Rica, fumando sigari e bevendo rum, tequila, o un buon whisky, e osservando l'abito bianco di belle donne sollevarsi al vento.

Miracoli, Fenomeni—Realtà o mistero?

Spesso, quando accadono drammatici incidenti e disgrazie, le persone addolorate si rivolgono alla spiritualità come sola speranza di vita, come una linea sottile che le conduca a un domani con meno lacrime, e ciò le aiuta ad andare avanti nel nome dell'amore. Io ringrazio il Creatore, ma accuso le persone senza amore di distruggere questa linea sottile, specialmente quelli che sono idolatrati per le loro "menti brillanti", come Hitler e la Gestapo, perché basta un gruppo ristretto di persone per causare una guerra globale, non serve il gruppo militare coreano con quella creatura dall'aspetto idiota, perché figlio di un suo simile. Come afferma Thomas Paine, un idiota vive con un altro idiota come figlio per mantenere viva l'anarchia mentre la gente soffre. La rivoluzione francese rappresenta un triste esempio di come si è cercato di risolvere un problema con la ghigliottina.

Queste anime senza fede usano la loro insensibilità per creare caos sotto forma di sconforto. Neanche il Creatore può sfuggire a queste persone, ma alla fine l'effetto sarà risentito dai sacrileghi, quando il dolore fisico e morale li colpirà. Alcuni di loro sono stati persino glorificati. Questi gruppi sono sullo stesso livello spirituale, infelici quanto la loro vita.

Se non facessi chiarezza su queste polemiche, questo libro sarebbe incompleto, come i miracoli e i fenomeni sono frutti di uno stesso albero. Questi eventi, se così posso chiamarli, esistono e sono sempre esistiti perché sono parte della vita umana sulla terra e del libero arbitrio.

La religione è iniziata con i miracoli; più tardi è arrivata la scienza con i fenomeni, ma i risultati sono gli stessi, qualcosa che non poteva accadere ma è accaduto, contro tutte le previsioni. Non tutto è spiegabile con la scienza.

I misteri appartengono alla religione e alla scienza, che usano questo termine per non perdere la faccia quando si confrontano con un fenomeno che non riescono a spiegare logicamente. La loro mancanza di spiritualità è provata dal fatto che non riescono ad accettare un fenomeno come qualcosa di anomalo. Stanno tutti seduti su un piedistallo di sabbia perché esprimono la loro stupidità spacciandola per libero arbitrio.

Accettare l'inspiegabile dovrebbe essere normale quando c'è umiltà spirituale. Significa dire semplicemente "grazie" quando qualcosa d'impossibile diventa possibile, quando qualcuno affetto da un male incurabile sta morendo in ospedale e a un certo punto si alza in piedi e chiede di mangiare, oppure quando un grande jet decolla dall'aeroporto La Guardia e le eliche risucchiano enormi oche che lo manderanno a sbattere in pochi minuti nel fiume Hudson sotto gli occhi orripilati di migliaia di persone. Tuttavia, all'ultimo minuto, il pilota compie un atterraggio perfetto, come se gli angeli avessero appoggiato delicatamente l'aereo sulla superficie del fiume permettendo alle migliaia di passeggeri di scendere senza neanche bagnarsi i piedi. Il commento sull'accaduto di pilota e copilota è stato il seguente: "Ci siamo sentiti impotenti, impossibilitati a evitare l'urto con l'acqua e ci siamo raccomandati a Dio, e lui ci ha aiutato."

Oltretutto, l'area era gremita, con migliaia di barche e traghetti e una miriade di piccoli aerei come il mio che volano all'altezza della Statua della Libertà.

A quel tempo abitavo a Weehawken, New Jersey, con la vista sulla zona che sorvolavo con il mio aereo. Mentre assistevo alla catastrofe evitata all'ultimo momento, ho detto ai miei nipoti di essere stato testimone di un miracolo. Qualcuno ha commentato che si trattava di un fenomeno, io ho risposto che era la stessa cosa, perché il mondo spirituale a volte interferisce col nostro, ma quella persona non ci ha creduto. Ho sorriso e ho risposto: "È un problema tuo, signor Hawking!"

Mentre le chiese urlavano, Dio ha appoggiato l'aereo sull'acqua, e la scienza si è congratulata col pilota che ha mantenuto il sangue freddo e ha usato la sua capacità ed esperienza per atterrare sull'acqua da una giusta angolazione e a una velocità minima. Ha fatto un atterraggio sul fiume con un aereo non predisposto per l'acqua, senza distruggerlo e salvando equipaggio e passeggeri.

L'incidente è stato una disgrazia che dimostra la separazione tra fede e materialismo, simile alla differenza tra libero arbitrio e presenza del Creatore nelle nostre vite, ma presto le opinioni cambiano, specialmente quando si avvicina l'ora della morte. L'invecchiamento ha un prezzo da pagare, fin dall'inizio della creazione.

Da pilota privato volavo soprattutto di notte per ammirare la bellezza dell'infinito nell'oscurità. Il Creatore, come sempre, tiene le luci accese ma ogni tanto intuivo un improvviso aggravamento venire dal nulla e mettere in pericolo il volo. In una notte piovosa ho sentito il calore dell'inferno, come una grande ombra avvicinarsi e venirmi addosso. Era un edificio vicino alla mia linea di atterraggio, e l'esclamazione del pilota che si raccomanda a Dio è, in quei casi, automatica.

Una volta, al tramonto, stavo decollando da un piccolo campo vicino ad Albany, New York, e uno stormo di anatre canadesi mi ha tagliato la strada a mille piedi. Almeno una mezza dozzina di questi volatili che pesano oltre venti libbre sono diventate piume e carne macinata. Io avevo un'elica e non un motore a jet ed ero accecato dal sangue. La mia unica difesa era chiedere pietà a Dio, mentre atterravo di nuovo sul campo. Nessuno credeva che ci sarei riuscito, eccetto il Creatore ed io. Sono grato per tutte queste esperienze perché ci portano più vicino alla vita oltre la morte.

Quando né la scienza né la medicina sono capaci di dare una spiegazione a un problema o di trovare una cura per una malattia, quelli che credono nel mondo spirituale dicono che è per mancanza di fede e usano il mistero come una via di uscita da un labirinto senza uscita, perché ricerca e preghiera atterrano nello stesso posto.

Quando tutto va bene, la scienza afferma che l'equazione è pareggiata, la medicina afferma che la dose è giusta e la religione dice che la preghiera è ascoltata. Nel frattempo, il Creatore tiene d'occhio tutti e tre.

Fenomeno è un termine molto comune perché si riferisce all'elettricità, come anche un calciatore analfabeta sa. In qualsiasi sport fa un gol in più, come quello della guarigione, e in questo campo la scienza si tiene a distanza. Ma ora il Vaticano, col fenomeno dell'esorcismo, tiene a distanza gli spiriti malvagi che creano scompiglio con il loro comportamento. Si tratta di un'evoluzione assoluta.

Questo enorme passo avanti del Vaticano porta a tutti una speranza, perché è la prova che questi spiriti non sono Satana e la sua famiglia, ma sono esseri umani dopo la morte, che vagano nei quartieri in cui abitavano da vivi e ci fanno il solletico sotto i piedi nelle prime ore del mattino. Ecco perché molti di noi dormono coperti anche d'estate senza aria condizionata.

Sono anni che speculo su questo argomento, che fa parte di un'area spiritualmente controversa e sono arrivato alla conclusione che la materia non si costruisce né subisce cambiamenti senza energia, un'energia spirituale invisibile ai nostri occhi. È sempre presente, qui o là o nell'infinito, perché fa parte della materia oscura, come gli atomi e, qualunque sia la definizione scientifica, sotto qualsiasi forma - solida, liquida o gassosa - si mescola continuamente, rispettando tuttavia i reciproci confini, altrimenti non ci sarebbe alcuna creazione.

C'è una sola sfida per la scienza che non sarà mai vinta a causa della perfezione della natura. Dio conosce la mente umana intelligente. Il nostro mondo è nell'universo di Dio, ma la nostra mente individuale non può essere penetrata.

La "macchina della verità" si basa sulle pulsazioni cardiache, ma le emozioni non hanno nulla a che vedere con la mente. Recentemente, in Brasile, la polizia ha scoperto che un giovane uomo, attraente e di buone maniere, era uno spietato killer che ha ucciso a sangue freddo oltre cinquanta persone e avrebbe continuato a farlo se non fosse stato arrestato. Il mondo è pieno di gente come lui, di Satana travestiti da angeli.

Guardando la gente, non riusciamo a scoprirne i pensieri o i sentimenti. Le menti intelligenti e "brillanti" sono in grado di nascondere le loro qualità. Spesso sentiamo dire di qualcuno che "sembra uno stupido" ed è in realtà un genio matematico o un imprenditore di successo.

Molti venditori che si presentavano al mio ristorante mi scambiavano per cameriere a causa della mia giovane età e mi chiedevano di parlare con il proprietario. Io mi offendevo e li mandavo via.

Se mi succedesse oggi, sarei orgoglioso di essere un giovane imprenditore, ma sono onorato di essere una persona anziana. Posso continuare a usare la mia *Parker 51*, mettendo le parole sulla carta, posso continuare a cucinare piatti prelibati, a fare buchi nelle nuvole e a condurre un programma radio che mi ha aperto le porte del giornalismo e della scrittura.

Tanto tempo fa, un indiano arrivato in città ha visto l'acqua scorrere da un rubinetto e, non conoscendone la provenienza, l'ha definito un miracolo. Ho pensato la stessa cosa con il big bang, che deriva dal nulla secondo quanto affermato da Stephen Hawking. Il Creatore non è il fornitore, né lo è l'infinita materia oscura, proprio come il rubinetto dell'indiano non è il fornitore dell'acqua. A volte mi chiedo se il brillante scienziato elabori le proprie teorie da questo aneddoto o se conosca la verità.

La favola dell'indiano ha un lieto fine. Quando ha fatto un buco nel muro ha scoperto il tubo e, seguendolo, è arrivato al lago che forniva il liquido prezioso. Inginocchiandosi ha esclamato: "Grazie, mio Signore, per avermi dato i miei fratelli, le foreste, gli animali, gli uccelli, i pesci, il cielo stellato e la pioggia che porta l'acqua che ci disseta, perché senza di te non ci sarebbe vita."

La storia dell'indiano ha un lieto fine perché si basa sul buon senso e la consapevolezza che la nostra esistenza è stata costruita da un potere spirituale che è intorno a noi, fuso nella natura, camuffato. Come un buon padre, tiene d'occhio i suoi bambini. Possiamo camminare e apprezzare la natura e tutto ciò che ci viene offerto, perché godere ogni istante della vita terrena è un privilegio.

Questa semplice favola ci insegna il concetto del big bang, ora cosparso di buchi neri, non come decorazioni, ma come l'inferno di una mente sufficientemente affilata da vederlo. Il risultato è un continuo fissare la materia oscura nell'infinito, ma non come facevo io, a quindicimila piedi di altezza, ma da una proiezione sul monitor, alla ricerca di un illusorio Creatore. Voleva mostrare al pianeta di non averlo trovato, ma di aver trovato al suo posto dei terrificanti buchi neri, da cui soltanto un Dio assente avrebbe potuto difenderci.

Il suo status di scienziato è superiore a quello degli altri, ma nessuno vorrebbe vivere la sua vita. È più facile per un indiano poco istruito riconoscere la perfezione dell'universo che per un mancato premio Nobel, che fa ricerche col telescopio spaziale Hubble per scoprire che il Creatore è assente, mentre noi sappiamo che è onnipresente perché è al di sopra di tutta la sua creazione.

I vanagloriosi di solito hanno l'appoggio di vasta parte della società, perché quelli che non fanno attenzione sono soggetti alle leggi sacre di causa ed effetto e immaginano che tutto sia possibile. L'impossibile sarebbe che i nostri corpi derivassero da uno zigote, rendendo possibile l'impossibile, come i minerali che hanno anch'essi vita, e perché nella scienza tutto è possibile. Il destino di un essere pensante e intelligente è di finire in una tomba, perché crede che l'Intelligenza Suprema ci definisca un semplice numero nell'infinito. In questo modo si sente discriminato, messo all'altezza di un semplice, comune atomo.

Una volta ho visitato una cittadina delle Ande in Ecuador, situata a migliaia di piedi sopra il livello del mare. Avevo circa quarant'anni e potevo vagare per le sue valli. Mentre attraversavo una piccola azienda agricola, un indiano di circa settant'anni ha invitato me e mia moglie a visitare la sua piantagione molto curata. Dopo la visita, sorseggiando tè e dolcetti di mais e formaggio (umitas), mi sono permesso di chiedergli di parlarmi dell'universo.

Era un freddo pomeriggio di sole e la città più vicina era la centenaria Cuenca, distante circa un'ora di macchina; quest'uomo umile aveva vissuto lontano dalle università e aveva dedicato la vita a produrre i sacri frutti della terra. Alzando gli occhi al cielo, dove il ghiaccio incontra la materia oscura, mi disse con un sospiro: "Quest'uovo da cui l'universo è cominciato deve essere divino, perché il Creatore è dietro tutto questo. Senza un'origine, quest'uovo non potrebbe esistere, perché per avere un uovo devo prima comprare una gallina. So che l'uovo che acquisto deriva da una gallina. Se qualcuno afferma che non c'è un Creatore, digli di venire qui, la notte, a fissare il cielo senza un telescopio e cambierà subito idea, vedendo la chiara materia oscura tempestata di stelle e, se è fortunato, vedrà anche una stella cadente. Allora capirà la grandezza della creazione. Se dopo questo spettacolo dovesse continuare a bestemmiare, vuol dire che c'è qualcosa di profondamente sbagliato nella sua mente."

Non dimenticherò mai la mia conversazione con questa persona umile, senza manie di grandezza, da cui ho sentito parole di saggezza, imparate da colui che è venuto qui e ci è rimasto in eterno perché le sue parabole erano più che semplici storie brevi, e hanno dato conforto a tutti noi che non cerchiamo risposte né dalla scienza né dalla religione.

Quest'uomo era più di uno scienziato, un leader religioso o un politico perché le sue affermazioni erano più che consigli; erano le spiegazioni necessarie all'umanità per capire "perché la vita è così." È reale sin dall'inizio dell'eterno viaggio oltre la morte del nostro corpo materiale verso la sua dimensione fluida, tanto reale quanto la nostra esistenza.

Thomas Paine, nel suo libro *L'età della ragione*, afferma che credere in Cristo è irrilevante, perché il concetto di amore e moralità è così grande da adattarsi ai bisogni psicologici di chiunque. Funziona, e quindi continuiamo a chiamarlo Gesù Cristo.

Egli ci ha offerto la speranza in ogni circostanza e non la minaccia di buchi neri voraci che ingoiano la luce per l'eternità mentre vagano per le galassie che li inghiottiscono. Le persone sono spaventate fino all'incoscienza, perché non hanno difesa né posto in cui scappare. Questi buchi neri sono stati creati dalla fantasia o i sogni di una mente brillante che ha passato mezzo secolo davanti a un monitor fissando la materia oscura che ha dato alle sue retine delle ombre nere che ora ci butta addosso perché, essendo un uomo senza Dio, non ha nulla da temere, solo l'incubo della morte eterna. Dal suo piedistallo di sabbia, ha persino ucciso la filosofia. È consapevole che la morte annienterà il suo corpo sfigurato rendendolo cenere. Per quanto riguarda la sua anima, non lo so, perché non sono un indovino anti-Dio e anti-Cristo. Una persona senza Dio non va all'inferno o in paradiso, ma finisce nell'oscurità eterna di un buco nero.

Ho molti amici musulmani. Mia figlia Carol (1996) ha sposato un egiziano e insieme amavano viaggiare su piccoli aerei. Diventarono i miei passeggeri preferiti.

Un pomeriggio stavamo volando su Caldwell, New Jersey, per andare a mangiare il pesce da Martha's Vineyard con il panorama sul mare. A quattromila piedi, improvvisamente, abbiamo sentito un sobbalzo e in pochi secondi siamo stati lanciati in alto e poi in basso. I miei amici hanno urlato "Gesù", poi tutto è andato bene per il resto della giornata. Al ritorno ho chiesto loro perché avessero esclamato Gesù e la risposta era che Gesù ha le chiavi del paradiso, ma tornando da Caldwell, ho sentito anche molte volte la frase "Grazie Allah, per la tua misericordia!"

Non dimenticherò mai l'abbraccio che mi hanno dato dopo l'atterraggio. Per loro ero più di un nonno, ero l'angelo che il Creatore aveva messo sulla loro strada. È stato bellissimo sapere che il mondo è pieno di anime buone.

Alcuni anni dopo, l'amico più anziano è venuto a trovarmi con sua moglie a casa mia a Weehawken, New Jersey, e mi ha regalato una medaglia d'oro di Iside, la dea egiziana che protegge gli aviatori. I piloti del suo paese la portano sempre in volo in aggiunta alla protezione di Allah.

Secondo la scienza, l'olio sotto forma di petrolio si è formato e trasformato in milioni di anni e questo processo è comune a tutti gli elementi in trasformazione, che non si distruggono ma continuano a vivere nel tempo. Lo stesso vale per la nostra anima, che diventa spirito. Se qualcuno ha una teoria migliore, per favore, me la comunichi.

Dal centro della terra estraiamo l'oro nero, ma la teoria scientifica che ne spiega l'origine e la formazione non è chiara e non lo sarà mai, perché niente appare dal nulla. Si trovava da qualche parte in un tempo lontano, fino al presente.

Prendiamo il telescopio spaziale di Hubble. L'immensa esplosione o big bang è la creazione in azione. La composizione di gas ha il DNA necessario al fluire della vita mentre si raffredda e si condensa per lo scopo per cui è programmato. Dietro a qualsiasi progetto c'è sempre un architetto.

Spesso, chi non è interessato all'astronomia e alla cosmologia ne sa più di chi ha passato oltre mezzo secolo attaccato a un monitor o un telescopio, perché l'intelligenza e il buon senso sono superiori a qualsiasi teoria.

Anche la mia carta e penna sono state premeditate in qualche posto del tempo e dello spazio, come i nostri corpi. La loro composizione era già nello zigote, compresa la mente e l'intelligenza di ognuno di noi. Non si può comprare nessuna pillola o iniezione in un laboratorio scientifico, perché la nostra linea termina dove comincia la loro.

La maggior parte delle invenzioni e delle idee utili deriva dalla gente comune e non soltanto da chi è definito "mente brillante" o "genio." Queste espressioni sono l'unica cosa sulla terra che ha il potere di irritarmi.

Ho avuto occasione di incontrare alcune persone appartenenti a quella categoria e ho terminato l'intervista rendendomi conto che la maggior parte di loro parla solo basandosi su un unico grado di conoscenza, senza avere nessuna idea di quello che hanno sotto il naso. Mia madre mi ha insegnato a percorrere l'esistenza usando tutti e 360 gradi, altrimenti mi sarei perduto. Successivamente, dopo il mio sessantaquattresimo compleanno, ne ho avuto bisogno, altrimenti non avrei trovato la pista di decollo, anzi, non avrei trovato nessuna pista.

Gli atei e le persone prive di fede entrano nelle case di Dio solo per curiosità. Vedono persone spinte sulle carrozzelle, in lacrime, che implorano un miracolo per alzarsi e camminare, senza sostegno o stampelle. Se potessero avere telecamere all'interno delle case di chi accetta l'esistenza di un'Intelligenza Suprema, sarebbero testimoni della guarigione di uno su cento di loro e, economicamente, scoprirebbero la gallina dalle uova d'oro.

Il Creatore ascolta e vede solo quelli che si rivolgono a lui in privato e gli chiedono sinceramente e incondizionatamente aiuto per i loro problemi. Se il bisogno è sincero, e la persona vede il Creatore come unico pianificatore del tutto e comprende che tutto ha ragione di esistere, allora se lo merita e riceve il miracolo; potrà tornare a camminare se era paralitico, riavere le quattro dita che aveva perso dalla mano sinistra e l'elenco continua, dal passato al presente.

Le persone arroganti che nei loro corpi mortali si definiscono "menti brillanti" si rifiutano categoricamente di confrontarsi con la perfezione del Creatore, come materiale che proviene dal materiale, non hanno un senso illogico. Finiranno per pagare un prezzo materiale per questa loro posizione, e le prove si presenteranno in forme diverse.

Essendo un lettore avido, ho letto tutti i libri di Stephen Hawking, le pubblicazioni su di lui, i suoi discorsi e pensieri. Non mi sono mai piaciuti quelli che si credono più saggi degli altri su questa o quella fantasia. I grandi scienziati offrono logica e non sogni sui buchi neri nell'infinito che minacciano la nostra esistenza eterna. Questo sognatore brama di avere una vita normale, ma sfida la natura sotto forma di anima mummificata. Le risposte si trovano solo nel mondo spirituale ed è un bene che sia così.

Se un problema non può essere risolto dalla scienza o dalla medicina, lontano dalle luci della ribalta, da piedistalli e da catene di preghiere, gli unici lamenti che raggiungono il mondo spirituale sono quelli fatti al momento giusto da persone bisognose.

Nel corso dei miei gloriosi ottant'anni ho appreso tutto dall'A alla Z in una scuola chiamata terra, in cui non vi sono due facce identiche. Questa è la ragione per cui esistono tante religioni quanti sono i colori dell'arcobaleno, abbiamo una tale varietà di cibi, eccetera. Ho visto centinaia di persone in punto di morte e due giorni dopo abbiamo fatto una cena da buongustai di cui non si sono accorti né hanno parlato neppure le loro famiglie.

Qualcuno ha fatto un'osservazione piuttosto interessante, con la quale sono d'accordo: quelli in punto di morte sono improvvisamente guariti ed io ho capito che erano dei miracoli. Poteva essermi apparso lo spirito della Morte? Ora mi chiedo se fosse realtà o fantasia.

Anche adesso, quando riscrivo questo libro, la mano destra si gonfia a causa del mouse e i piedi diventano come palloni. Il medico mi ha detto di non stare al computer per un po' di tempo e dopo di che di starci solo un'ora al giorno. Ho pagato la visita e sono tornato subito alla tastiera. La notte dico al Signore: "Devo finire il libro prima di terminare la mia vita sulla terra, ma c'è una ragione per l'esistenza di un essere irrazionale, che si sveglia, mangia, lotta per la sopravvivenza, fa sesso per procreare, dorme perché è buio, si alza quando fa giorno e muore mangiato da qualcuno o per finire arrosto sulla nostra tavola?"

Noi esseri razionali andiamo oltre la morte, perché possiamo pensare e sognare una vita dopo la morte. Abbiamo qualcosa su cui appoggiarci che ci rende spiriti eterni. Noi percepiamo tutto come semplice o non semplice, come la cena prelibata che mangerò questa sera. Sono un essere sofisticato e intelligente, e non solo sono in grado di guardare l'infinto ma cerco il Creatore, senza visualizzarlo ma percependone l'energia. Qualsiasi cosa accada, gli renderò sempre gloria.

Il giorno dopo, al mattino, ma anche durante la notte quando mi sono alzato per andare in bagno, mi sono reso conto che la mano era tornata normale. Ricordo chiaramente la mia vita dai tre anni in poi, con tutti i dettagli. Penso che siamo in molti a esserne capaci, perché nessuno ha un'abilità esclusiva o ci sarebbe una continuità nell'evoluzione. Dietro le "menti brillanti" ce ne sono vagonate di altre.

Molte volte un'osservazione saggia si perde nel vento, come se fosse uno scherzo o un'offesa. Una cosa che non ho mai fatto è prendere in giro qualcuno, perché non mi piace che sia fatto a me. Non lo faccio ad altri perché questo gioco si chiama ritorsione negativa. Quando abbiamo bisogno di aiuto per qualche ragione, ed è materialmente impossibile riceverlo, allora siamo persi, e tentiamo di chiamare numeri di emergenza come il 911 negli Stati Uniti o il 190 in Brasile. Per qualche ragione, continuiamo a vivere nel dolore ma io, insieme a molti altri, conosco il modo per arrivare al Creatore, il suo numero è nelle nostre coscienze: *Dio*.

Pensavo fosse ieri, ma il tempo non si ferma. Quarant'anni fa, un vicino di casa dei miei genitori, un brav'uomo, negò apertamente l'esistenza di Dio perché la vita era troppo dura e terminava con la morte. Nonostante i suoi studi, il duro lavoro e la sua onestà non godeva di una buona situazione economica. Essendo ingegnere elettrico, aveva provato per anni a migliorare un piccolo trasformatore elettrico, ma senza fortuna. Mentre piangeva sulla mia spalla, gli ho detto di uscire dopo la mezzanotte, guardare la materia oscura incastonata di stelle e chiedere aiuto. Continuare a sfidare l'Onnipotente avrebbe garantito una vita miserabile a lui, a sua moglie e ai suoi figli.

Il giorno dopo mi ha invitato a colazione. Aveva seguito il mio consiglio, non avendo altro da fare e si era sentito diverso. Era come se fosse stato toccato da un'energia, le lacrime gli solcavano il viso. Era entrato in casa perché si sentiva seguito.

Poi sono tornato a New York, e alcune settimane dopo mia madre mi ha mandato una lettera allegra, in cui mi diceva che il vicino di casa era riuscito finalmente a trasformare il suo sogno in realtà. Le aveva dato tre piccoli trasformatori per la TV e il frigorifero e funzionavano perfettamente.

Non ho mai creduto nelle coincidenze, ma molti di noi restano seduti ad aspettare il colpo di fortuna, immersi nei sogni. Nel frattempo, mentre il tempo va avanti, noi invecchiamo e moriamo su una sedia a rotelle aspettando miracoli e fenomeni dal cielo.

Molti scienziati in campo medico arrivano in un vicolo cieco dopo anni di studi e di ricerche. A quel punto, si appellano al mondo spirituale. Il *Times* nel 2000 ha dedicato un numero speciale agli angeli e ai chirurghi, affermando che più della metà del personale medico di ogni paese stringe le mani del paziente e si raccomanda agli angeli per il successo dell'operazione e la ripresa del paziente. Dopo aver letto questo articolo, ho chiesto a molti chirurghi se questo fosse vero e me l'hanno sempre confermato. Il giorno seguente sono andato in edicola per comprare altre copie del giornale ma erano andate tutte esaurite a causa del record di vendite.

Nel marzo 1994, un servizio in prima pagina apparso su *LIFE* ha attirato la mia attenzione. Parlava del potere della preghiera e degli americani che parlano con Dio. La maggior parte di noi cerca di comprendere quello che non conosce e questo è un segnale positivo di progresso verso una vita migliore. Un solo paese ha coniato il denaro con questa dicitura: *"In God We Trust" (Abbiamo fede in Dio)*. Si tratta degli Stati Uniti di America e questo è un modo sicuro per dimostrare la fede nella vita eterna.

Gli americani pronunciano le parole *Dio* e *Signore* molto più degli altri popoli e questo permette loro di restare leader di tutti i paesi e mantenere viva la fragile colomba della pace.

Quell'articolo mi ha talmente colpito che ho imparato a memoria una di quelle preghiere, che ho chiamato di speranza assoluta e di fede. La ripeto per gli atei e le persone prive di fede, per mostrare loro che la vita è più che morte e sofferenza: *"Ascolta le mie preghiere, o mio Signore, e lascia che la mia supplica arrivi a Te! Dal profondo della vita, la canzone del compositore di salmi arriva al paradiso come mani supplicanti. Con parole brucianti afferma che gli esseri umani di tutte le età e di tutti i paesi rivolgono la stessa supplica a Dio: 'Aiutami, guariscimi, amami, ispirami, salvami dai nemici.'"*

Mi sorprende quanto la vita degli americani sia interessante, compresa quella del Presidente Obama, che è stato rieletto di recente. Il numero uno dei senza Dio, Stephen Hawking, sta oltrepassando la soglia dei cinquant'anni trascorsi a urlare ai quattro venti che Dio non esiste, privandoci della fede in una vita dopo la morte. Questa è la mia opinione, naturalmente avete il diritto di esprimere la vostra, senza fare del male agli altri. La nostra è una visione logica, confermata dalla scienza che afferma che non c'è effetto senza causa e Hawking è seduto sul suo "chiodo" personale a causa delle sue teorie senza Dio. La maggior parte delle volte le idee sono fantasie e non si realizzano. Parlando con centinaia di passeggeri durante la crociera ho constatato che la maggioranza di loro pensava che Hawking meritasse pietà per le sue condizioni fisiche, ma voglio ricordare un vecchio detto: *"La lingua è la frusta dell'anima."*

Se Hawking non riesce a vedere la bellezza che circonda la nostra esistenza, e come questa arricchisce milioni di persone, allora merita di essere mummificato e avere poi l'opportunità di cambiare idea da derelitto. Comunque il Creatore sa aspettare. (Vedere "Il chiodo e il cane di Dio!").

È bene ricordare che l'elettronica, i computer, i cellulari e altri oggetti del genere, un tempo considerati impossibili non sono stati creati dalle "menti brillanti" ma ci sono stati donati dal Creatore, perché un microchip o un drive tenuti insieme da qualche grammo di metallo racchiudono le stesse meraviglie presenti nel cervello umano. Com'è possibile, allora, che non siano doni del Creatore? Se qualcuno sa rispondere a questa domanda può inviarmi un'e-mail, ma se la risposta contiene solo teorie la cancello, perché le teorie non sono la soluzione.

Provate a capire la composizione di un *chip* e come funziona! Ne rimarrete frustrati e sorpresi. Dopo aver letto centinaia di pagine sull'elettronica, arriverete al punto in cui non capirete più niente perché è privo di logica per noi esseri umani materiali. Nessuno di noi è un genio, e tanto meno le "menti brillanti." Nessuno di noi capisce la nostra nascita o l'origine del mondo in cui viviamo, altrimenti ci sarebbe il nulla, perché la nostra esistenza siamo noi. Come tutto il resto, non conosciamo ciò che è assente dalle nostre menti perché un'anima non è ancora uno spirito.

Se la morte del corpo è la fine di tutto, allora il momento in cui chiudiamo gli occhi segna la fine dell'universo, non dell'eternità, perché Stephen Hawking, paralizzato e prossimo alla fine, afferma il valore del suo corpo materiale perfino in quelle condizioni e dice che Dio e gli spiriti non esistono perché non li ha mai visti.

Non li hanno mai visti neppure Galileo, Einstein e gli altri grandi nomi della scienza e della ricerca del passato e del presente o anche del futuro eterno, tantomeno quelli che sono diventati famosi diffamando il Creatore. Questa è la ragione della sofferenza di Hawking, che vive la vita come se fosse su un crocefisso, la cui croce può rappresentare qualsiasi deformità, anche quella di non aver ricevuto il premio Nobel, lui che si crede al di sopra di tutte le "menti brillanti." Il suo premio sulla terra è stare seduto immobile senza emozioni e senza neanche la libertà di morire, per dimostrare a chi ignora la dimensione spirituale che è possibile "scegliere tra una serie di chiodi", ignoranti e dannosi a se stessi. Questo li distingue dai pazzi ma hanno l'intelligenza di sconfiggere quelli che non sono pronti a cadere nelle loro truffe.

La società ama mettere su un piedistallo i geni, le "menti brillanti" e i premi Nobel, che cercano di dare una risposta illusoria ai nostri interrogativi, proprio come fa Hollywood con gli Oscar. Senza i sogni e la fantasia, il nostro passaggio sulla terra da zigote a polvere sarebbe incolore e irrazionale.

Farina, acqua, lievito, il forno e il calore sono quanto è necessario al fornaio, ma non sappiamo da dove vengono questi ingredienti; sappiamo invece che il fornaio deriva da un microscopico zigote, come gli esseri irrazionali.

Immaginate la grandezza potenziale di Dio in veste di Creatore. Alcuni di noi, persino i "geni" e le "menti brillanti", non si rendono conto di quanto sono piccoli e di non essere in grado di creare nulla, ma soltanto di mettere insieme ciò che è stato creato. Siamo meno di un microgrammo (0,00001) di un grammo nell'universo, ma siamo tutti responsabili, come la materia oscura, come composizioni di parti smisuratamente piccole. Tutte le parti sono importanti, perché senza di loro non esisteremmo.

Ora la scienza si occupa di quello che sapevo già da bambino col mio buon senso e lo dirò a qualunque scienziato, compresi quelli del Vaticano che hanno milioni di congegni elettronici acquistati con i soldi dei contribuenti. Ho cercato Dio nell'infinità delle galassie senza bisogno di avere un telescopio potente della NASA, perché il Creatore è lì, impegnato a creare le anime a sua immagine e somiglianza. Altrimenti avremmo piume, scaglie o la pelle dura. Abbiamo invece grandi cervelli per provocargli grandi mal di testa.

Non siamo neanche i padroni del nostro corpo, che è l'unico che sentiamo e che ci soddisfa, e questa è la ragione più grande per ringraziare il Creatore. Stephen Hawking, che ha paura di morire, è un triste esempio di questo, perché ha usato il suo alto quoziente d'intelligenza per convincere la gente che l'universo non ha senso. Noi non siamo altro che una specie avanzata di scimmie che vivono su un pianeta minore che ruota attorno a una stella di media grandezza. Ciò dimostra la sua amarezza per la vita che passa, immobile, cercando di fare presa sul pubblico. Le sue parole s'intrecciano al suo intelletto, trascinando amaramente gli altri nel suo calvario: "Il mio obiettivo è semplice; è la completa comprensione dell'universo—perché è così e perché esiste."

Quest'affermazione è la prova della sua malattia mentale, dovuta alle sue condizioni fisiche, perché descrive l'intelletto di una persona, come un pittore o uno stilista che usa la sua opera d'arte per fare colpo sul pubblico. Hawking non fa certo colpo su di me, lo considero uno scherzo per quelli con menti normali che lo ascoltano. Quello che non capisco è l'attenzione dei mezzi d'informazione, che si occupano di qualcuno che formula teorie da asilo nido. La mia nipotina, grande mente matematica, mi dice:

"Nonno, è solo un deficiente imprigionato nel suo corpo che dice cose senza senso cercando di essere Dio e se non fosse per la sua disabilità totale, saremmo tutti in difficoltà."

Dio usa noi per lanciare i suoi messaggi, che arrivano in qualsiasi forma, per dimostrare che il nostro fragile mondo non è poi così fragile perché è soltanto una transizione, una scuola che ci prepara alla vita spirituale. Grazie alla religione, la maggior parte delle persone hanno fede e questo porta loro speranza, com'è successo a me quando mia figlia è stata investita da un camion nei pressi del *Times*, il 5 febbraio 1996, a Times Square.

Migliaia di persone, compresi gli impiegati del Marriott Marquis Hotel, hanno pianto con noi, dicendoci che nostra figlia era un angelo venuto brevemente sulla terra (aveva trentatré anni). Nessuno scienziato senza Dio si azzarda a fare un commento, altrimenti lo manderei dove merita di essere mandato. Nessuno mi ha detto che mia figlia è tornata sulla terra sotto forma di un mucchio di atomi.

L'evoluzione della specie ci include, sia dal punto di vista fisico che cerebrale, e questo è affermato dalla scienza con le sue ricerche. Noi discendiamo dai primati, come gli scimpanzé o, ancora meglio, i gorilla, e sono d'accordo, perché non c'ero. Molte volte le teorie sono a livello dei bambini dell'asilo. Le teorie di Stephen Hawking, basate sull'esistenza senza Dio, derivano dal fatto che lui proviene dal nulla, e nessuno può cambiare questa realtà. Sta pagando il prezzo, perché altrimenti Dio sarebbe ingiusto.

Secondo Darwin questi "gorilla" sono diventati, nei millenni successivi, *Homo sapiens* (voi ed io) e bingo, ecco un altro scienziato innalzato su un piedistallo di sabbia. Spero che questo libro non mi metta nello stesso gruppo di geni, perché il pianeta è già pieno di santi e scienziati per grazia del Vaticano. Basandosi su Darwin, Hawking considera se stesso una scimmia geniale; avrebbe invece dovuto tenere la bocca chiusa perché quando io richiederò il suo DNA, lui sarà messo in una gabbia allo zoo, ed io sarò il primo a lanciargli il suo cibo preferito: le banane.

Quasi tutti sanno che è il Creatore ad avere in mano le carte della saggezza. Che siamo *umani* o *Homo sapiens* non fa differenza, perché siamo quello che siamo e questo è definitivo, perché non c'è scelta. Siamo tutti felici di essere così, perché nessuno di noi ha mai rotto uno specchio.

Hawking si definisce brutto, ma è fiero di guardare indirettamente alle telecamere come una celebrità. La sua propaganda contro Dio richiama l'attenzione del 20% della popolazione di *Homo sapiens,* che rappresenta il suo club di ammiratori, di cui non fa parte William Moreira. Durante l'ultimo mezzo secolo, ho tenuto un occhio su di lui e l'altro sul nostro Creatore e questo mi mantiene vivo e in buona salute, nonostante le sfide quotidiane che tutti dobbiamo affrontare.

Nel nostro percorso per migliorare l'anima, diventiamo capaci di riconoscere le scimmie travestite da *Homo sapiens.* L'universo è nato dal big bang, e ha dato inizio all'evoluzione della specie. Questo va bene, ma c'è una netta separazione tra gli esseri razionali e quelli irrazionali. Perché l'*Homo sapiens* non si è evoluto in nuove categorie di esseri intelligenti? Avrei voluto che fosse Darwin a rispondere, Hawking ha un grande cervello ma non dà risposte perché le scimmie hanno l'istinto e non l'intelligenza. Dio è misericordioso, ma non verso le creature mostrate dal film di Hollywood *Il pianeta delle scimmie* (ho dimenticato di ricordare che è tratto da un libro di Stephen Hawking: *Discendiamo da una specie di scimmie*).

Il Creatore non ha bisogno che il creato giudichi o qualifichi le sue azioni. Ognuno di noi riceve quello che si merita, per esempio può camminare o essere congelato vivo su una sedia a rotelle o in un letto, essere sordomuto, bianco o nero, disabile, brutto, uomo o donna, intelligente o stupido, fortunato o sfortunato e dietro ognuna di queste caratteristiche c'è una ragione, o meglio, un effetto che deriva da una causa.

Da bambini non ci comportiamo bene nelle piccole cose che però non sono piccole perché si riflettono nella nostra vita adulta e in quella dei nostri genitori. Più tardi impariamo a mettere i bambini confusi, se così posso definirli, seduti contro il muro per una mezz'ora, affinché imparino come ci si comporta. Picchiare un bambino appartiene al Medio Evo, e le ritorsioni sarebbero fatali.

Tutti sanno che il Brasile, ogni anno, è il vincitore del premio Nobel dei miracoli e dei fenomeni, mentre gli Stati Uniti lo ricevono nel campo dei fantasmi, che sono più popolari della partita di pallone domenicale. Tutto ciò avviene nel nome di Dio, ma la maggior parte delle religioni ha le chiese vuote, mentre le spiagge sono piene di peccatori che non lasciano posto ai gabbiani, bensì a melanoma e cancri fatali.

In Brasile tutti si dichiarano cattolici ma le uniche facce che si vedono nelle chiese sono quelle delle statue di Michelangelo. Almeno i musulmani osservano di più la loro religione, come dimostra la folla di fedeli alla Mecca che rende Allah felice di sapere che le sue creature hanno imparato a essergli incondizionatamente grate.

Rio de Janeiro (sedici milioni di anime) è considerata una delle più belle città del pianeta, grazie alle bellezze naturali che la circondano e alla statua di Cristo che si erige su una roccia di 2.200 piedi al centro della città. Questa roccia, detta Pan di Zucchero, misura 1.299 piedi ed ha una funivia che porta sessantacinque persone. Questo, insieme ai marciapiedi del lungomare di pietra bianca e nera, forma un'atmosfera perfetta per i miracoli, e la popolazione si rivolge al Cristo ogni giorno per chiedergli aiuto, in un paese in cui ai cittadini viene dato tanto ma anche così poco. I marciapiedi hanno più buche della luna e manca la carta igienica nei pochi bagni pubblici, compreso quello alla stazione di polizia, ma il servizio di metropolitana è perfetto perché non c'è.

Questo panorama comprende le vecchie case e i palazzi ideati da Oscar Niemeyer, un architetto definito geniale dal mondo moderno, che ha progettato il palazzo dell'ONU a New York, con i suoi vetri e le linee ricurve. Ha riempito il mondo di bellezza e Brasilia, capitale del Brasile, ne è l'esempio con i suoi 104 anni di lavoro. Il 5 dicembre 2002, poco prima di morire, l'architetto ha continuato a disegnare curve con la sua matita, che ricordano il paradiso. Io amo le curve, come potrete vedere nei miei disegni delle ultime pagine di questo libro, soprattutto per le donne.

Niemeyer rimarrà nella storia, non per i buchi neri che distruggono l'universo, o per aver qualificato gli esseri umani una razza di scimmie. Questo è il motivo per cui è andato incontro alla morte con tranquillità, disegnando chiese per glorificare la vita sulla terra, che rappresenta una breve vacanza per lo spirito.

I miracoli, o fenomeni, accadono continuamente in Brasile perché la gente accetta le ingiustizie fisiche, morali ed economiche facendo un respiro profondo e dicendo che è il volere di Dio. Da qualche parte in questo paese la gente ha cominciato ad alzarsi dalle sedie a rotelle e il loro numero è tale da formare una fila lunga molte miglia. Tutti cercano la benedizione, e non a Fatima o Lourdes, dove la gente viene spinta dentro e fuori, perché per ricevere un miracolo, non basta recarsi in un posto preciso o affermare di avere fede. Ancora una volta, v'invito ad andare su amazon.com per ordinare *Dr. Fritz: The Phenomenon of the Millennium*, che non è un buco nero ma un segno sacro.

Solo due monumenti sono riconosciuti ufficialmente nel pianeta per la loro bellezza e l'ispirazione che danno alla gente che li guarda. Testimoniano la bellezza della vita al di là di ogni ragione, perché la vita è bella in tutte le circostanze.

Nella baia di New York, visibile a milioni di persone ogni giorno, si erge la Statua della Libertà, alta come il Cristo di Rio de Janeiro, con il braccio sollevato e la torcia della libertà in mano che ci rappresenta tutti, fratelli e sorelle con un unico padre, Dio.

A Rio de Janeiro, sopra le nuvole, a 2.200 piedi di altezza si erge l'immagine di Cristo, ma non sofferente sulla croce, bensì con un viso sereno. La statua è visibile dal cielo, dal mare e da tutte le direzioni a una distanza di cinquanta miglia e simboleggia la pace e l'amore nel mondo. È il complemento della Statua della Libertà.

Ciò che è sconosciuto agli umani va al di là della loro comprensione e per spiegarlo servono i miracoli e i fenomeni che coprono le mura senza tunnel che li attraversi, o la tradizione recente secondo cui "le ricerche sono ancora in corso" e tra qualche millennio avremo cellulari migliori, medicine più potenti, viaggi su Marte in vacanza e aeroplani che arriveranno a destinazione in pochi minuti. Il tempo scorre, il cielo eterno non ha limiti e la morte è qui per restare, perché l'evoluzione è eterna e niente si perde ma tutto si trasforma come la pioggia si trasforma in vapore e poi di nuovo in pioggia. Anche il nostro spirito lo fa perché siamo eternamente ovuli e spermatozoi, abbondanti come la materia oscura luminosa. Da questo deriva la vita e non siamo mai soli, a meno che non apparteniamo al mondo delle scimmie come la famiglia di Hawking.

Alcuni di noi non sono interessati a tutto ciò, ma l'evoluzione, come il tempo, va avanti. Quelli che affermano "non so" o "non mi interessa" si sveglieranno col tempo, perché l'evoluzione fa parte del futuro di tutti noi. Comunque non c'è fretta, perché essendo il futuro l'attuale presente, esso ci garantisce l'eternità.

Posso raccontare miracoli e fenomeni che mi sono accaduti nel corso dei miei gloriosi ottant'anni, ma voi avete il diritto di dubitare, così come io esito di credere ai vostri. Vedere è credere, e la seguente espressione contenuta nella Bibbia dimostra la nostra incredulità: "Sono come San Tommaso, devo vedere per credere, come Cristo che è vivo."

Secondo il Vaticano, lo spirito di Lazzaro è rientrato nel suo corpo e, mesi dopo, è morto per sempre, assassinato per la gelosia della reincarnazione di Cristo, e questo fa di Cristo l'unico essere vivente rientrato nel suo corpo dopo essere andato nel mondo degli spiriti per tre giorni. Dopo questa dichiarazione, nessuno ha avuto la grazia di fare la stessa esperienza.

La visione di Gesù vivo è stata interpretata nella *Scienza dello spiritismo* di Allen Kardec (Francia). Gesù è apparso ai suoi seguaci come spirito, dimostrando la fine del corpo materiale che segna tuttavia l'inizio dell'esistenza spirituale perché la morte non esiste. Dio possiede il libero arbitrio, ma alcune delle sue leggi sono immutabili, come quella che fa derivare l'origine della vita dall'incontro tra un ovulo e uno spermatozoo o quella che fa durare la vita al massimo cent'anni e la morte che ci trasforma in spirito. Se discendessimo dalle scimmie, come afferma Hawking, potrei sfidare le sue frasi e le sue teorie di scimmia perché sarei al suo stesso livello. Anch'io amo le banane, ma solo come completamento del pasto. Una volta in India mi è stato offerto un pasto da scimmia decorato con purè di banane al caramello, ma l'ho rifiutato, pensando che potesse essere uno dei figli di Hawking.

La tecnologia di oggi è sensibile all'energia del cervello (residenza dello spirito, che comanda il sistema nervoso centrale), registrata graficamente in un monitor che la visualizza sotto forma di piccole palline che seguono una linea di segnali che vanno su e giù. Quando l'energia sparisce e la linea si appiattisce, siamo morti.

Hollywood mostra spesso questo processo, soprattutto negli sceneggiati, e questo prova che lo spirito di una persona è esterno al suo corpo, ma io ho un'idea migliore, garantita, come due più due fa quattro, ed è quella di aspettare che l'odore del decadimento arrivi alle nostre narici, dopo di che, non c'è più ritorno per il corpo, neanche se lo immergiamo nell'acqua santa, perché si tratta di una legge irreversibile, per un re come per un mendicante.

Intorno al 1976, quando avevo circa quarant'anni, ho subito un serio incidente tagliando carne nel mio ristorante famoso. Sottolineo famoso perché ospitava circa duemila clienti per sera. Mentre ero occupato con l'affettatrice, mi sono tagliato quattro dita della mano sinistra.

Il mio era un ristorante di carne e di pesce situato all'angolo tra la 156a Strada e Biscayne Boulevard a North Miami Beach, la zona più ricercata per l'alto livello del cibo e i prezzi competitivi. Si chiamava *Bill's Beef House*, e ogni piatto era di alta qualità. I miei 160 impiegati erano i migliori e gestivo orgogliosamente il ristorante come un orologio svizzero, con la spada a destra e il cuore a sinistra, finché ne ho pagato il prezzo, come capita a tutti.

A parte un macellaio professionista, ero l'unico ad aver perso due dita in un altro lavoro con l'affettatrice. È un lavoro infernale perché la macchina ha grossi denti e funziona ad alta velocità, e tutti quelli che l'adoperano sono consapevoli della facilità di perdere delle dita o anche la mano. Anche i piloti dicono la stessa cosa quando affermano che se non si controllano gli aerei oggi, domani non esce il carrello per l'atterraggio. Per due volte, se la torre di controllo non avesse urlato "ruote a terra!" sarei diventato un dato in più nelle statistiche sugli incidenti fatali.

Questo ci ricorda che la vita non è soltanto nascere, approfittarne e morire, ma è una sfida continua in ogni campo, compresi quelli della salute e del lavoro. Io potevo permettermi di avere molti dipendenti pronti a rischiare le loro mani per una paga alta, ma ero fiero di riuscire a tagliare le bistecche in trenta secondi, tutte dello stesso peso, comprese quelle di pollo e di pesce; purtroppo questa gloria può causare sangue e dolore. Ora mi rendo conto che il fatto di essere qui, più di trentasette anni dopo, a scrivere quello che potrebbe essere l'ultimo libro, è un miracolo, se penso al grido che ho lanciato in quell'occasione, sentito da tutti gli abitanti del Sud del Florida: "Oh Dio! No, abbi pietà della mia anima!"

Vedere i frammenti delle mie dita volare nell'aria come polvere portata dal vento mi ha fatto sentire circondato da angeli e demoni che lottavano per la gloria di Dio. Io ero l'agnello sacrificale. La cameriera piangeva chiedendo a Dio perché mi aveva fatto questo, visto che avevo delle bellissime mani ed ero il padrone più bello che fosse mai stato creato. Quando si spalanca l'inferno, diventiamo tutti dei santi.

Ho sentito un dolore tremendo e ho guardato verso la luce; l'unico testimone era il mignolo, unico sopravvissuto di questa tragedia irreparabile. Ho raccomandato l'anima a Dio. Poi, quattro poliziotti che stavano cenando in famiglia sono venuti a perlustrare il locale in cerca dei pezzi delle mie dita.

Più tardi, all'ospedale di North Miami, mi hanno fatto un'iniezione di morfina, mentre il chirurgo mi diceva: "Caro giovanotto, chi credi di essere, Dio? Sei un imprenditore intelligente in un posto di successo ma renditi conto che non possiamo fare niente con questo mucchio di frammenti di pelle e ossa. Solo Dio fa i miracoli!"

Io, abbracciandolo, gli ho sussurrato: "Faccia del suo meglio. Le metta insieme ed io pregherò tutta la notte perché ho molto da fare per il Creatore, ho una missione, è il mio destino. Non posso lasciarmi fermare da quattro dita, per favore, le riattacchi, per la gloria di Dio, la sua e la mia."

Il giorno dopo a casa, dopo un'ora di sonno mi ha svegliato il dolore alle dita che mi sembrava si stessero muovendo sotto una pesante montagna di bende. Sono corso all'ospedale a vedere il chirurgo: la mia mano è una prova dell'esistenza del mondo spirituale e, dopo tutti questi anni, sono presenti solo alcune piccole cicatrici. Possiamo decidere se restare seduti su una sedia a rotelle o alzarci, è una libera scelta nostra e non del Creatore.

"Non avevo mai assistito a un miracolo prima d'ora, ma tu hai supplicato perché accadesse. Guarda, la tua mano è perfetta ma piena di punti neri. Li toglierò fra qualche giorno" ha detto il dottore, chinando la testa con le lacrime agli occhi.

Ho lasciato l'ospedale senza dolore, ma piangendo quietamente. Non ho pianto solo in quel momento, ma lo faccio tutte le volte che mi guardo la mano sinistra. Ora, al computer, scrivo con entrambe le mani e tutte le dita senza guardare la tastiera.

La persona docile sarà ascoltata nelle sue preghiere, ha detto Cristo, ed io aggiungo, mentre i blasfemi moriranno seduti sui chiodi delle loro sedie a rotelle se non accettano il Creatore e dopo la morte li aspetta un destino crudele.

La prova che mi ha dato il Creatore è evidente. (Dubito che dopo tutti questi anni e senza computer, la prova esisterebbe ancora.) Il dito mignolo è molto delicato e quando viene toccato mi fa male, ricordo indelebile della compassione del Creatore, che spero sia eterna.

Circa un anno dopo, mentre sollevavo dei pesi in cucina, senza aspettare che i miei dipendenti arrivassero ad aiutarmi, ho alzato una pesante cassa di ostriche con la mano miracolata e ho sentito un dolore terribile alla schiena. La terza vertebra si era mossa abbastanza da farmi gemere di dolore per i due anni successivi. Ho capito che avrei dovuto assumere più personale e usare il tempo del dolore a scrivere e ad ampliare le mie conoscenze, usando la penna più che la forza fisica. Ho diretto i miei affari da comandante e non da comandato.

La mia esperienza con i musulmani, soprattutto dopo che mia figlia Carol ha sposato un egiziano che ha incontrato al Cairo durante una vacanza, mi ha dato modo di capire quanto Dio faccia parte della loro vita. Il marito di Carol era una persona carismatica, con cui abbiamo formato un circolo sociale, composto di famiglie provenienti da paesi diversi, che ci ha fatto capire quanto è bella la vita. Sono stati felici sin dal primo momento in cui si sono incontrati, all'Hotel Marriot del Cairo, poi lui è venuto New York. Il loro matrimonio è stato perfetto, con quel tocco di culture diverse che mescolandosi hanno creato una bellissima storia. Galil pregava Allah alcune volte al giorno, ringraziandolo per avergli fatto incontrare una donna così perfetta. Avevano deciso di avere dei figli.

Otto mesi dopo, tutto è cambiato in un istante. È stata solo una dei milioni di tragedie che accadono ogni anno, che ci ricorda che i nostri corpi materiali non appartengono alla terra. Carol è stata uccisa in una fredda mattina del 5 febbraio 1996, all'età di trentatré anni, mentre si recava al lavoro all'Hotel Marriott Marquis di Times Square. Galil ha pianto per settimane, ma col conforto di Dio e di Gesù, sapendo che il paradiso non appartiene a questa terra. Capiva che sua moglie si trovava in un posto migliore e che prima o poi si sarebbero rincontrati.

In questi momenti, la speranza nella vita ultraterrena è la cosa di cui abbiamo più bisogno, e quelli che vanno in giro a distruggere questa speranza non meritano di essere definiti "menti brillanti", specialmente quando si basano su teorie e non sui fatti. È ingiusto non solo per me, ma per tutti quelli che sono esposti ai mezzi d'informazione. Lui discende da una razza di scimmie, ma sa che le risposte non sono razionali per esseri umani come voi e me. Com'è cominciato tutto e perché? Questo lo innalza al livello di Dio-scimmia.

Io qualifico queste persone come Anticristo, perché nessuno di loro vale un centesimo, perché questo materialismo ci blocca la vita oltre la tomba. Le nostre vite di esseri umani sono messe sullo stesso piano di quelle degli animali irrazionali. Quello che cerco di capire, fratelli e sorelle della terra, è perché una grande porzione di persone le glorifica. Io li definisco sacrileghi. Il governo brasiliano è sacrilego e quelli che hanno salari alti e che mandano il paese in bancarotta sono più che mai vicini a vivere una vita simile a quella dei paesi del primo mondo, mentre il 70% della popolazione guadagna meno di trecento dollari al mese. Il costo della vita è il più alto del pianeta, così come quello degli ospedali pubblici, senza medici né medicine e macchinari fatiscenti. La gente deve percorrere file di chilometri per essere ammessa e ogni cinque minuti muore una persona.

Il sistema scolastico è peggiore di quello dei paesi poveri africani, perché i professori sono andati a lavorare per salari più alti, mentre il presidente Dilma visita due nazioni alla settimana per promuovere il suo paese finto. L'acqua dolce e salata è inquinata e le fogne scaricano direttamente nel mare, mentre non esistono bagni pubblici. Neppure bar e ristoranti sono obbligati ad averne.

Non riesco a capire perché la popolazione non si ribella facendo valere i suoi diritti, come hanno fatto i francesi, col risultato che migliaia e migliaia di persone sono state decapitate dalla ghigliottina. Nel frattempo l'anti-Dio è glorificato dai mezzi d'informazione per il suo sforzo di salvare il pianeta togliendoci l'unico balsamo per l'anima: la speranza.

Non importa quanto il Brasile promuova le bellezze del paese e l'ospitalità dei brasiliani: l'industria turistica è la peggiore del mondo e questo si vede dalla mancanza di file alla dogana e dal numero limitato di arrivi all'aeroporto, come se fosse un piccolo, povero paese.

A volte penso che se Hawking avesse affrontato la sua malattia senza amarezza ma con spiritualità, il calvario che lo immobilizza come una mummia da mezzo secolo si sarebbe alleggerito, ma non è successo, perché ha continuato ad attaccare, non solo il Creatore, ma anche noi, la sua famiglia spirituale riunita sotto un unico Dio. Allora è diventato l'anti-Dio per prendersi una rivincita, portando l'oscurità sul nostro pianeta, nella speranza che al suo funerale un buco nero inghiottisca tutti noi insieme al suo cadavere e ci scaraventi negli oscuri meandri della sua immaginazione, in cui nessuna luce riesce a penetrare.

Voi avete il diritto di sedervi e scrivere parole esplosive senza nascondervi dietro le quinte facendo critiche illogiche, perché Giuda

Iscariota era più che un semplice uomo senza amore, e amore è sinonimo di eternità come spirito, altrimenti la vita sarebbe come l'inferno di Hitler. Cristo è rimasto nella storia. Non sono un leader religioso ma una persona giusta, che vede il mondo come un dono che va oltre ciò che non conosciamo come spirito, mentre la vita cresce da un microscopico zigote e diventa un essere umano pensante. Siamo il risultato dell'evoluzione che non finisce con la morte del corpo, altrimenti non sarei qui a scrivere questo libro ma litigherei per un pezzo di carne come una iena.

Scrivo o batto i miei libri al computer, non buttando parole su carta ma facendole esplodere perché quello che esce dalla mia mente è veloce e altrimenti andrebbe perso. Siamo tutti diversi, altrimenti la nostra esistenza sarebbe monotona.

Abbiamo deciso che nostro genero Galil sarebbe dovuto tornare dalla sua famiglia in Egitto – ha cinque sorelle e un fratello, tutti molto istruiti – perché era meglio per lui e perché la sua fede e la nostra si posavano su un piedistallo di roccia. Dio è nei nostri cuori. Il dolore di perdere una bella e giovane moglie ha spezzato il suo cuore e il nostro. Spesso, ci vogliono anni per lenire il dolore. Quando ci siamo salutati all'aeroporto, abbiamo pianto come bambini ma anche reso grazia al Creatore per i nostri corpi e le nostre anime, ricordandoci ancora una volta che Dio ha le sue ragioni, altrimenti non sarebbe Dio. L'universo è troppo perfetto, lui sa che il Creatore finirà per perdonare Hawking, perché le sue condizioni fisiche non hanno intaccato la mente. Tuttavia nulla può nascere da un punto zero nella spiritualità.

Il dolore morale è alleviato dallo scorrere del tempo, ma è meglio mantenerne viva la memoria, pensando che presto rivedremo i nostri cari nell'aldilà.

Sebbene lo ritenessi impossibile, il mio dolore si è attenuato. Mia moglie mi diceva che ho cominciato a chiedere pietà dopo aver portato la croce per un certo tempo, come se pensassi di meritarla, prima di chiedere aiuto. Io le dicevo e continuo a ripeterlo a lei e anche agli altri che l'aiuto dal cielo non arriva dopo la prima richiesta. Il frutto deve essere maturo prima di essere colto, o non sarebbe dolce.

I miracoli accadono in fretta quando si vola, perché non c'è il tempo di aspettare e chiunque "abbia le ali" ha Dio al suo fianco come copilota. Tuttavia molti piloti non ricevono aiuto perché in situazioni di emergenza non spingono il pulsante magico che non è citato nei manuali di volo: *"Dio, pensaci tu, ti prego!"*

Tempo fa ho cominciato ad accusare un forte dolore al fianco destro e, siccome non passava, sono andato da uno specialista dei reni che mi ha prescritto dei farmaci e mi ha consigliato di andare all'ospedale se il dolore non passava. Passando dall'aeroporto di Caldwell, dove si trovava il mio Cessna, non sono riuscito a resistere alla tentazione di volare ma ho deciso di andare prima a prendere un caffè a Lincoln Park, distante solo dieci minuti. La tentazione ha un prezzo da pagare.

Due ore dopo, ho decollato per ritornare a Caldwell, e quando ero a soli duemila piedi di altezza ho cominciato a planare. Ho spinto il pulsante del microfono per chiedere alla torre di controllo il permesso di atterrare e ho cominciato a urlare di dolore per il male al fianco. Mi hanno risposto che Dio mi avrebbe aiutato e mi hanno assegnato le piste di atterraggio 22 e 18. Il vento si era fermato e le loro preghiere mi accompagnavano. La documentazione su di me mostrava che ero un sopravvissuto, e l'ambulanza mi aspettava vicino alla pista di atterraggio.

Ho capito che non mi sarebbero stati di alcun aiuto, ma avevano la potente arma della fede in Dio e questo è tutto ciò di cui abbiamo bisogno nei momenti di tensione. La morte ci guarda quando ci avviciniamo a lei. Ho visto i camion dei vigili del fuoco, di un rosso vivo e, vicino a loro, gli angeli della speranza.

Dopo un atterraggio difficile, il medico mi ha fatto un'iniezione di morfina che è stata un dono del cielo e tre giorni dopo, quando ho lasciato l'ospedale, mi ha detto che se non fosse stato per Dio non sarei stato lì, a parlare con lui. Mi ha detto di ascoltare i consigli la prossima volta, perché salvano la vita.

Dicevo a tutti che avrei abbandonato la mia breve carriera di aviatore, non a causa delle numerose volte in cui avevo messo a rischio la mia vita, sfidando il Creatore, come dimostrazione del mio machismo o per la mia irresponsabilità di pilota, nota 10, ma, ancora una volta, avevo decollato. Mia moglie mi aiutava nelle preghiere e teneva il conto dei miei voli. Avevo promesso a Carol che al millesimo atterraggio avrei smesso di volare.

Sotto tanta pressione, avevo deglutito e ignorato i suoi consigli, ma ero anche uno dei pochi ad aver perso la paura di volare, come un campione invisibile e, secondo la filosofia dei piloti, queste persone sono le prime a morire.

Ecco un altro interessante racconto di miracoli. Ero a New York City e un imbianchino stava lavorando fuori dalla finestra del sesto piano quando è caduto sul marciapiede, e la forza di gravità non è uno scherzo. È atterrato di schiena su una corda grossa e rigida legata a due pali piantati nel cemento e il suo corpo ha roteato. Poi si è alzato, sotto gli sguardi allibiti dei passanti e ha detto: "Vale la pena di andare in chiesa tutte le domeniche. Io chiedo sempre a Dio di proteggermi, perché sono il solo che guadagna in una famiglia con molti bambini."

Gli ho chiesto se era assicurato. Ha risposto che era meglio, altrimenti sarebbe atterrato sulla corda, e poi si è diretto a casa prendendosi una giornata di riposo ben meritata.

È successo circa cinque anni fa, ed è un episodio molto interessante da ricordare in questo libro. Ma passiamo ora alla mia ultima esperienza con i miracoli, che riguarda la vista; in questo momento, molti oculisti mi dicono che sto sfidando la scienza, dimenticando che esiste anche il mondo spirituale.

Ho notato che la mia vista si stava deteriorando, soprattutto da lontano. Non riuscivo più a leggere i segnali stradali e non potevo guidare la notte, per cui ho acquistato saggiamente un GPS e grazie alla direzione della sua voce potevo recarmi ovunque. Sono andato da un oculista e ho chiesto di cambiare le lenti, ma non è servito a niente. Mi ha consigliato di rivolgermi a uno specialista, perché mi ha riscontrato una cataratta.

Il giorno seguente lo specialista mi ha raccomandato di operarmi immediatamente, ma io ho continuato ad aspettare e, mese dopo mese, sono passati cinque anni. Il cerchio latteo intorno alla retina è diventato azzurro e, quando vado dall'oculista, sono in grado di leggere tutte le lettere e i numeri del cartellone e mi metto a ridere ripetendo forte e chiaro: "Posso leggere, posso leggere."

L'oculista conosceva la gravità della mia cataratta. Ora uso gli occhiali solo per leggere i caratteri più piccoli e se c'è molta luce, non ne ho neanche bisogno. Non sto sfidando le leggi di Dio, ma sono un essere umano che guarda al mondo spirituale di cui farà parte un giorno, altrimenti non potrebbe esserci la vita eterna. Il cimitero è solo un deposito di involucri, che in seguito diventano ossa. Sarebbe un bello spettacolo se Hawking decidesse (se sarà ancora in giro, naturalmente) di denigrarmi per i miei commenti su di lui e si venisse a sapere che sono in grado di leggere grazie alla mia visione spirituale. Mi manca anche l'udito da un orecchio, ma riesco a sentire una mosca volare nella stanza accanto, non come robot, ma come figlio del Creatore.

Una volta, guardando l'alba e le nuvole colorate dal mio appartamento di fronte alla spiaggia di Copacabana, meravigliandomi una volta di più della bellezza del creato, sono stato accecato da una luce fortissima. Mi sembrava di essere all'inferno. Ho chiuso gli occhi ma la luce ha continuato ancora per alcuni, lunghi secondi.

Ho chiamato un vecchio amico, che mi ha dato il numero della migliore oculista della città, che si trovava a Ipanema Beach, il quartiere di lusso, e poi mi ha detto che il disturbo poteva essere causato dal movimento della lente a contatto o del gel che la riempie. Era bianco come un guscio d'uovo e uno dei suoi amici ne era stato accecato.

Ho chiamato l'oculista che inizialmente mi aveva fissato un appuntamento fra sei mesi, ma quando le ho descritto la luce, mi ha consigliato di prendere il primo taxi perché, forse, sarebbe riuscita a salvarmi la vista. Il tassista si è unito alle mie preghiere, in cui dicevo a Dio di non essere pronto per la cecità che mi avrebbe impedito di leggere e di scrivere su di lui o di guadagnarmi da vivere, perché, a differenza di Ray Charles, sono un pessimo pianista.

I raggi X mostravano che la parte superiore interna dell'occhio si era abbassata di alcuni millimetri. La vista era annebbiata, come se piccole mosche volassero davanti ai miei occhi. L'oculista mi ha spiegato che erano cellule causate dal movimento e mi ha detto che non c'era niente da fare. Tuttavia, se avessi cominciato a prendere pastiglie di luteina e a mangiare insalata come un coniglio, avrei potuto sperare di essere l'uno su dieci che guarisce. Ho seguito il suo consiglio ma ho dovuto coinvolgere Dio in questo processo.

Quando le ho parlato dei miei libri, l'oculista ha subito chiesto alla segretaria di acquistarli e, abbracciandomi, ha aggiunto che Dio aiutava chi se lo meritava e sicuramente io ero un ottimo candidato.

Due settimane dopo mi trovavo nella clinica oculistica di New York, dove mi è stato confermato che non esisteva alcuna cura per il mio problema. Tuttavia, meno di sei mesi dopo, le piccole mosche fastidiose riposavano in pace in fondo al gel, la vista è aumentata da due a otto e il cielo mi ha liberato dalla malattia.

L'oculista mi ha detto che la cataratta era come una crema spalmata davanti alle pupille e sarebbe stato un miracolo se avessi riacquistato la vista. Ha aggiunto però che sarebbe peggiorata se non avessi cambiato lenti immediatamente perché era già presente un alone bluastro. Due chirurghi erano pronti a operarmi al primo occhio.

Ho deciso di sfidare la mia conoscenza, ma non la saggezza di Dio. Sono passati quasi sei anni e gli amici mi chiedono se ho scelto delle lenti a contatto azzurre perché si intonano con la mia carnagione rosea. Sono sicuro che arriverò a novant'anni, quando la mia navicella Galaxy XLT mi riporterà a casa, proprio come in Star Trek, questa bellissima serie TV, senza sesso né violenza, che diverte tutta la famiglia.

Grazie alla profondità della mia fede in Dio, aspetto sempre le sue decisioni. Non crediate che sia un fanatico religioso, perché si tratta di una fede cieca. Quando la patente americana e quella brasiliana erano scadute, mi recai all'ufficio di Rio a chiedere il rinnovo di quella brasiliana. Ne avevo bisogno per noleggiare una macchina all'aeroporto di Miami. Sapevo di non riuscire a leggere le lettere neanche con gli occhiali, ma avevo fede in un miracolo cieco, ed è accaduto. Mentre la dottoressa mi chiedeva di leggere le lettere della quarta fila, le ho dato il mio libro *God! The Realities of the Creator,* e le ho chiesto di guardare i miei modelli di scarpe e sandali nelle ultime pagine. Le ho sussurrato che non ci vedevo bene, poi sono andato via con la patente rinnovata, sentendomi un po' in colpa, ma più spirituale che mai.

Un mese dopo, a Fort Lauderdale, Florida, ho fatto l'esame della vista e ho letto tutti i numeri senza occhiali. La dottoressa si è meravigliata, poiché la mia patente specificava l'uso obbligatorio di lenti, poi si è interessata al mio magico libro, proprio come era accaduto con quella di Rio (Brasile), e sono andato via con due patenti in più e due libri sul paradiso in meno.

Mentre scrivo questo libro, ho cominciato la crociera sul *Grand Holiday of Ibero*. Il 24 febbraio ho fatto una crociera di sette notti sulla *Costa Favolosa* per rilassarmi, ammirare l'alba e il tramonto e, nelle prime ore del mattino, fissare il mare brillante, così diverso dalla materia. Ho pensato a quanto è bello essere intelligente e avere la possibilità di esistere in eterno.

Da quando sono nato, la mia vita è stata piena di miracoli o fenomeni, ma questo importa a pochi, perché sono fatti privati, da tenere per noi, e questo è quello che conta. La gloria è il nostro passaporto spirituale e non c'è alcun bisogno di mettere nessuno su un piedistallo, perché ne avremo bisogno quando varcheremo la porta dell'aldilà sotto forma di spiriti. Mentre nasciamo da un microscopico zigote che invecchia e si dissolve, il mondo va avanti. Il microscopio ha dimostrato che perfino le rocce crescono. Ogni cosa è un miracolo o un fenomeno.

La gente mi chiede perché sono così vivace, perché dormo così poco e non smetto mai di leggere, scrivere, parlare, nuotare, pilotare. Faccio qualcosa anche quando sono in viaggio da New York a Miami e mi fermo solo per mangiare e fare benzina, mentre il resto del tempo ascolto musica classica o i predicatori alla radio e rido per tutto il viaggio, oppure decido di volare per dieci ore di seguito e di atterrare solo per divertimento. La risposta che dò a queste persone è: "Noi nasciamo e moriamo, allora perché dovrei stare seduto ad aspettare il momento di morire, che arriverà in ogni caso? Pensate quale perdita di tempo, perché l'immobilità e la monotonia arrugginiscono il corpo e l'anima, e fanno invecchiare, mentre la mente non si ferma. È lo spirito che, come Dio, non ha bisogno di riposare perché non è fatto di carne e ossa."

Se si arriva a ottant'anni dormendo otto ore al giorno, si accumulano 23.360 ore in cui si era dei morti viventi, su un totale di 700.300 ore di esistenza; se invece si dormono solo quattro ore per notte, si saranno sprecate soltanto 11.680 su 23.360. Questo significa che mi godo 11.680 ore di vita più di voi e questa è la ragione per cui alcuni sanno più cose degli altri. È come passare più ore a scuola, perché il nostro corpo è una scuola, altrimenti niente avrebbe senso.

Hawking afferma che a causa dell'immobilità fisica ha tutto il tempo per stare davanti al monitor senza distrazioni, per scoprire i misteri dell'universo, ma deve andare oltre le sue ricerche sulla cellula dell'uovo del big bang, perché la materia oscura è il nido. I pezzi del big bang si espandono all'infinito altrimenti si scontrerebbero con la barriera della mediocrità. Non mi piacerebbe essere riconosciuto come "mente brillante" perché questo appellativo segue ogni mortale per l'eternità. Senza docilità, lo splendore non si riflette fuori dal tunnel oscuro, illuminando il lunghissimo viaggio ignoto che ci porterà oltre la crosta terrestre.

Se parliamo del cibo di cui ci nutriamo, possiamo affermare di essere sofisticati e non irrazionali, perché non mangiamo ciò che consideriamo senza sapore. Il pollo ingoia il mais e, quando lo stomaco si riempie, si ferma. Il cane dorme per ore quando ha la pancia piena.

Penso che gli esseri umani siano stati creati con il DNA che fa loro riconoscere il gusto e la bellezza. Io non appartengo alla famiglia di scimmie di Hawking. Noi possediamo l'universo perché non ci riempiamo semplicemente la bocca e inghiottiamo il cibo come le scimmie ingoiano banane. Noi lo assaporiamo e superiamo nuove frontiere con l'arte culinaria. A casa mia o nel mio ristorante fotografo sempre i piatti gustosi che mangio. Sullo sfondo del mio monitor c'è la foto di un piatto favoloso preparato da uno chef esibizionista come me.

Non mi sento a mio agio con le persone che mangiano in modo grottesco, come animali irrazionali, anzi, mi fanno addirittura pietà. A volte ho la sorpresa sgradita di constatare che le persone che invito a cena non sono all'altezza del mio cibo ricercato. In crociera e nei ristoranti spesso chiedo di essere seduto a un altro tavolo, il che è mio diritto, e nessuno mi ha mai chiesto la ragione.

Siamo stati creati per apprezzare l'intera creazione che ci rende meravigliosa la vita e il libero arbitrio ci aiuta a rendercene conto, finché siamo sulla terra.

La varietà di prodotti culinari è infinita, così come i metodi per prepararli, ma quando sento dire da qualcuno che la vita è noiosa perché non c'è niente di nuovo in cucina, scopro che si nutre quasi esclusivamente di riso bollito e pasta con olio perché la pigrizia è tale da rendere ancora lungo il cammino verso l'evoluzione.

Riso e fagioli sono l'alimento principale dei paesi latini, il riso in Asia, le patate in Europa e la pasta in Italia. Sono cibi adottati da tutti perché richiedono soltanto una pentola di acqua bollente. Nei paesi arabi la gente ama leccarsi le dita, proprio come nella pubblicità di KFC. Lo faccio anch'io quando mangio i granchi blu all'aglio e erbe.

È importante mangiare ogni giorno due uova bollite, condite con olio d'oliva, semi di zenzero tostati e prezzemolo tritato per avere le energie e le proteine sufficienti ad affrontare le successive ventiquattr'ore. Non è vero, come affermano le ultime teorie mediche, che il tuorlo d'uovo aumenta il colesterolo, come non è vero che la margarina è meglio del burro. Mangio due uova al giorno, bevo latte dalla bottiglia e mangio grassi animali, mentre la margarina non ha mai fatto parte della mia dieta. Come ho già detto, non sono nato per fare il cuoco negli ospedali, perché mangio di tutto. Sono un ottimo cuoco, come può esserlo ogni essere umano con un certo grado di cultura, sono in buona salute da ottant'anni, e non ho mai avuto bisogno di un appuntamento medico; ho sempre lasciato spazio a chi ne ha veramente bisogno.

Se volete dimagrire, fate come me: mangiate tutto quello che desiderate, ma tagliate a metà le porzioni e preparate delle bellissime insalate con mango, ananas, arance e foglie di lattuga, condite con un tocco di olio d'oliva portoghese, una goccia di aceto di mele e del parmigiano grattugiato.

Quando siete sopraffatti dalla tensione fisica, e può accadere ogni giorno per qualsiasi ragione, non correte dal fisiologo, o uomo di Dio, perché potrebbe essere in una situazione peggiore della vostra. Sono esseri umani anche loro, non angeli. Fate invece un respiro profondo e dopo le dieci di sera andate a fare una lunga passeggiata lontano dalla gente, alzate gli occhi al cielo e siate grati di poterlo fare. Pensate solo ai momenti positivi del passato, che restano custoditi nel tesoro della memoria.

Ogni tanto, quando andate a buttare via la spazzatura, prendete la giacca e fate un salto al bar vicino a casa, pieno di persone di buon umore. Ordinate ostriche Rockefeller o un sandwich al pastrami con pane di segale ebraico e mostarda tedesca e accompagnatelo a un buon caffè. Sorseggiate un bicchiere di vino o una birra ghiacciata, guardate la gente intorno a voi che si diverte e dice sciocchezze. In questo modo non vi sentirete soli nell'universo.

In pochi minuti l'ansia svanirà, e se mai qualcuno venisse a disturbarvi, entrate nel prossimo caffè, mangiate un gelato e scambiate due chiacchiere al banco. Tornati a casa, vi sentirete così leggeri, che se qualcuno vi chiedesse se avete incontrato Dio rispondereste "Perché no?"

Chiunque in ogni parte del pianeta può bere un caffè o una coca-cola, mentre chi sceglie i superalcolici si condanna ad avere incidenti, a perdere il lavoro e a divorziare, perché l'alcol va direttamente alla testa, dove gli spiriti aspettano il disastro.

Anni fa, quando volavo in prima classe e chiedevo un bicchiere di vino o un whisky, il personale mi portava l'intera bottiglia e me la lasciava per tutto il viaggio, mentre ora, grazie all'evoluzione morale, l'equipaggio chiede se desideriamo un bicchiere di vino bianco, rosso o rosé e, se ne chiediamo un altro, ci portano un vassoio di salatini spiegandoci che le bottiglie di alcolici si sono rotte durante una turbolenza.

Se il pilota o il suo secondo bevono un bicchiere di birra nelle quarantotto ore precedenti al volo, devono sottoporsi all'esame del sangue e, se rifiutano, non è consentito loro di volare. Poi, un comitato di giudici FAA li sospenderà a vita, perché Dio non aiuterà mai in caso di un'emergenza dovuta a un aviatore che puzza di alcol.

Nelle mie case, appartamenti, macchine, aerei, posti di lavoro e perfino verande, l'uso dell'alcol è limitato e ovunque ci sono cartelli con il divieto di fumare. Chi non li osserva riceve un solo avvertimento, al secondo deve andarsene su due piedi e se resiste chiamo la polizia, perché abbiamo tutti il diritto di vivere dignitosamente senza portare le croci degli altri.

Molti anni fa, credevamo sinceramente che chi avesse fede riceveva più miracoli dei blasfemi, perché era a contatto con il Creatore. Dobbiamo però anche guadagnarceli, perché niente deriva dal niente, compresa la guarigione e la felicità. Nascere o non nascere, questo è il mistero.

Nessuno lo svelerà mai, perché è un interrogativo inaccessibile qui o nell'eternità, poiché è parte della Creatore, che ha in mano le chiavi della saggezza.

12 Nascere o non nascere è il mistero dell'esistenza

Tutti, perfino gli increduli, concordano nell'affermare che si tratta del fenomeno numero uno. I religiosi glorificano il Creatore come un miracolo ma io non sono d'accordo, perché a mio parere tutto è un miracolo o un fenomeno, compresa l'aria che respiriamo e i *276.480.000* battiti del cuore che ho avuto nei miei ottant'anni. Anche ora, il mio cuore continua a battere perfettamente, facendo circolare il sangue per chilometri attraverso vene e arterie.

Le meraviglie più incredibili sono fatte di carne, soffice come gelatina, e di muscoli, forti come acciaio, con un sistema di tubi e un battito perfetto, e tutto questo è simile a un segnale elettrico che dice alle "menti brillanti" di fermarsi a guardare dentro se stessi, macchine perfette, alimentate con un cibo naturale, fatto di alimenti che crescono dalla terra e derivano dalla carne di animali irrazionali.

Quelli che affermano che tutto deriva da zero o dal nulla, includendo loro stessi in questo tutto, non sanno di derivare da un'Intelligenza Suprema e si rendono ridicoli. È noto che quelli che non si classificano "menti brillanti" non fanno parte dell'alta società, né possiedono trofei, ma questo non significa che non conoscano la verità meglio degli altri, perché prima o poi, il tempo scorre verso il futuro e delle menti brillanti non resta che la polvere delle ossa, mentre i saggi e quelli che hanno fatto buone azioni vivono in eterno. Non tutti sono sullo stesso livello, e nessuna università importante è in grado di insegnare la saggezza. Il DNA di ognuno di noi racchiude lo spirito.

La creazione ha origine nella materia oscura luminosa, come l'uovo del big bang, e continua a propagarsi attraverso uomini e donne e maschi e femmine irrazionali che vivono sulla terra o nell'acqua. La vita comincia con l'eccitazione del maschio e l'orgasmo che lo fa eiaculare, e ciò provoca l'incontro tra spermatozoo e ovulo. La creatura che nascerà misura all'inizio un micrometro (un milionesimo di metro) e ha una massa tra 0,00177 a 0,0042 milligrammi. L'ovulo ha un diametro perfetto. La cellula dell'ovulo pesa da 0,15 a 0,2 milligrammi e il raggio è di 0,075 fino a 0,1 milligrammi da vivo. Chiamiamo sperma il gamete maschile, nome che deriva dal greco antico. La cellula maschile matura ha le caratteristiche ideali per penetrare l'ovulo perfetto e creare uno zigote che poi lui o lei comincerà a crescere. (Uso pronomi maschili e femminili perché il feto è già vivo.) Alcuni mesi dopo la madre può sentirne i movimenti e nove mesi dopo, al taglio del cordone ombelicale, lui o lei urla, e bingo! Siamo qui per cominciare una fantastica esistenza e fare quello che vogliamo con il libero arbitrio.

È stato tutto previsto. Possiamo scegliere se rendere glorioso o meno il nostro percorso verso l'infinito, programmato da una mente superiore che ha creato questo meraviglioso sistema. A chi non accetta questa visione, vorrei chiedere una spiegazione. Mentre non tutti sono d'accordo su come lavori il Creatore, quelli che negano la sua esistenza hanno un futuro pieno di "chiodi" che li aspetta. Ottant'anni è considerata una bella età; migliaia di ore di questo lungo periodo le ho passate spargendo lacrime di dolore e di felicità. Durante le lunghe notti trascorse a riflettere, non in un convento, un seminario o un'università religiosa, né in college prestigioso, ho potuto contare su un letto comodo, cibi gustosi e musica sacra per rasserenare lo spirito. La gente di tutti i paesi e le culture sente la tentazione di Satana e dei suoi affiliati nel profondo del cuore, ma può contare sull'aiuto degli angeli, che compaiono non sotto forma di Stephen Hawking, ma di William Moreira (Canno) e molti altri.

C'è Mozart, un genio dalla nascita, ma solo in un campo, quello della musica classica; Walt Disney, genio dello spettacolo, le cui creazioni hanno divertito le persone di tutte le età; Thomas Edison, che ha creato centinaia di invenzioni di importanza vitale per l'umanità. Ognuno di loro aveva una missione da compiere che aveva l'obiettivo di migliorare la terra, alcuni in un solo campo, altri a trecentosessanta gradi, ma nessuno di loro singolarmente rappresenta la grandezza del tutto. Le loro opere sono soltanto un graffio sulla superficie.

Faccio riferimento al lato positivo della moneta perché l'altro, quello negativo, è in contrasto. Quelli che sono programmati per richiamare la nostra attenzione verso il bene e il male, sono necessari alla nostra vita e all'universo.

Nessun essere umano ha dedicato l'intera esistenza a negare l'Intelligenza Suprema. Mentre scrivevo questo libro, ho guardato molte volte al computer il programma: *Stephen Hawking—The Grand Designer: Did God Create the Universe? (Stephen Hawking—Il Grande Disegnatore: Dio ha creato l'universo?)* mandato in onda da *Discovery Channel* nell'agosto 2012.

Quelli che dedicano la loro vita ad aiutare l'umanità non sono chiamati "menti brillanti" né accettano questo appellativo privo di logica, perché è un'espressione che eleva gli esseri umani mettendoli quasi sullo stesso livello dell'Intelligenza Suprema, ignorando quelli che aiutano l'umanità. Le "menti brillanti" vengono poste su un illusorio tappeto rosso che indebolisce il mondo spirituale, e questo rende inevitabile una rappresaglia contro di loro, sia sul piano fisico che morale, così come è stato distrutto il sistema etico dell'Impero Romano decadente. Presto, non ci rimarrà che il sussurrare del tempo, che ha creato il passato su cui stanno per spegnersi tutte le luci.

L'unica "mente brillante" è quella che ci precede nel tempo, il *Grande Ideatore*; non c'è logica né senso comune per il pubblico. Non vi sono appunti che indicano direzioni da prendere, neanche nel mondo iniziale, quello materiale. Deriviamo da uno zigote, che rappresenta il nostro big bang e poi cresciamo insieme all'universo, di cui siamo parte. Siamo creati come atomi o granelli di sabbia che non saranno mai perduti, solo trasformati, come il corpo sarà trasformato in spirito.

Questo vale per tutti, credenti e non credenti, perché siamo stati creati e questo significa che non abbiamo altro potere che di esistere eternamente, godendoci la vita che il Creatore ci ha dato.

Alcuni scienziati, come voi e me, non sanno nulla dell'origine della vita. Non sapremo mai niente della materia oscura, dell'uovo microscopico o gigante che è esploso dando origine all'universo o agli universi, ma sappiamo che i nostri corpi materiali cominciano qui, a casa, come quelli degli animali, allo stesso modo dell'inseminazione artificiale delle mucche che diventano il nostro cibo o quello dei nostri figli, che amiamo in eterno. Il processo è lo stesso, e credo che dovrebbe darci sufficienti elementi per capire che non facciamo parte di una specie di scimmie, come sostiene Stephen Hawking e com'è stato accettato dagli organi di informazione che gli attribuiscono una "mente brillante", ma non come attore comico, come Bob Hope (2003). Questo attore famoso, invece di spaventarci ci ha fatto divertire, ha vissuto una vita lunga e felice, amando il mondo ed essendone riamato. Ha sempre conservato l'amore per Dio.

Milioni di persone disabili sono bloccate nel tempo e nello spazio senza la libertà di camminare, correre o volare, e tuttavia continuano a sostenere che la vita è bella, e se la godono come possono in attesa della chiamata che li condurrà verso una vita eterna in cui saranno per sempre liberi. Il corpo materiale rappresenta un gradino verso l'eternità.

Naturalmente siamo molto più di questo, molto più di una lettera dell'alfabeto, perché abbiamo un inizio ma non una fine, o altrimenti non ci sarebbe intelligenza né speranza. È molto meglio non riuscire a vedere il Creatore, perché in questo modo nessuno può giudicarlo dal suo aspetto fisico, sapere se è bello, brutto, alto, basso, bianco o nero, come invece accade per l'immagine di Cristo che molte persone di colore considerano discriminatoria perché pensano che sarebbe dovuto essere nero. Dovrebbero forse esserci molti Cristi—cinesi, africani, caucasici, ecc.? E di che colore dovrebbero avere gli occhi? Possiamo pensare a infinite combinazioni, grazie alla nostra immaginazione senza limiti.

A tutti noi è capitata una simile esperienza, ad esempio quando eravamo alla ricerca di un partner e prima dell'incontro, parlando al telefono con questa persona, ne abbiamo immaginato l'aspetto fisico dal suono della voce. Una volta incontrata questa persona, l'abbiamo scoperta talmente diversa da come l'avevamo immaginata che siamo fuggiti lontani mille miglia. Forse ci succederà lo stesso quando incontreremo finalmente il Creatore, oppure lui non si mostrerà mai e ci lascerà liberi di interrogarci in eterno, per il nostro bene.

13   Alle "menti brillanti", dove tutto è cominciato

Questa citazione, come qualunque persona senza cervello sa, ci rimanda a Dio, perché è l'unico ad avere tutti gli ingredienti (atomi o gli altri elementi sognati da Hawking) a disposizione per creare un altro zigote con un'anima, un destino, e una missione già programmata.

Lui spera di "rompergli le scatole" mostrandoci che non c'è nessuno al di sopra di lui. Nella prima mitologia i vichinghi, i greci e perfino i romani avevano un grande numero di divinità, pari a quello dei soldati. In seguito la Chiesa Cattolica ha creato centinaia di santi, che tuttavia sono semplici servi del Signore, dimostrando che l'evoluzione cammina a volte in modo trasversale come un granchio e poi prosegue diritta con i romani che sono diventati cattolici, mettendo il dio del sole come anello con la croce e l'evoluzione spirituale ha fatto un balzo in avanti arrivando quasi al cielo. Cristo è stato annunciato nei quattro angoli del mondo come simbolo di amore. Le sue parabole e i suoi sermoni sul monte sono quello di cui hanno bisogno gli atei per alzarsi dalle sedie a rotelle dell'incertezza.

Se c'è una persona che merita il premio Nobel per la pace questa è Gesù Cristo, ma non dopo la resurrezione, perché è l'unico a essere vivo nella mente di tutti non solo come personaggio biblico, perché è stato stabilito che si trova al primo posto anche nel cuore di quelli senza Dio, quando il plotone di esecuzione urla "Fuoco."

Prima che i proiettili esplodano nel cuore del peccatore, il nome di Gesù risuona tra le mura delle prigioni, e durante la rivoluzione francese (1789) i tamburi rullavano mentre la lama della ghigliottina obbediva alla legge di gravità ammutolendo l'invocazione a Gesù del condannato di turno.

Questa volta avete torto, perché la citazione: *"Nascere o non nascere, questo è il mistero"* non è di William Shakespeare (1564), ma di William Moreira (Canno) (1933), perché nella sua epoca la scienza era sotto l'esclusivo controllo del Vaticano, che aveva angeli e demoni ai suoi piedi, mentre Galileo era ripudiato. Eppure, il vincitore del premio Nobel per la scienza del Vaticano non è stato il grande genio astronomo e matematico, Isaac Newton (1704), che ha dimostrato il concetto dello specchio riflesso per un telescopio migliore e credo ciò che sia dovuto al fatto che non andava a messa la domenica.

Parlo dei religiosi con rispetto, perché riescono ad attirare a sé quasi tutti gli agnelli perduti. Fede e speranza sono vive e in buona salute e mantengono l'ordine nel gregge composto di migliaia di capi sotto un solo Dio, il Creatore, dimostrando che la maggior parte degli esseri umani è d'accordo nell'affermare la presenza di un potere intelligente dietro l'esistenza.

Immaginate! La trama dell'esistenza senza Dio di Stephen Hawking ha funzionato finché spacciava per vere le sue teorie, ignorando completamente le bellezze che lo circondano, essendo lui immobilizzato dalla paralisi. I mezzi d'informazione amano dare spazio a Satana, nel nome di una disuguaglianza che fa apparire sempre le cattive notizie in prima pagina, visto che le cattive notizie fanno guadagnare.

Se Hawking tornasse indietro nel tempo, all'epoca dell'Inquisizione, mi chiedo se le sue teorie che negano l'esistenza di Dio lo manderebbero al rogo, facendomi risparmiare trentacinque dollari e la fatica di leggere le sue citazioni senza senso, i suoi sogni, e le sue fantasie. Ho perso due ore per leggere *Il Grande Disegno* (2010) soltanto per buttarlo via subito dopo, il primo libro delle migliaia che ho letto in ottant'anni. Poi ho ballato samba e jazz per alleviare lo stress causatomi dalla lettura.

Ancora una volta ho sentito i pensieri filosofici di un uomo condannato a un'esistenza da mummia, mentre il suo cervello e la comunicazione sono perfetti, grazie all'intelligenza di qualcuno che si occupa di fare del bene all'umanità e non a elaborare teorie. Il grande Bill Gates lo ha salvato da una croce più pesante, come una vera scimmia, che non parla ma ascolta, mangiando banane. Bill Gates ha una vita normale e ci offre fatti, non buchi neri. Non ha ucciso la speranza che accomuna tutte le persone, ricche e povere.

Hawking esprime le sue contraddizioni, che vanno contro ogni logica, da oltre mezzo secolo, nuotando contro la corrente della sua nascita sulla marea che glorifica il Creatore. È una sua scelta, basata sul libero arbitrio, per la quale, che gli piaccia o meno, sta pagando un prezzo alto, ma ha una scelta, quella che milioni di persone avrebbero desiderato veder apparire su *Il Grande Disegno*.

Purtroppo, ha respinto con grande negatività la sua ultima chance di uscire dal suo calvario, che non auguro neppure ai criminali. Inoltre, quelli che prendono le sue parti e concordano con i suoi sogni e fantasie non portano nulla di pratico per alleviare il dolore del mondo, pur essendo circondati da amore e bellezza infinita. Noi tutti cerchiamo consolazione nella musica che coinvolge mente e spirito e nella religione, che cerca di darci parole evangeliche di conforto, specialmente quando siamo colpiti da una tragedia. Nessuno ne è risparmiato, perché tutto ha una ragione, nel nostro cammino verso l'eternità. Ho perso la mia figlia adorata, mentre Hawking è paralizzato su una sedia a rotelle a causa della sua lingua, ma forse adora soffrire per ripulire l'anima dai suoi peccati. Gli manderò una copia del mio libro: *Come soffrire felicemente* (2001).

Ho cominciato a seguire il percorso di Hawking quando aveva solo ventun anni ed io trentuno. Da allora sono sopravvissuto per oltre mezzo secolo di vita gloriosa, accettando i sassi che mi hanno colpito duramente. Rendo gloria nei momenti di sollievo che mi sono offerti a consolazione delle mie disgrazie, specialmente diciassette anni fa, quando ho dovuto vedere il corpo in pezzi di mia figlia nell'obitorio di New York e leader religiosi di tutte le fedi, compresa quella musulmana, sono corsi ad abbracciarmi mentre versavo calde e amare lacrime di sconforto, dandomi speranza. La speranza è l'unica consolazione che ammorbidisce un cuore andato in pezzi dal dolore, specialmente quello di un padre o di una madre.

Se Hawking fosse qui e mi dicesse di non preoccuparmi perché ora mia figlia Carol non esiste più, neanche sotto forma di anima e spirito, e che ciò che rimane di lei è un mucchietto di piccoli, insignificanti atomi, ci penserei io a garantirgli una vita mummificata.

Con la sua lingua tagliente va avanti da cinquant'anni, immobilizzato nella sua stessa ignoranza. In assenza del Creatore, lui incolpa la natura del suo stato. Se la natura fosse priva di spiritualità, non ci sarebbe una società razionale, mentre tutti noi teniamo viva la speranza. Anche a ottant'anni, continuo ad aver bisogno del concetto di un Dio vincolato alla mia vita, come tutti noi, altrimenti non ci sarebbe rispetto e i suicidi sarebbero molto più frequenti. Nascere non è una scelta, ma il libero arbitrio ci offre la scelta di porre fine alla nostra vita. Tuttavia c'è un prezzo alto da pagare, come se un condannato evadesse di prigione e, ricatturato, vedesse raddoppiare la sua sentenza. Alla fine, lo scettico esclamerà: "Oh, Dio." E poi finirà per alzarsi dal "chiodo divino."

Hawking sostiene che il Creatore non è necessario all'esistenza dimostrando di essere "ottuso" come se venisse da un'altra galassia. Affermando di saperne più degli altri si è inoltrato in un campo minato, allontanandosi da noi. Ignora le leggi del buon senso, che fanno parte dell'intelligenza, ma non è ufficialmente colpa sua. Gli stupidi lo glorificano, ma lui paga un prezzo alto.

Se fosse una "mente brillante" userebbe la luce, come la uso io, per cercare il Creatore di uno zigote perfetto, William Moreira (Canno), con tutte le teorie quantistiche che servono per affrontare i miei ottant'anni di corse, di voli, di scrittura di oltre cento parole al minuto, e di contatti spirituali che dimostrano che la vita è molto più che nascere, soffrire e morire. È godimento, è non restare seduto sui "chiodi" per punizione, senza la possibilità di alzarsi, non come "mente brillante" ma come una "testa dura."

Qual è il beneficio di essere lodato da una società se non posso godermi niente, perché devo pagare il prezzo per aver bestemmiato al Creatore? Tutti, dallo spazzino analfabeta di un paese del terzo mondo a un genio come Einstein, vivono, camminano e fanno quello che sognano di fare.

Nel 1985 Hawking è stato invitato in Vaticano a partecipare a una riunione privata insieme a un gruppo di scienziati. Più tardi, parlando a un Cardinale cattolico di New York, ha detto che hanno provato a parlargli della grandezza dell'esistenza di Dio, ma hanno perso la battaglia per salvargli la mente e l'anima.

Se qualcuno mi chiede di ricordare dei nomi, prima e soprattutto ora, col passare degli anni, faccio fatica a richiamarli alla memoria, mentre tutto il resto è vivo nella mia mente. Se poi si mangia molto formaggio, come faccio io, il processo di sfregamento accelera.

Hawking dovrebbe abbandonare l'infinito irraggiungibile, che conosce meno di un portiere brasiliano, e dedicarsi al misterioso fenomeno dello zigote da cui deriviamo, per capire perché ci sono milioni di spermatozoi che vengono creati in un solo momento, tutti in grado di raggiungere l'ovulo come se la corsa per la sopravvivenza fosse già controllata da uno spirito (noi); altrimenti non ci sarebbe una corsa in cui i perdenti muoiono o tornano indietro.

Queste piccole cellule germinali rappresentano l'inizio di ciò che io definisco il nostro essere carnale e forse spirituale. (Non mi piace chiamarle teorie, perché non appartengo a un mondo di fantasia, bensì di fatti.) Hawking, essendo una "mente brillante", potrebbe fare l'autopsia del loro cervello. Lo spermatozoo ha una testa grande quasi quanto la metà della sua taglia (penso che il suo sperma sia pari all'intera misura del suo cervello). Bisogna chiamarlo lui o lei, perché è tutti noi. Noi siamo esseri razionali.

Hawking non crede che Dio abbia creato gli animali primitivi, ma nel corso dell'evoluzione, gli umani erano già delle scimmie. Quando ci siamo stancati di mangiare banane, abbiamo cominciato a cucinare piatti prelibati, smettendo di muoverci da un ramo all'altro e abbiamo cominciato a prendere l'aereo. Lui ci riporta ai giorni della sua famiglia di scimmie. Ecco cosa succede giocando col fuoco, prima o poi si viene bruciati di sicuro, da un William Moreira (Canno).

Lo sperma è una realtà, è sotto il nostro naso, più dei buchi neri che sono irraggiungibili, eccetto nella sua "mente brillante", perché mentre si muove per raggiungere l'ovulo, ha bisogno di energia e concentrazione e al Creatore questo non dispiace. Facciamo miliardi di autopsie di spermatozoi perché solo uno su otto raggiunge l'ovulo e gli altri sono condannati all'estinzione. Se potesse, il Vaticano interferirebbe, ve lo posso garantire.

Sono sicuro che Hawking può farlo e ricevere ancora più applausi dai suoi ammiratori, tra i quali ho notato che c'è anche il Presidente Obama, o forse è stato costretto a farne parte quando ha deciso di invitare il personaggio senza Dio numero uno e di decorarlo con una medaglia, senza tuttavia chiedergli di fermarsi a cena, perché non sarebbe stato in grado di avere delle buone maniere a tavola. Gli invitati terrebbero gli occhi fissi sui piatti e mangerebbero in fretta senza neppure aspettare dolce e caffè.

Le forme di vita umana possiedono l'intelligenza, solo i derelitti non discendono da un ovulo e uno spermatozoo, ma da una macchina, non qui, sulla terra, ma nelle galassie. Per nascere, abbiamo bisogno di un maschio e una femmina e non dell'immensità dello spazio con gli atomi, perché questo fa girare il paradiso ma non l'intelligenza.

La scienza deve cominciare dalle radici e non dalla cima degli alberi, affinché l'acqua possa irrigare il mondo vegetale che altrimenti appassirebbe, seccherebbe e marcirebbe, com'è successo finora, mentre gli scienziati perdevano tempo a cercare risposte fuori dalla loro portata.

Aristotele, che nella sua epoca non aveva un solo Dio ma diverse divinità, ha osservato i fenomeni dell'ombra lunare e dell'eclissi. Usava un bastone per fare dei cerchi sulla sabbia e cercare di capire il fenomeno. Per questa ragione, Hawking si dichiara suo ammiratore e nel frattempo ignora il libero arbitrio scegliendo di essere screditato contro ogni pronostico. Lui lotta contro chi l'ha creato. Aristotele, voi ed io non saremmo un mucchio di sabbia ma di atomi (l'inizio della divisione del mondo invisibile della materia).

Nel 1979 e nel 2006, sono andato a teatro a vedere *Black Hole, the Movie (il film "Il buco nero" N.d.T.)*, per capire fino a che punto la paura di Hawking abbia influenzato i suoi sogni e le sue fantasie contro la creazione. Il pubblico lo ha scambiato per uno spettacolo di Hollywood, un'altra idea di Disney. Altrimenti sarebbe scappato dal cinema urlando come una massa di polli. Lo sto cercando per dargli una medaglia alla morale.

Come afferma il "genio", i nostri cervelli hanno cento miliardi di neuroni. Sarei disposto a dare tutti i miei dipinti e disegni, la mia collezione di musica classica e perfino la mia amata *Parker 51* che mi ha permesso di diventare giornalista a vent'anni, e aggiungerei pure il mio Cessna come bonus e la mia benedizione nel nome del Creatore, se Hawking mi spiegasse com'è arrivato a un simile totale e, se mi sussurrasse all'orecchio che ha paura della morte, prometto che manterrei il segreto.

La "mente brillante" può essere arrivata a formulare questa teoria sul cervello facendo un'autopsia o analizzando lo sperma mentre si trovava a lezione di teorie quantistiche, cercando una risposta sulla vita dopo la morte, ma i cadaveri non hanno un'anima, altrimenti i medici li anestetizzerebbero prima di inciderli. Sentiamo il dolore attraverso il cervello e questo è il modo scelto dal Creatore per punirci o per avvertirci che qualcosa non va nello spirito. Spero che alcuni chirurghi "matti" non brasiliani (gioco di parole in inglese, che usa la stessa parola per "matti" e "noci" N.d.T.) vedano l'anima mentre sono intenti ad operare il cervello per cercare un tumore!

Per quanto meraviglioso sia l'universo, nuotiamo tutti all'intero dell'utero, mai all'esterno, nemmeno Hawking, vincitore del premio Nobel per aver dedicato la vita a negare la possibilità di un aiuto spirituale per attenuare le sofferenze terrene, e seguire la carriera di uomo senza Dio che gli avrebbe dato un riconoscimento eterno. È vero che quando si è reso conto di avere messo il numero zero o il termine *nulla* alla base della sua eredità sia indietreggiato, perché la base era eretta su un piedistallo di sabbia e non di roccia. La gente lo considera un uomo che ha avuto una vita di dolore, e non di genialità. Il suo dramma va al di là della comprensione delle persone prive di una profonda spiritualità come la mia.

Hawking sostiene che Dio non era necessario alla creazione dell'universo. Per lui, essere Creatore richiede solo due elementi. Il primo è il genio e ora, dopo che il primo genio è andato in paradiso (Einstein), ha affermato che gli elementi sono tre, solo per affermare più tardi che era un errore. Il secondo genio ha occupato il suo posto, affermando che esistono solo due elementi. Nel frattempo, il Creatore crea il lievito, la farina e anche il pane. Hawking deriva, come ognuno di noi, da un microscopico zigote, altrimenti non sarebbe qui. Dopo un po', come il pane, sceglierà di essere cremato, oppure sarà mangiato dai vermi. Come il pilota di un aereo, il Creatore è l'unica autorità a bordo e l'unico che decide come agire in caso di necessità.

Se spazio ed energia vengono dal *nulla*, *Hawking* deve darci la formula per salvare il pianeta, compreso il modo di ottenere il grano e l'acqua non inquinata, ma è meglio che si sbrighi perché il Creatore lo tiene d'occhio. Il momento di partire è dietro l'angolo.

Prima di lasciare questo mondo e diventare un mucchietto di atomi, Hawking deve trovare la soluzione alla sua teoria quantistica. Trovare la composizione più piccola mi lascia eternamente perplesso perché tra ogni composizione, anche se vicine, c'è sempre uno spazio. Questo spazio è colmo di domande cui solo Dio sa dare una risposta, ma non è tenuto a farlo, altrimenti non sarebbe Dio.

Le religioni assistono ogni anima bisognosa, senza chiedere se ha un diploma universitario, senza riempirle la testa di equazioni e teorie senza senso, che il 95% delle persone non capirebbe. La maggior parte delle persone non si basa su teorie, simili alle fantasie di chi non vede al di là del proprio naso, basta la speranza di vita ultraterrena basata sull'amore a portare consolazione a chi ha il cuore spezzato, come è successo a me quando Carol ci ha lasciati.

La scienza ci dice che in ogni istante corriamo il rischio di essere colpiti da un asteroide, com'è successo ai dinosauri milioni di anni fa. Io non ero lì per confermarlo, ma i buchi neri grandi come il sole e anche miliardi di volte più grandi sono vortici che divorano la luce. Non c'è via di uscita. Oggi, il genio, la "mente brillante" è seduto sul "chiodo." Da oltre mezzo secolo sconfigge la morte del suo corpo. Io imploro il Creatore di non farmi fare la stessa fine, come Gesù l'ha implorato di fargli evitare la sofferenza sulla croce, ma poi ha accettato il suo destino. Hawking non ha accettato la sua croce pensando di poter rinnegare il Creatore senza pagarne il prezzo, ma nessuno può sfuggire al suo destino, che ha inizio nel momento in cui lo spermatozoo penetra nell'ovulo.

Su *National Geographic* o *Discovery Channel*, vediamo gente nata senza braccia o gambe, sostituite da moncherini, che vive una vita normale, ridendo e divertendosi. Queste persone sono in grado di guidare, di lavorare e fanno più cose di quelli che sono fisicamente perfetti.

Gesù è più che un'icona, è un'eredità, il cui nome è pronunciato da milioni di persone ogni giorno. Gli uomini macho senza Dio che affrontavano la ghigliottina ai tempi della rivoluzione francese non avevano scampo quando i tamburi smettevano di rollare e la lama cadeva sulle loro teste. Nell'unico secondo che avevano per pentirsi dei loro peccati urlavano o sussurravano il nome di Gesù.

Il nome delle menti brillanti e dei geni, invece, svanisce appena finiscono nella tomba e già il giorno dopo i titoli dei giornali danno spazio ad altri nomi. Le nuove generazioni non li conosceranno mai, perché la leggenda non valeva più di uno zero, e le teorie cominciano all'asilo.

L'effetto di questa propaganda illogica e satanica provoca depressione senza aiutare né offrire soluzioni. A volte ci sentiamo come se fossimo seduti su un vulcano pronto a eruttare, come la gente di Napoli quando il Vesuvio è esploso, pronti in ogni momento a finire come gli abitanti di Pompei, Ercolano, Stabiae e Oplontis.

Gli attuali abitanti di questi paesi vivono sapendo che il Vesuvio dorme, ma può ricominciare a esplodere in qualsiasi momento, come ha già fatto molte volte anche se in modo non violento, ponendo fine alla loro vita. Loro pensano che accadrà il prossimo secolo. Mentre mi trovavo lì in vacanza, tre anni fa, ho chiesto ai residenti perché non si trasferivano. Mi hanno risposto in modo logico: "Nessun posto al mondo è sicuro, perché la terra è sempre in movimento, ci sono terremoti, tsunami, eccetera, e la cosa peggiore è la bomba atomica, pronta a incenerirci in qualsiasi momento. La Corea del Nord e l'Iran stanno lavorando duramente nel circolo di Satana per diventare superpotenze. Siamo tutti indifesi, è l'effetto della causa. La scienza ne va fiera, mentre la medicina è messa da parte nonostante siamo mangiati vivi dai microbi."

Dopo questa risposta, non ho più parlato, perché tutto era già stato detto, perché neanche il diritto di nascita ci viene garantito. Alcune donne vivono non sotto forma di angeli, ma di demoni della morte, perché abortiscono privando un piccolo bambino della vita fin dall'inizio come se fosse un germe fastidioso, non prendendo antibiotici, ma una pillola che si chiama "elimina bambini" e se questa non funziona, un coltello porta a termine il lavoro. Ecco perché un bambino su 150-200 nasce con una menomazione.

Anche i bambini dell'asilo sanno cosa c'è dentro a un uovo di gallina. Molti sanno anche di derivare dall'ovulo della loro madre, come i loro fratelli e sorelle. È una cosa positiva, poiché quello che entra dall'orecchio destro di un bambino esce da quello sinistro.

Il mistero primario è proprio davanti a noi, non dobbiamo viaggiare né fare ricerche per trovarlo, perché ogni donna e ogni uomo hanno dentro di sé il segreto della creazione. Peccato che io non abbia scritto questo libro cinquant'anni fa, così Hawking non avrebbe avuto bisogno di fissare il suo monitor. Non avrebbe cercato i buchi neri, ma il segreto dell'ovulo e dello spermatozoo. Avrebbe potuto trovare Dio, o almeno avvicinarsi a lui. Questo sarebbe stato più che sufficiente per lui e gli avrebbe permesso di sollevarsi dall'inferno della sua sedia a rotelle e di godersi la vita come me la sono goduta io.

Quando la scienza comincerà a distinguere il cervello della cellula germinale micrometro, che ha una testa molto più grande del resto del corpo (andate a vedere sul sito), le "menti brillanti" avranno una traccia da seguire per scoprire quanti neuroni contiene e paragonarla a quella di noi adulti. Non ci saranno difficoltà di approvvigionamento né proteste delle organizzazioni sui diritti umani, perché nessuno zigote è in grado di sporgere reclamo. L'età legale per farlo è diciotto anni e a quel punto, il querelante dovrà rendere conto della sua linea di produzione.

Niente nel nostro mondo deve essere considerato insignificante, perché siamo tutti unici e perfino al primo posto rispetto agli altri. Siamo molto importanti, acclamati dalle folle, perché se fossimo ciechi, cadremmo dal piedistallo e finiremmo per vivere una non vita.

Perdere la vista conduce a un mondo di tenebre, in cui c'è bisogno di qualcuno che ci impedisca di precipitare in qualche buca. Anche un cane può aiutare un cieco, ma non è la soluzione, perché l'animale non riceverebbe le cure necessarie. Se una persona che ha appena perso la vista avesse accesso a una pistola si sparerebbe un colpo al cervello, come mi è accaduto di vedere nella mia esperienza.

Nascere ciechi non è il massimo, ma almeno non si sa cosa si perde. Per queste persone non c'è scelta, e Hawking deve essere grato di non essere cieco. L'unica soluzione alla cecità è suonare il piano, come ha fatto un mio amico a Rio de Janeiro. È morto quattro anni fa all'età di settantasei anni. Era cieco da settant'anni ma è diventato un grande pianista. Mi ha detto sorridendo che ogni volta che si sedeva al piano sentiva Dio. Si è perso nel meraviglioso mondo dei suoni, che hanno sostituito la vista a un livello meraviglioso e gli hanno fatto conoscere gli applausi del pubblico da cui era sempre circondato.

Molte volte ha affermato di essere particolarmente orgoglioso di andare in bagno da solo e di farsi una doccia senza aiuto, perché tutto era al suo posto, come il coltello e la forchetta. Se qualcosa cambiava posto, se ne accorgeva subito, perché era in grado di trovare qualunque cosa. Quando mancava la corrente, lui faceva battute di spirito dicendo che per lui non faceva nessuna differenza, bastava che il frigo fosse freddo per capire quando la corrente era tornata.

Quando è diventato un avido lettore in braille, ha ringraziato Dio misericordioso e, cosa molto interessante, abitava in un bellissimo edificio vicino a un grande centro commerciale (Rio Sul) e anche vicino al mio appartamento a Copacabana Beach. Aveva un bellissimo pianoforte a casa sua e un altro nell'atrio del centro commerciale, cui si recava da solo (non sapeva di essere sorvegliato in ogni momento). Fin dalla prima nota, era adulato da tutti; gli applausi si sentivano fino al sesto piano, attraverso le mura e i pavimenti di marmo. La grazia della sua vita era tale che non si è mai lamentato del Creatore.

Il pianoforte è ancora lì, insieme alla sua foto che dice: "Ecco la musica paradisiaca suonata da un angelo che si chiama Americo, che ora è tornato in paradiso, mentre il suo ricordo vive eternamente nei nostri cuori."

Era noto come "Signor Americo, il nostro angelo."

Isamar Coufal, la giovane amministratrice dell'appartamento, era la sua compagna di casa e lo accompagnava ai concerti e alle innumerevoli feste. Lui diceva a tutti che lei era la sua luce e dopo la sua morte lei è venuta a offrirmi i suoi servizi, perché alla mia età ero solo, giacché perfino mia figlia Carol mi ha lasciato all'età di trentatré anni e questo è successo diciassette anni fa. Ho accettato l'offerta e una volta la settimana andavamo insieme al centro commerciale ad ascoltare il pianoforte nel grande atrio. Nel centro commerciale ci sono dozzine di grandi ristoranti, tra cui Outback, Houston, California Pizza, fast food come Burger King, McDonald's, Kentucky Fried Chicken, Dunkin' Donuts, e svariati caffè, tra i quali Starbucks, che rappresentano gli Stati Uniti e la cucina classica brasiliana. L'immagine di Americo mi accompagnerà sempre; tutti si fermano a guardare la sua foto sul pianoforte, vicino al vaso sempre pieno di rose rosse e bianche.

Da persona ben informata sul mondo, lui mi aveva detto di provare pietà per Hawking, perché se fosse stato cieco avrebbe potuto insegnargli a suonare il piano e raggiungere il Creatore, oppure camminare insieme ascoltando il canto degli uccelli, il suono delle onde e ballare alle feste. Per lui andare alle feste era un paradiso, perché poteva odorare il profumo di ogni signora. Quando la sua salute si è deteriorata, mi ha detto che presto sarebbe tornato nel mondo della luce, perché gli spiriti non sono ciechi. Mi ha detto di continuare a usare la mia *Parker 51*, che corrisponde al suo pianoforte, mentre il mio computer corrisponde alla tastiera del pianoforte.

Ho voluto offrire questo esempio per chiarire il concetto. Siamo circondati da spiriti buoni e da spiriti cattivi, che appaiono sotto forma di musicisti, manager di bar e di scienziati che spaventano la gente per puro divertimento. Tuttavia, ognuno ha quel che si merita, come ogni effetto ha una causa. Carol ha visitato più di dieci paesi, e ogni volta andava nei quartieri poveri. Era molto brava nelle lingue e faceva molte feste a casa sua. Era bravissima ai fornelli. La sua specialità era la torta al formaggio. Riempiva la casa di ospiti (almeno cinquanta) e nessuno la chiamava mai per nome, ma sempre con il suo soprannome: "Angelo mio", lei rispondeva: "Sì, amore", dava questo appellativo perfino al signor Marriot, suo datore di lavoro del Marriot Marquis a Times Square, quando lui la raggiungeva per un caffè, anche se tutti sapevano che era per vedere lei.

Si dice che i migliori sono i primi ad andarsene. Sono d'accordo, e la ragione è che hanno compiuto la loro missione e possono andare nel mondo eterno anziché restare in questo mondo che glorifica le persone negative definendole "menti brillanti o geni."

Una cosa è certa: nel mondo spirituale le persone virtuose non hanno bisogno di darsi da fare, perché è tutto pronto.

Potere, denaro e gloria non significano niente, perché il verdetto si basa sulle buone azioni e non sulle medaglie d'onore o i premi Nobel, fatta eccezione per madre Teresa di Calcutta e le sue azioni di carità oltre i confini. Questo vale anche per Gandhi, Martin Luther King e molti, molti altri, che hanno sparso semi d'amore e sono arrivati alle porte del paradiso senza aver bisogno di stare in fila.

Stabilito il principio dell'origine umana del corpo materiale e di quella spirituale nell'universo, l'intelligenza è destinata all'eternità. La comprensione del Creatore e del perché faccia le cose in un certo modo non ci riguarda—voi, io e Hawking, che "rompiamo le scatole" a Dio. L'alcolizzato vuole bere, mentre l'essere irrazionale tiene il naso nell'erba, e così via. Non c'è niente da fare se non si conosce la legge di causa ed effetto. Fate quello che potete per assicurarvi la vita eterna, che non è fatta per gli esseri irrazionali, la cui esistenza finisce quando diventano il pasto di altri esseri irrazionali. L'anima di noi esseri umani intelligenti si libera leggera dal nostro corpo malato, pronta per affrontare il mondo spirituale e lasciare quello materiale.

"Essere o non essere, questo è il problema." Io propongo "nascere o non nascere, questo è il mistero." La risposta che ho trovato sul ponte superiore della nave da crociera, in cui mi trovavo nelle prime ore del mattino è la nascita di questo libro che, mentre il mio viso era colpito da un vento che soffiava a sessanta chilometri all'ora, mi sussurrava che gli atei sono condannati a nascere o non nascere perché non hanno futuro dopo la morte. Per questo motivo, come pilota, non ho mai incontrato un uomo che volava che non credesse in Dio. Se ce ne fosse stato uno, avremmo tagliato le ali al suo velivolo e avremmo scambiato l'aereo con una macchina, perché in caso di emergenza, il Creatore non sarebbe stato al fianco del pilota.

La prima citazione ci pone davanti a una scelta, ma la seconda, che è il mio regalo per voi, non implica una scelta, perché le decisioni sono già state prese, e non solo quelle sulla nostra esistenza. Il percorso da seguire è terreno, ma il libero arbitrio ci fa capire che ci sono leggi e regolamenti da seguire che riempiono la nostra esistenza, piena di alti e bassi, ma sempre colorata.

Da giovane soffrivo, ma con l'avanzare dell'età, l'orizzonte della vita ultraterrena comincia a intravedersi, con la famiglia, gli amici, i vicini di casa e gli sconosciuti che cominciano a mancare. Sappiamo che ogni momento potrebbe essere il nostro, più miglia ci lasciamo alle spalle e più si avvicina il momento di atterrare. Una folla ci aspetta per accompagnarci dall'altra parte.

Quelli che non sono d'accordo con me usano il libero arbitrio per divertirsi nelle associazioni di scienziati senza Dio, che fanno parte del club di Hawking, per il quale non esiste una vita oltre la morte. Finiranno nella pentola di qualche cannibale nel mezzo dell'inferno, come tutti quelli che vengono sulla terra per "rompere le scatole."

Il futuro non mi ha mai stressato o preoccupato. Lo accetto così com'è, ma cerco anche di migliorarmi sempre, aiutando gli altri che me lo chiedono ma anche di mia iniziativa. Non si tratta di credere nella morte, che è ovvia per ciascuno di noi, nati da un atomo di micrometro grande come un seme di mostarda fino a diventare un albero enorme. Voglio dire che il corpo umano afferma le sue origini senza dubitarne; non c'è una fine dopo l'inizio perché siamo intelligenti. Sia che finiamo in una pentola, o cremati o sottoterra, non fa differenza, perché lo spirito non segue il corpo. Quello che conta è il fluido spirituale in forma umana.

Ghost è un film di Hollywood di grande successo. È arrivato in Brasile dieci anni fa. Milioni di ammalati e disabili hanno avvicinato il famoso dottor *Fritz* a Rio de Janeiro. Uno di loro era Christopher Reeve (Superman), diventato paralizzato, come Hawking, in seguito a una caduta da cavallo. Sua moglie Dana (sono entrambi morti) aveva chiesto al medium di andare a East Orange, nel New Jersey, poiché il dottor *Fritz* aveva detto che chi voleva essere guarito doveva andare a trovare il santo. Sono tornati a casa entrambi molto orgogliosi, ma lui è morto come una mummia nel suo letto e lei, che era in buona salute, lo ha seguito poco tempo dopo.

Le persone ricevevano la guarigione come in una catena di montaggio (il *New York Times* ha stampato un'edizione speciale sul miracolo del millennio, io ne ho tratto il titolo per il mio libro di 440 pagine che descrive la storia vera). Il dottor Fritz era uno spirito all'interno del corpo di Rubens, un medium che dava spettacolo facendo migliaia di operazioni chirurgiche in pochi minuti, senza anestesia né disinfettanti.

Francisco Xavier (Chico Xavier) ha scritto 420 libri di filosofia spirituale dando molte risposte sul mondo spirituale. Veniva da una piccola, umile città e aveva fatto solo la scuola dell'obbligo, per poi lavorare tutta la vita all'ufficio postale. Non è mai andato al cinema né ha lasciato il suo paese, ma io lo ritengo una vera "mente brillante", non come quelle finte che sono andate all'università. Ha ricevuto il Nobel per la pace. Con gli occhi chiusi e la testa tra le mani, scriveva duecento parole al minuto. Il mondo spirituale è in grado di comunicare con noi, ma la maggior parte della gente non presta nessuna attenzione perché è concentrata a guardare spettacoli idioti, pornografici, romanzi ad alto contenuto di sesso o pettegolezzi, mentre il pianeta va verso la distruzione per finire nei buchi neri di Hawking.

Non molto tempo fa si trasmettevano alla TV programmi per tutta la famiglia con Bob Hope, Lawrence Welk e dozzine di altri, mentre la buona musica era in grado di elevare persino le menti degli esseri irrazionali che vivono negli zoo. Oggi la musica viene da profondità sinistre, non è per niente dolce, ma va verso la pazzia, con i cantanti che saltano su e giù come gli aborigeni durante i rituali di morte.

Stephen Hawking si è lamentato di non aver mai ricevuto il Nobel e forse Satana può aiutarlo perché la gente religiosa dice che coloro che ripudiano Dio hanno fatto un patto col diavolo. Quelli che non hanno mai provato a entrare in sintonia con le vibrazioni dell'energia sono i più infelici non perché non credono ma perché hanno paura di chinare la testa per non perdere la loro posizione nella società. È comunque possibile inginocchiarsi nella privacy della propria camera da letto, con le mani sulla testa e un cuore sincero.

La maggioranza della popolazione è religiosa e ha una vita migliore, basata sulla sensazione delle vibrazioni spirituali non visibili a occhio nudo o al microscopio, ma che possono essere percepite. Durante la crociera, ho sentito queste vibrazioni fin dal momento in cui sono salito a bordo, anche nel lato della nave dove c'erano le eliche più piccole. Come dicevo sono invisibili ma si sentono. Quando la seconda elica, quella più grande, ha cominciato a girare, sapevo che ci stavamo muovendo in quella direzione e questa era una benedizione, immaginate se potessimo sentire la terra girare!

Quelli che non sentono niente scelgono di non connettersi, perché evidentemente la spiritualità non fa parte della loro esistenza. La paura del nulla è più forte nelle persone anziane che temono i segni dell'età, le rughe, i capelli che cadono o diventano bianchi, le macchie di vecchiaia sulla pelle e la debolezza fisica, che li fa cercare sempre un posto su cui sedersi per alleviare il peso degli anni.

Sono nato, o sono stato concepito a Belo Horizonte, la terza città del Brasile, nel 1935, ma i miei genitori affermano che sono nato nel 1933 quando, a causa dei segnali di una rivoluzione imminente, si sono trasferiti in campagna in una fattoria a qualche ora di distanza su un percorso non asfaltato. Due anni dopo, tornati in città, hanno registrato la mia nascita. Per me non fa nessuna differenza, perché ho due date per festeggiare il mio compleanno, una reale e la seconda priva di significato, come la vita di un ateo.

Il dramma della scienza è che tempo, spazio e relatività sono paragonabili a ragnatele su cui il ragno è l'unico dominatore in grado di comprendere quello che sta succedendo, perché è lui a tessere la tela, mentre tutti gli altri ne restano intrappolati senza trovare la via d'uscita. Più si muovono, meno riescono a capire la complessità, perché soltanto il ragno divino è in grado di muoversi liberamente nella ragnatela senza restarne intrappolato.

Se non capite quello che sto faticosamente cercando di esprimere sulla carta, e cioè la logica del nostro mondo all'interno dell'universo di Dio, sono comunque in pace con la mia coscienza perché almeno ci sto provando, il resto è storia, la vostra storia.

Voi ed io siamo l'universo, compresa la profonda, infinita, debolmente luminosa materia oscura, perché senza l'essere umano che ha l'intelligenza di apprezzarne la gloria, tutto questo sarebbe vuoto, come le parole Stephen William Hawking.

Un giorno, o meglio, in un momento del tempo che fa parte dell'infinita, luminosa materia oscura, l'Intelligenza Suprema ha deciso di condividere la sua vita con un universo pulsante di vita, con esseri intelligenti in grado di apprezzare la sua creazione. Se così non fosse, faremmo semplicemente ed eternamente parte della materia oscura, non sotto forma di atomi, perché Einstein non era ancora stato creato.

Le teorie sugli universi multipli di Stephen Hawking non sono provate né reali e, a mio parere, non è molto importante soffermarcisi per capire se le teorie possano essere vere. Sono simili a una teologia per i bambini dell'asilo, ma tutti hanno il diritto di sognare. I giornalisti, a volte, hanno bisogno di notizie con cui riempire le pagine dei giornali, e si occupano di tutto quanto li aiuti a guadagnarsi da vivere, divulgando notizie prive di senso come l'incendio in un fienile. Perché no? Il lavoro è lavoro, ma possiamo sempre tenerlo separato dalla spazzatura.

Essendo priva di confini, la materia oscura può ospitare una serie di universi. Come afferma Hawking con la sua teoria sugli universi multipli, siamo circondati da vicini di casa e l'universo è limitato dalle frontiere degli altri universi. Vorrei invitarlo con me a bordo della *Starship Enterprise* affinché mi mostri questi confini. Potrei fare delle foto e mostrarle ai miei nipoti.

A causa dei suoi sogni, sarà ricordato come colui che più ha contribuito alla produzione di film di fantascienza di Hollywood, pieni di avventure spaziali, che divertono gli spettatori mostrando i colori meravigliosi delle varie galassie. Ha aiutato perfino Disney, il genio numero uno dell'industria dello spettacolo. Vorrei soltanto che queste rappresentazioni non includessero i buchi neri perché provocano incubi ai bambini e anche a qualche adulto. È la prova che Satana esiste.

I fuochi d'artificio, con le loro colorate esplosioni, mi hanno dato questa idea. Me li sto godendo in questo momento dalla mia finestra a Copacabana, festeggiando l'ultimo dell'anno. Prima esplode una grande palla di fuoco e questa esplosione ne provoca dozzine di altre minori. Le persone urlano di eccitazione, mentre io prendo appunti. Gli scienziati hanno capito il big bang e gli universi multipli. I botti alla mia finestra non si fermano mai, perché è il volere di Dio onnipotente, l'unico che controlla la radiosità della materia oscura ed è meglio che i sognatori continuino a farlo, perché è gratis e non ci sono tasse da pagare. Vorrei che il grande genio venisse qui, alla mia finestra, a vedere i milioni di persone sotto di me, e capire cosa significa essere umani. Dubito che continuerebbe a fissare il suo monitor, perché questo lo farebbe riflettere.

Hollywood mi ha intervistato due volte quando è uscito il mio ultimo libro, *God! The Realities of the Creator* (2010), che ho scritto a bordo della sventurata *Concordia*. Stanno pensando di farne un film. Io lo intitolerei: *Concordia: il fantasma del Titanic*; il film è in progetto da un paio d'anni, perché a Hollywood amano fare film di fantasmi ma Satana e la sua famiglia sono assenti dal ponte della nave, perché non c'è sesso nella mia storia.

Tutto è successo perché ho cominciato a scrivere il mio libro il giorno tredici. La nave è affondata il tredici, tredici mesi dopo la pubblicazione del mio libro ma questo non è sufficiente ai peccatori. Mi rifiuto di aggiungere materiali pornografici alla mia storia, anche se gli intervistatori affermano che c'è molta domanda.

Visto dal cielo, il nostro pianeta è blu e bianco, con sfumature di celeste, ma è pieno di misteri, a causa dell'incapacità dei suoi abitanti di distinguere un giglio di un bianco abbagliante nel mezzo del lago senza vita nel centro di Rio de Janeiro, la città meravigliosa, inquinata da abitanti senza Dio. L'inquinamento dovuto alla rete fognaria ha ucciso e continua a uccidere milioni di pesci, insieme alla flora marina, con il risultato che il forte odore di marcio arriva al cielo. In Brasile sono tutti cattolici, mentre tutti i paesi del terzo mondo tendono ad attribuire all'ira divina i disastri e le catastrofi naturali.

L'unico a non incolpare Dio è Hawking, perché ha cancellato dal suo computer tutte le parole che iniziano con la D e strappato le pagine del dizionario che contengono la parola Dio. In questo modo, nessuno può dare la colpa a Dio per la sua disabilità, come ha lui stesso affermato in un'intervista su *Discovery Channel*.

Quando avevo diciannove, vent'anni, la mia famiglia era considerata povera ma di classe alta. (In Brasile ci sono classifiche e definizioni per qualsiasi cosa, per esempio, i mendicanti sono definiti "residenti dei marciapiedi"). Essendomi diplomato con un punteggio di 10, ho dovuto rispondere alla chiamata patriottica e fare il servizio militare per un anno (1953). Tuttavia, non ho passato il tempo a fare raduni o al tiro a segno. Siccome ero bravo in disegno, facevo schizzi su cartoncino di tutto quello di cui i militari avevano bisogno, perché la tecnologia di oggi allora era un sogno ed io ero bravissimo a tracciare linee diritte o curve a mano libera.

Quando mi sono congedato, ho detto a mia madre che mi sentivo pronto ad affrontare il mondo, e che preferivo non perdere il mio tempo all'università per specializzarmi in un unico campo su 360.

Ho parlato con mia madre perché lei era il mio angelo custode. Le ho fatto sentire quindici minuti di registrazione del programma radio di musica leggera di cui ero conduttore e programmatore. Le ho anche detto che appena avrei avuto i soldi per aprire un'agenzia pubblicitaria avrei offerto il mio talento e i miei disegni a negozi e industrie. Lei è scoppiata a piangere, non so se di gioia o per chiedere ai santi di proteggermi e di guidare il mio percorso, mi ha assicurato che sarei sempre stato il suo bambino e ha anche aggiunto di stare attento alle donne e di non fidarmi di loro, consiglio che non ho seguito.

Il mio primo passo è stato affrontare le avversità, sulla base del mio primo investimento, la famosa penna stilografica *Parker 51*, di colore blu, coperta di oro a diciotto carati. È stata per me un'arma che mi ha accompagnato tutta la vita.

Sono andato agli uffici del Sindacato dei Giornalisti Professionisti *Estado De Minas Gerais*, situati al secondo piano del più bell'edificio di ventidue piani della città e mi sono trovato davanti a otto persone anziane dall'espressione severa. Uno di loro mi ha chiesto con sarcasmo: "Senti bel ragazzino, non pensi di essere nel posto sbagliato? Questo è il *Sindacato brasiliano dei giornalisti professionisti*. Sei venuto a fare una consegna?"

Li ho guardati e mi sono sentito perduto. Mi sono chiesto: "Devo andarmene o li affronto, visto che non ho nulla da perdere?" Ero solo all'inizio e mi sono ricordato che mia madre mi aveva detto che, nel caso qualcuno cercasse di fermarmi, avrei dovuto scansarlo con fermezza, altrimenti ci avrebbe riprovato.

"Signore, sono un giornalista professionista, conduco un programma radio tutte le sere dalle 11 a mezzanotte che si chiama *The Beat of the Night* [in realtà andava in onda solo due sere] trasmesso dalla stazione radio più importante della città. Mi hanno chiesto di superare l'esame di giornalista professionista. Oltre a leggere molto e a cavarmela con la penna, so anche dipingere, disegnare e creare modelli. I miei voti scolastici sono di 9 su 10. Per quanto riguarda il mio inglese, poi, è migliore di quello di un insegnante professionista della prestigiosa English Cultural Society. Ho un'impresa di pubblicità di cui sono l'illustratore e il mio primo cliente è stato *Antarctica Guarana Brazilian,* il numero uno delle bibite analcoliche."

Mentre incrociavo le dita di nascosto, implorando Gesù di fare un miracolo, loro si sono guardati e poi si sono ritirati in un ufficio. Dopo un po' sono usciti porgendomi un foglio di carta, una boccetta d'inchiostro e una penna.

"Il tuo discorso ci è piaciuto, e l'esperienza ce l'hai, anche se sei solo un ragazzino. Vediamo se riesci a scrivere in 180 secondi perché pensi di essere uno di noi."

Mi sono sentito il sangue gelare nelle vene, pensando che mi avrebbero seppellito. Poi ho afferrato la carta, mi sono seduto al tavolo con la mia *Parker 51* e ho detto: "Spero di non deludervi con questa penna, che è l'arma più potente del mondo stretta nella mano destra, come ha detto Thomas Paine, il leader numero uno dei diritti umani. Voi potreste essere i miei nonni, ma io non sono intellettualmente al livello dei vostri nipoti, perché non vengo da un'infanzia agiata. Mi sono guadagnato questa penna e la mia posizione dopo moltissime notti insonni, leggendo libri invece di giocare a pallone o andare al bar o in piazza."

"Ragazzo, i tuoi tre minuti stanno scadendo."

"Cosa volete che scriva?"

"Convincici di essere nato per scrivere, questa è la tua unica chance, e ti sono rimasti solo 150 secondi."

Li ho guardati, mi sembrava di essere giudicato da Satana, si trattava della mia o della loro vittoria. Ho appoggiato la penna sulla carta e le parole sono esplose. Da allora, non si sono mai fermate, nonostante le avversità, ma non so quanto tempo mi resta ancora per scrivere né se mi dovrò mai fermare. La risposta è un mistero!

Conservo ancora il mio tesserino di giornalista con una bella foto in bianco e nero che mostrava il mio bel viso serio di giovanotto. Ho sempre preso sul serio la scrittura perché dalla parola scritta possono nascere pensieri positivi o negativi, in grado di distruggere o di costruire anime (vedere le ultime pagine).

L'ho portata con me tutta la vita per ricordarmi che dobbiamo rivendicare i nostri diritti, mentre rispettiamo quelli degli altri, perché esistiamo in eterno. Dopo la morte c'è una transizione verso mondi migliori, chiamata evoluzione. Il tempo non si ferma mai e le nostre buone azioni ci seguono perché, come il tesserino di giornalista, una volta guadagnato, nessuno può portarlo via.

14 Dio ha il libero arbitrio?

Mi trovavo per caso seduto in uno dei miei caffè preferiti nel centro di Rio, dove servono un espresso delizioso e dei dolci che sembrano fatti dagli angeli.

Di fianco a me c'erano due giovani pastori che stringevano la Bibbia, come i soldati imbracciano le armi e il più giovane ha chiesto al più anziano: "Fratello Josef, Dio ci ha dato il libero arbitrio, ma allora perché ha aggiunto che 'neanche una foglia potrà cadere dall'albero senza la sua volontà' se per lui non c'è libertà di scelta?"

Il suo compagno lo ha guardato con autorità, ha fatto un respiro profondo e, facendo il segno della croce, ha detto umilmente: "Caro fratello Joel, hai ragione, si tratta della 'parola' del Signore e nessuno, neanche lui può cambiarla, perché le sue leggi sono immutabili. È la sua volontà e lui sa quello che fa come Creatore."

Li ho guardati come se avessero un problema ed entrambi mi hanno chiesto che religione professavo.

"Tutte, basta che siano logiche e non siano solo vuote teorie basate sulla fantasia, perché sono abbastanza vecchio da avere buon senso e capacità di ragionare!"

Ascoltandomi, hanno quasi lasciato cadere le tazze di caffè, mentre ho aggiunto: "Grazie al libero arbitrio, posso prendere le mie decisioni, come tutti, compreso lui, altrimenti non ci avrebbe dato libertà di scelta. Tutti noi possiamo scegliere se andare in paradiso o all'inferno!"

I due pastori hanno sorriso stringendomi la mano, come se fossimo una squadra. Mi hanno chiesto da dove venivo ed io ho risposto: "Prima di andare via vi lascio il mio biglietto da visita." Loro mi hanno guardato con gratitudine mentre stringevano i libri sacri come se fossero una protezione, quasi per prepararsi a rispondere alle domande che non erano state loro insegnate in seminario.

"È chiaro che Dio ha il libero arbitrio, altrimenti non avrebbe potuto darlo a noi, che siamo i suoi figli intelligenti, sennò non saremmo una famiglia. Lui può cambiare qualsiasi delle sue leggi o regolamenti, ma noi non possiamo farlo, dobbiamo seguirlo perché è il nostro Creatore."

"La differenza tra il suo libero arbitrio e il nostro è che lui, essendo il Creatore può cambiare le regole del nostro comportamento. Alcune cose sono invariabili, come per esempio nascere o non nascere, che è una sua decisione, come quella della mortalità del nostro corpo materiale. Sono leggi invariabili perché segnano il nostro percorso verso il mondo spirituale eterno. È molto importante, perché raccoglieremo quello che abbiamo seminato."

"Ma signor Billy Moreira, Lui è l'onnipotente, colui che ha creato l'universo, ed è difficile immaginarlo cambiare le sue leggi perfette e immutabili."

"Ascoltatemi con attenzione amici. Le sue leggi sono immutabili nella misura in cui sono logiche, altrimenti regnerebbe caos e anarchia nell'universo. Siamo stati creati per seguire le sue leggi. La morale è per noi, esseri intelligenti, sia come persone sia come spiriti. Siamo liberi come lui, ma le sue leggi sono dirette a noi, che siamo creature del nostro mondo, che fa parte del suo universo."

"La foglia che non può cadere senza il suo premesso è soltanto un modo per esprimere la sua autorità, compreso dai grandi profeti, persone spirituali, il più grande dei quali è Gesù. Lui può cambiare tutto quello che gli pare a nostro beneficio, ma mantiene immutabile quello che è necessario per la nostra grandezza spirituale."

"Il libero arbitrio ci permette di scegliere tra il bene e il male, imparare poco o molto della nostra cultura, ma è molto più di questo, perché noi arricchiamo il nostro percorso spirituale per valorizzare il mondo, e spero di poter mettere per iscritto quello che è chiaro nella mia coscienza."

"Man mano che aumenta la profondità spirituale, avanza la scienza, sempre più in grado di dominare il mondo pericoloso e microscopico dei germi, facendo avanzare la medicina per dare sollievo ai nostri corpi materiali e per mostrarci le meraviglie dell'infinito. L'evoluzione fa parte del nostro percorso sotto le stelle.

"Il Creatore ha previsto tutto e sono sicuro che gli sono voluti diversi millenni per farlo, perché le addizioni e le sottrazioni sono infinite, basta aggiungere un altro numero alla cifra finale."

"L'intelligenza avanza, come tutto il resto; Hubble, un grande scienziato, ha dedicato la vita per darci gli occhi per guardare l'infinito, perfezionando il telescopio, che ci permette di osservare chiaramente, anche dal giardino di casa nostra, lo splendore del creato nell'infinito. Possiamo essere felici, tristi, malati o in buona salute, possiamo camminare, correre essere immobilizzati su una sedia a rotelle, possiamo essere maschi o femmine, facciamo tutti parte del creato per l'eternità, mentre continuiamo a cambiare, perché la vita spirituale ci appartiene."

"Siamo l'unico pianeta su cui esiste la vita, nella costellazione della Via Lattea, e siamo anche gli unici ad avere la certezza della vita eterna spirituale, che ha inizio con la fecondazione dell'ovulo da parte dello spermatozoo, da cui nasce un essere munito di corpo e di anima che alla fine del suo percorso raggiungerà l'infinito sotto forma di spirito, e il processo continua. Se le mie parole non sono comprese o ascoltate non è colpa mia, perché l'evoluzione è un lento cammino verso l'eternità."

Ho fatto segno alla cameriera che mi stava ascoltando, sorridendo come un angelo. Mi ricordava Carol; le ho chiesto tre cappuccini e un piccolo vassoio dei loro biscotti, perché ero curioso di conoscere le reazioni dei due giovani che avevano appena cominciato a rendersi conto della varietà del mondo. Le sfide sono costanti, molte volte ci sembrano troppo pesanti da affrontare, ma dobbiamo sopravvivere fino alla fine. Poi troveremo la gloria, l'ho scoperto scrivendo questo libro e sentendo le parole scorrere sulla carta, come l'acqua dalla fontana della luce eterna.

I due futuri pastori avevano cominciato il loro viaggio nel nome dell'amore. L'ascesa al sentiero della gloria per illuminare gli altri è ardua, ma saranno ricompensati, perché tutte le buone azioni contano. Spero che arrivino a ottant'anni o anche oltre, perché c'è molto da imparare quando si tratta dell'amore.

I due pastori si sono alzati ad abbracciarmi, con grazia, grati per la mia filosofia spirituale. Sono sempre stato attratto dalla Bibbia con la sua tradizionale copertina nera. I giovani mi guardavano come se avessero visto una luce che non avevano mai conosciuto, mettendomi tra la spada e il muro.

"Ragazzi, posso darvi la spiegazione logica del nostro libero arbitrio; se non ce l'avesse dato, il mondo non sarebbe così bello, noi saremmo come derelitti o schiavi che eseguono gli ordini senza poter scegliere cosa mangiare, senza colori e senza tutte le cose che facciamo milioni di volte nella nostra vita sulla terra."

"Comincia ora, mentre vi chiedo se volete zucchero bianco o di canna nel vostro caffè, o un dolcificante oppure se lo bevete così com'è. Anche nelle fasi di contrasto, come dopo lunga storia d'amore, ci sposiamo e poco dopo le cose cominciano a non andare bene, e il divorzio diventa inevitabile, tuttavia si tratta sempre di una libera scelta."

"Il libero arbitrio è il più bel regalo che il Creatore potesse farci. È importante quasi quanto la creazione di noi esseri umani, che ha inizio dalla materia oscura fino a generare un essere intelligente, che arriva perfino a mettere in discussione la sua esistenza perché è invisibile."

"È un atteggiamento simile a quello di chi ammira un dipinto meraviglioso e trae la conclusione che non è stato dipinto da nessuno e che è semplicemente caduto dal cielo. Sfortunatamente per lui, ma non per me, è l'atteggiamento di Hawking, che è stato messo dal Creatore di fronte a un monitor per ventiquattro ore al giorno per cinquant'anni per dargli il tempo sufficiente a trovarlo, ma invano. Tuttavia il Creatore può aspettare, visto che il tempo di Hawking sta per scadere e il suo viaggio nell'eternità si avvicina, anche se lui afferma di non voler ancora morire."

"Il comitato dei premi Nobel dovrebbe crearne uno per le anime perse che lottano controcorrente, che non capiscono che così facendo finiscono diritto all'inferno, creato dal loro libero arbitrio negativo."

"Solo coloro che 'hanno gli occhi per vedere e le orecchie per sentire' si rendono conto della magnificenza del creato, sia nel nostro mondo sia nell'universo di Dio, perché chi guarda il mondo da un telescopio, travestito da scienziato, sta troppo in alto sul suo piedistallo di sabbia per vedere. Queste persone sono fissate sulle loro illusioni, che chiamano teorie mentre sono soltanto fantasie senza senso, causando soltanto "ambiguità" senza aiutare a risolvere i problemi della terra, come quello del petrolio in via di esaurimento, la fame, il riscaldamento globale, l'anarchia sociale e così via, perché che vi siano o meno problemi nello spazio non ci riguarda, mentre la distruzione del pianeta è un problema urgente e reale. Solo le anime dei defunti possono occuparsi dello spazio, mentre i sognatori lo fanno qui, sulla terra, come il lupo che non riesce a raggiungere l'agnello in un recinto e dice che in fondo non gli interessa mangiarlo perché è troppo magro."

"Chi è nato cieco o lo diventa dopo pochi anni può sentire il profumo dei fiori, l'aroma del cibo, il caldo abbraccio degli esseri umani e molto altro. Molti trovano consolazione nella musica, per hobby o professione, come Andrea Bocelli, Ray Charles, e molti altri, che glorificano il Creatore e in cambio ne ricevono felicità."

"Quelli che non hanno una visione materiale sono sempre sorridenti, non si guardano intorno ma si sentono come se fossero circondati da brave persone, non vedono se stessi invecchiare, né la sporcizia dei paesi del terzo mondo, in cui la gente vive come animali nelle favelas (ghetti), le cui strade sono attraversate dalle reti fognarie allo scoperto e, mentre ascoltano la musica, ignorano le cattive notizie della stampa, che non li riguardano."

"I ciechi vedono Dio e non hanno bisogno della sua presenza fisica perché quella spirituale è sufficiente. Non bestemmiano né commettono suicidio."

"Signore" rispondono i due giovani (mi sento viziato a sentirmi chiamare 'signore', appellativo che mi ricorda l'età che ho raggiunto, e il fatto che ho ormai attraversato tutti i ponti), "essendo Dio sopra di noi, è in grado di vedere il futuro? E se lo è, come fa?"

"Questa è una domanda difficile, ma cerchiamo di usare la logica, perché siccome tutto ci sembra misterioso, ci sentiamo prigionieri di un labirinto che non ha segnali che indicano la via d'uscita. La mia risposta è semplice. La parola *Onnipotente* significa essere sempre in controllo della creazione, perché è lui che comanda e che controlla lo spettacolo nella sua bontà, altrimenti non sarebbe stato in grado di creare una simile meraviglia per noi che sappiamo apprezzarla. Come essere intelligente, posso parlare e ascoltare, dialogare con altre persone intelligenti sul concetto di esistenza, e questa a mio parere è la prova dell'eternità che va oltre la mia immaginazione. I colori dei sorrisi dei bambini innocenti toccano il nostro cuore di pietra proprio come fa lui indirettamente. Sì, Dio è in grado di predire il futuro come lui stesso ha stabilito. Lui ci dà quello di cui abbiamo bisogno per mietere un buon raccolto, ma se noi non lo facciamo, moriremo di fame. È una previsione che può o non può diventare realtà, perché dipende dalla nostra libertà di scelta. La morte non è una previsione, ma è futuro, perché è inevitabile che accada."

"Ci scusi, signore, per questa domanda. Dio ha due facce?"

"Beh, avere due facce per noi significa essere cinico, ma se analizzate le sue decisioni vi renderete conto che deve prenderne continuamente di nuove, affrontando situazioni diverse con il suo libero arbitrio. Come il padrone di un negozio, deve sempre cambiare le cose che lo circondano. Può modificare gli ordini per affrontare nuove situazioni o necessità, ma le cose che sono alla base del suo successo non si cambiano."

"Nel mio ristorante cambiavo il menù e la disposizione dei tavoli, ma il cibo che servivo ai clienti restava quello pubblicizzato. Lo stesso vale per un autore, che è libero di cambiare argomento tutte le volte che scrive, ma tutti i contenuti devono essere collegati per formare un libro. Può parlare di molti argomenti, come religione, scienza, ricette di cucina, e fare commenti legati alla gastronomia, come io amo fare."

Le grandi religioni, come il cattolicesimo, l'Islam, il buddismo e le religioni minori, affermano che il Creatore non cambia le sue leggi, e questo sembra logico, ma se ci riferiamo all'esempio di prima, possiamo paragonare le sue leggi immutabili alle nostre leggi federali, mentre quelle locali, fatte dai comuni, non influenzano quelle centrali. Non è facile spiegare a parole quello che sentiamo col cuore, ma è la sincerità che conta."

Ho trascorso molte ore pilotando il mio piccolo Cessna 182 RG di notte, tra inferno e paradiso, lassù, nel grande cielo nero e ghiacciato di New York. Ne è valsa la pena ogni minuto, perché è come entrare in un paese di fantasia, in cui la curvatura della terra è sulla linea dell'oceano. L'attrazione della forza di gravità mantiene la superficie dell'acqua incurvata esattamente come un tubo di bambù, ed era talmente bello che mi sembrava di essere in un cartone animato di Disney oppure in un sogno immaginario. Le mie ali sono finte, ma sono stato benedetto dal Creatore con la conoscenza. Tutto quello che volevo era andargli vicino il più possibile, come un bravo figlio che cerca suo padre. Lui può essere impegnato a creare la materia oscura luminosa, ma non è mai assente."

"Dopo questa esperienza, non sono più riuscito a guardare il cielo da un monitor per cercare di comprenderlo, perché è soltanto un riflesso finto della cosa reale. È come assaggiare della carne che somiglia a quella dell'aragosta e paragonarla a quella vera. Va al di là del buon senso sentire una persona dichiarare ai quattro venti che nel nostro pianeta sofferente non c'è un Creatore, e che dietro questo magnifico spettacolo di potere e di bellezza c'è il nulla."

Credo che questa persona paralizzata dalla testa ai piedi stia cercando una rivincita per il suo dolore trascinando con sé il maggior numero di persone possibili, come il gladiatore mortalmente ferito nell'arena che deve affrontare le urla di delusione del pubblico. Nessuno è pronto a morire, non con una lama al collo mentre affronta il rullio dei tamburi della ghigliottina. La cosa migliore è fare un sonnellino ed essere svegliato da un bellissimo angelo che dice: "Papà, mi dispiace ma mi è stato chiesto di essere la prima a salire in cielo per aiutare te, la mia famiglia, gli amici e tutti quelli che ne hanno bisogno, per intraprendere il viaggio nel mondo spirituale, questo fantastico mondo eterno, in cui non esiste la morte e la nostra famiglia non sarà mai più separata, grazie all'amore di Dio."

"Quando volavo mi sentivo libero soltanto a sentire il rombo del motore di 230 cavalli girare le eliche pesanti per decollare verso un paese da sogno, che tutti sperano di vedere ma in cui pochi hanno il coraggio di andare. Sentivo di non essere sulla terra o nell'acqua ma nello spazio aperto della mia immaginazione. Ho provato pietà per chi ha la lingua lunga ma non può sentire la sensazione di liberarsi dalla forza di gravità, con l'infinito come unico limite."

"Avendoci creato a sua immagine, Dio ci ha dato due mani con cinque dita ciascuna e due piedi con dieci dita anche loro, due occhi e due orecchie e l'intelligenza, altrimenti non saremmo razionali e, invece di atterrare sull'asfalto o sull'erba atterreremmo in un pentolone bollente."

Il libero arbitrio di noi umani provoca a Dio un grande mal di testa. Gli umani causano guerre che spaventano tutti, compresi gli alieni, come i buchi neri di Hawking. Pur essendo umani, non hanno pietà, sono come le bestie che attaccano la preda, come squali che strappano la pelle alle loro vittime, proprio come chi lancia bombe sulle città dove le persone innocenti, separate dalle famiglie, aspettano la morte con orrore. Dio ha dimenticato di includere la morale nei suoi progetti."

"Mi rifiuto di credere che Dio abbia dato agli umani la conoscenza e il controllo dell'atomo perché siano predestinati ad assassinare i suoi figli o a distruggere il pianeta, solo perché ci sono alcuni esseri umani malvagi che rappresentano le mele marce nel barile. Gli atomi sono una ricca fonte di energia che purtroppo viene usata per altri fini da gente deviata. Gli effetti di questa devastazione si sentono nel corpo materiale, così vulnerabile. Le infezioni sono immuni alle esplosioni atomiche perché risiedono nelle vene, nelle arterie, nella pelle e perfino nel cervello, ricordandoci di amarci l'un l'altro."

"Carol, vieni qui per favore. Puoi portarci tre espressi e mezza dozzina di questi biscotti alle castagne?"

Lei sorride e mi chiede di continuare a chiamarla Carol. Le dico che mi sembra un angelo, come se si chiamasse Raquel. Improvvisamente sento una voce che mi dice: "Sono qui papà."

Sono sempre sorpreso quando vedo la mancanza di buon senso e di razionalità degli esseri umani in generale. Sono privi di logica e mi dispiace dirlo, ma mi sentirei irrazionale a nascondere i miei sentimenti. Molte volte, quando mi trovo davanti a una folla di persone, ho la sensazione di trovarmi di fronte a dei derelitti, individui intelligenti programmati in modo da non sentire la spiritualità del nostro bellissimo mondo. Nessuno è intervenuto quella volta che un autista adolescente aveva la radio a tutto volume e un signore davanti a lui lo ha assalito con una mazza da baseball per distruggergli il finestrino della macchina nuova. Il giovane era immobilizzato dal terrore e se non fossi intervenuto io con fermezza, a calmare l'autista impazzito, ci sarebbe scappato il morto.

Ho lasciato il mio biglietto da visita a entrambi e il giorno dopo mi hanno chiamato per ringraziarmi di essere intervenuto. L'aggressore ha pagato i danni ma anche il giovane ha imparato la lezione e non ha sporto denuncia, aderendo alla mia richiesta. Non ha mai più ascoltato la radio a tutto volume.

Il libero arbitrio ci permette di scegliere se essere buoni o cattivi e se scegliamo la cattiveria dobbiamo pagare il prezzo. Abbiamo il diritto di usare il dono dell'amore per amarci a vicenda come buoni samaritani per il bene di tutti. Domani potremmo trovarci noi sulla strada. Il prezzo da pagare è chiamato dalle persone religiose peccato. Il pagamento comincia sulla terra e può seguirci in eterno e questa è la ragione per cui tanti "peccatori" lasciano la chiesa.

I due studenti evangelisti mi fissavano come se fossi venuto da un altro pianeta e il più giovane mi ha chiesto se fossi un pastore della "vecchia scuola."

Mi sono alzato dicendo che andavo in bagno. Sono passato da "Carol" e ho pagato il conto, lasciandole un biglietto da visita da dare ai miei giovani amici, poi sono uscito dal retro. Le ho detto che avrebbero chiesto di me e che lei avrebbe dovuto dire di non aver visto passare il signore anziano con la barba corta e i capelli bianchi. Avrebbe dovuto dire loro che il conto era offerto dalla casa, un gesto di buone intenzioni verso gli studenti evangelici mentre il mio biglietto da visita l'aveva trovato per caso sulla tavola.

Tornato a casa, ho trovato due messaggi sul telefono di casa e uno sul cellulare. Mi chiedevano se fossi reale e che, in quel caso, avrebbero voluto rivedermi.

Alcuni giorni dopo sono tonato al caffè e "Carol" mi ha raccontato che i due futuri pastori avevano aspettato venti minuti, poi erano andati in bagno e, non trovandomi, mi avevano cercato dappertutto. Quando le hanno chiesto di me, lei ha risposto come le avevo detto. Entrambi si sono seduti, completamente scossi dicendole: "Sorella, Jehovah è grande, perché ci ha fatto incontrare un angelo celeste che ci ha dato l'illuminazione dal cielo."

Tornato a casa, a Copacabana Beach, ho trovato altri due messaggi sul telefono di casa e uno sul cellulare in cui i due pastori mi dicevano che stavano contando i minuti per rivedermi, con la volontà di Dio, e questo ha reso bellissima la mia giornata.

15 Di chi è la colpa quando qualcuno non crede in Dio?

Giudichiamo un autore dal suo libro, uno chef dalla qualità dei suoi piatti, un dottore dalla sua reputazione, i santi dai loro miracoli, il pilota per non aver mai avuto incidenti eccetera. Come dicono gli inglesi: "La prova del budino sta nel mangiarlo."

La nostra esistenza materiale, che comprende "corpo e anima", non inizia nell'infinito, ma qui, da un uomo e una donna; per questo motivo il Vaticano ha scritto il *concetto celeste del matrimonio*. Nel 1563, in occasione del Concilio di Trento, nel corso della cerimonia per elargire la grazia di Dio, la Chiesa Cattolica Romana, potente istituzione in Europa, ha fermamente indicato il sacramento del matrimonio a fondamento della legge comune e il resto del mondo lo ha adottato, dando moralità a una società che ne era priva, garantendo alle donne un ruolo all'interno di un mondo maschile e l'eredità alle famiglie.

Nel rendersi conto che tutto si basa su solida roccia, il concetto di Intelligenza Suprema, che alcuni temono quando fanno qualcosa di sbagliato, è il segnale che qualcosa non va nelle nostre coscienze. Gli altri agiscono con rispetto e gratitudine per la sua creazione. La società si compone in maggioranza da persone per bene, mentre il comportamento di una minoranza causa anarchia all'interno della famiglia. La famosa "pecora nera", travestita da scienziato, nega l'esistenza del Creatore perché la sua immagine non è riflessa nel telescopio, ma mentre galassie infinite e colorate esplodono espandendosi in nuovi, perfetti universi, lui è incatenato a una sedia a causa della sua mancanza di rispetto per Dio Onnipotente e per la sua creazione.

Il mio ristorante di specialità di carne e pesce a Miami aveva un personale di circa duecento persone (trent'anni fa), poi, improvvisamente, tutto ha cominciato ad andare male, dalla cucina alla sala. Sono rimasto un intero giorno a cercare di capire chi fosse il responsabile del problema. Si trattava di una cameriera e di sua nipote, che faceva l'aiuto cuoco. Non ho potuto fare altro che licenziarle. Appena sono andate via è tornata la pace.

Immaginate un pianeta senza Dio; regnerebbe un'anarchia assoluta, senza speranza, fede o religione, perché sarebbe fondato su sabbia, come nel Medio Evo. I tribunali non avrebbero la possibilità di difendere il pianeta, perché le leggi sono basate sulla morale di Dio.

Bene, se qualcuno in tutta coscienza si sente un cittadino senza Dio e spartisce il suo punto di vista con parenti e amici, questi non sono tenuti ad ascoltarlo, anzi, dovrebbero dirgli di tenere le sue opinioni per sé. Nei miei ottant'anni di vita ho visto molti casi simili. Prima o poi, le persone coinvolte finiscono per subire dei dispiaceri, avere problemi di salute o economici e per invecchiare male. Quando invece abbracciano il Creatore, si sentono in pace e inizia il processo di guarigione.

Qualche tempo fa ho fatto una festa (con circa sessanta invitati). Dopo un paio di bicchieri di vino alcuni di loro hanno cominciato a negare l'esistenza del Creatore ma io ho salvato la serata dicendo loro di attraversare la strada, andare a parlare ai pesci e non tornare mai più. Ho chiuso la porta ed è tornata la pace.

Parliamo invece di un uomo istruito, affetto da una seria malattia che lo tiene immobilizzato da cinquant'anni e gli impedisce di avere una vita normale. Tuttavia la sua è una "mente brillante", che lo qualifica come genio. Io sono d'accordo, perché la sua mente, simile a quella di Hitler, lo ha convinto a creare il più grande esercito di *atei* senza Dio, spinto dalla grande sete di rivincita causata dalla sua condizione quasi inumana.

Se questo stato mentale si sparge come un'epidemia diabolica, il primo a scomparire è il *matrimonio come creazione della famiglia*, che la Chiesa Cattolica è impegnata a proteggere come bene morale con tutte le sue forze. Ultimamente, la Chiesa teme che questo concetto si stia perdendo, in una società i cui valori che negano Dio ci ripotano al Medio Evo, con il numero dei divorzi fuori controllo e uomini e donne che vivono in promiscuità. Non c'è più un Dio cui rispondere.

L'esistenza senza Dio è terra di nessuno, o meglio, è un mondo in cui l'anarchia prende il sopravvento, perché non c'è più una coscienza che regola le nostre azioni. Fino al 1563 non esisteva il concetto di matrimonio, perché mancava il concetto di famiglia. La società si basava su un gruppo di opinioni irrazionali che convenivano agli uomini, che erano fisicamente forti. Le donne erano al loro servizio, perché mancava un'Intelligenza Suprema e tutto aveva origine dal nulla.

È assurdo che dopo che il nostro pianeta ha lavorato così duramente per la formazione di leggi morali, un gruppo di uomini e donne senza Dio abbia accesso ai mezzi di comunicazione. Il presidente Obama rappresenta il primo paese nel mondo, i cui cittadini lavorano duramente. *In God We Trust* è la scritta che compare sulla medaglia che onora lo scienziato dei senza Dio numero uno, Stephen William Hawking, che ha esposto le sue teorie seduto con amarezza su un *chiodo divino* e che promuove apertamente il concetto che siamo esseri senza Dio.

La speranza non è una consolazione per la coscienza dei senza Dio come lui. Noi abbiamo fiducia in Dio, e se siamo paralizzati per tutta la vita dobbiamo trovare la ragione per cui l'Onnipotente ci ha messo in questa prigione, che ci ricorda che giocare con la vita è come giocare con i fuochi d'artificio. Se non si rispetta il potere, alla fine, ti scoppiano in faccia.

Lui non ha nessun diritto basato sulla logica di servirsi liberamente dei mezzi di comunicazione per spargere le sue idee senza speranza e le teorie sulla mancanza di Dio. In un paese senza presidente, l'anarchia prenderebbe il sopravvento per annunciare le teorie di una "mente brillante." Per me e milioni di persone come me, queste teorie si basano sulla mitologia, e non sui fatti. Parlare di sogni e di fantasie non aiuta la società a portare il pane a tavola né salva il pianeta da una tragedia ambientale o dall'essere incenerito dalle esplosioni atomiche.

Come so e affermo, gli avvertimenti spesso vengono da angeli, santi, profeti, geni o non geni, da un segno dal cielo, da un bambino prodigio o da un vecchio di ottant'anni che dodici anni fa ha cominciato a scrivere libri basati su logica e spiritualità, fondati sulla nostra intelligenza progressiva, chiamata buon senso. Ha fatto progressi culturali, racimolando materiale per fare esplodere un big bang morale che ci avverte che non è troppo tardi per *avere fede in Dio.*

Scienza e religione non indagano troppo in quest'area perché non c'è niente da riaffermare, ma tengono d'occhio l'infinito, senza capire che la distanza riflessa sulle lenti potenti di un telescopio è un'illusione che potrà forse essere alla nostra portata quando saremo spiriti, che non ritornano sulla terra per partecipare a una conferenza perché, se non sono obbligati a farlo, non ne hanno nessuna voglia.

Un bar famoso, noto come "sorgente perfetta", era la meta di filosofi di tutti i livelli, che lo frequentavano per alleviare lo stress. Avevano molti detti famosi, uno dei quali era: "Uno spirito equilibrato non tornerebbe mai al cimitero perché è solo un magazzino che contiene ossa." Torna sulla terra soltanto se ha una missione da compiere o una punizione da dare. Nessuno vuole morire, ma nessuno vuole neppure tornare, specie quelli seduti su un "chiodo divino", per i quali ogni momento che passa è un'eternità.

La mia logica non è dura né comica, ma un miscuglio di questi due elementi, come lo è la realtà e penso che il carisma aiuti a risolvere il problema. Non ho mai preso in giro nessuno, perché non mi piace se gli altri si fanno gioco di me, soprattutto se ci sono di mezzo questioni serie. Tuttavia, scrivere senza traccia di sostanza è come creare una cena da intenditore dimenticando di aggiungere l'aglio, o peggio, il sale.

Ricordo il piacere che mi ha dato qualche anno fa andare a vedere commedie brillanti interpretate da grandi star dello spettacolo come Bob Hope, Red Fox, George Burns e il brasiliano Chico Anizio nella Carnegie Hall di New York e Las Vegas. Queste persone fanno ormai parte della storia, anche se continuano a vivere nei nostri cuori.

In Brasile, come negli Stati Uniti, guardo programmi TV che mandano in onda interviste ai grandi dello spettacolo che hanno ottanta o novant'anni e tutti scherzano sul fatto che essere vecchi è un processo della creazione cui nessun essere umano riesce a sottrarsi. Tuttavia ne parlano in maniera incoraggiante, a dimostrazione del fatto che si può invecchiare con grazia.

Salomon: Two Points è il titolo di un programma di interviste televisive condotto dal brasiliano Larry King. Ha quasi novant'anni, ma nel suo programma giornaliero intervista grandi personaggi, parla perfettamente sei lingue ed è più grande che mai, perché anche lui invecchia in armonia. Lui è la dimostrazione che la vita è migliore quando si è in pace con il Creatore perché la sua benedizione va oltre l'età.

Io dico, non aspettate che i neuroni comincino a sbriciolarsi, mantenetevi in forma leggendo e scrivendo continuamente così riuscirete a ingannare il processo d'invecchiamento, restando in buona salute e dimostrando meno anni di quelli che avete. Per me funziona e i giovani m'invidiano.

Quando qualcuno mi chiede se sono William Moreira, il vecchio giornalista o l'autore di un tale libro o lo stilista di bellissimi sandali che modello sul disegno del piede femminile, prima mi guardo intorno come se stessi cercando un vecchio ricurvo dal peso degli anni poi rispondo: "No, non lo sono, perché lui è giovane nel corpo e nella mente."

Ho avuto ristoranti di successo prima a New York e poi a North Miami Beach. Il contatto con clienti di ogni livello sociale è stato per me una grande esperienza culturale. Ho fatto amicizia con persone meravigliose dell'industria cinematografica, cantanti, chef di vari paesi e proprietari di ristoranti. Ci siamo scambiati visite e idee, e questo mi è successo anche con persone semplici, che tratto come se fossero speciali. Sono tutti diventati clienti regolari e mi hanno fatto apprezzare la bellezza della vita, a contatto con esseri umani e non di fronte al riflesso di lenti o monitor di plastica senz'anima.

Questi contatti sono stati e sono tuttora un grande incentivo per continuare il business. Si tratta di un duro lavoro, perché bisogna fare ogni sforzo per il pubblico, ma si riceve altrettanto in cambio. Abbiamo bisogno l'uno dell'altro in eterno, perché la morte sulla terra è soltanto l'inizio di una nuova nascita, come mostra il film *2001: Odissea nello spazio*.

Una volta, nel 1975, il *Dottor Joseph Friedman*, uno dei migliori otorinolaringoiatri del paese, che esercita a Miami, è venuto a cena nel mio ristorante. All'epoca aveva circa sessantaquattro anni (ho cercato il suo nome oggi, ma ci sono migliaia di persone con quel nome, come con il mio in Brasile, e Dio solo sa qual è quello giusto). Lui è rimasto eternamente nel mio cuore. Un cliente mi aveva parlato di lui ed io l'ho saggiamente avvicinato armato di un vassoio di frittelle di patate, calde e croccanti, cucinate secondo una mia ricetta e servite con una deliziosa salsa di mela e la migliore panna acida. Quando le ha viste, da buon uomo ebreo, ha sorriso e mi ha conquistato immediatamente, invitandomi a sedere al suo tavolo.

Ha cominciato col dirmi che aveva guidato un'ora per venire ad assaggiare il mio cibo, caldamente raccomandato da molti suoi pazienti. Sapeva che servivo cibo di qualità a prezzi ragionevoli. Dopo qualche minuto, gli ho raccontato che in seguito a un grave incidente subacqueo avevo perso l'udito all'orecchio sinistro. Come il diavolo, è subentrato l'acufene (fischio nelle orecchie N.d.T.), e nessun dottore, negli Stati Uniti o in Brasile, è riuscito a farlo andare via. Friedman mi ha detto di recarmi nel suo ufficio il giorno seguente e che solo il Creatore avrebbe potuto stabilire se era possibile fare un intervento chirurgico. Io gli ho suggerito di entrare dalla porta della cucina per evitare la fila la prossima volta che sarebbe venuto a mangiare nel mio ristorante.

Nel suo studio, mi hanno colpito le lettere dei suoi pazienti affisse al muro, mentre la sala d'aspetto non aveva posti liberi. Il dottore mi ha esaminato immediatamente il canale uditivo e, guardando i raggi X mi ha detto: "Non mi sembra una situazione incoraggiante, ma ho deciso di operarti con Dio alla guida delle mie mani, perché cerco un miracolo. Vuoi procedere?"

"Dottore, possiamo farlo ora? La mia fede è totale!"

"La mia segretaria chiamerà l'ospedale in centro, il Cedar of Lebanon e appena si libera un posto, probabilmente tra qualche giorno, te lo faccio sapere. Figliuolo, ricordati che c'è un Creatore e comunque, anche se non riesco a farti tornare l'udito, posso toglierti quel fischio del diavolo, se Dio lo vorrà."

Mi sono alzato, gli ho baciato le mani e gli ho detto che il tavolo all'angolo numero 63 nel mio ristorante sarebbe sempre stato riservato a suo nome con fiori appena colti, fragranti frittelle di patate e salsa di mele sempre fresca.

In sala operatoria mi hanno dato sedativi e un anestetico locale perché volevano che io dicessi loro, nel corso dell'operazione, se il fischio alle orecchie si fermava. È stata un'esperienza incredibile. Ho udito suoni celestiali e dopo mezz'ora il dottore mi ha detto che se l'acufene non si fosse fermato tra un minuto non c'era altro che potesse fare per me. Improvvisamente ho urlato: "Dio, il suono si è fermato! Dottore, l'acufene se n'è andato!"

Ho continuato a ripetere la stessa frase mentre i dottori mi tappavano la bocca dicendomi che avrei dovuto dormire perché avevo ricevuto un miracolo. Quando mi sono svegliato, lui era lì, sorridente, un angelo travestito da dottore che faceva miracoli a coloro che avevano fede e se lo meritavano.

Gli angeli sono dappertutto, specie in campo medico e religioso, in cui a volte gli angeli malvagi vengono sulla terra travestiti da scienziati per spaventarci e provocare caos, ma come sempre, devono portare una croce pesante oppure sono immobilizzati su un "chiodo" finché non si arrendono e s'iscrivono alla "scuola degli angeli."

Fino alla sua morte, avvenuta qualche anno dopo, il dottor Joseph Friedman non ha mai mancato di sedersi al tavolo n. 63 alle 8:00 di ogni venerdì sera, ma io lo tengo ancora a sua disposizione, con al centro un mazzo di fiori e una sua foto, mentre mangia le mie frittelle di patate, che solo Dio sa cucinare meglio di me (la ricetta in quattro semplici passi è alla fine di questo libro, perfino un bambino è in grado di seguirla.)

Il giorno dopo l'operazione miracolosa, mentre ero da solo all'ospedale, mi sono inginocchiato e per alcuni minuti ho pianto per il Creatore. Non ero seduto su un "chiodo", ma potevo sentire gli uccelli che cinguettavano fuori dalla finestra aperta, felice di essere in buona salute e in grado di apprezzare l'universo, la nostra casa.

Mentre tornavo a casa in macchina, ho aperto il finestrino per sentire il vento, i clacson delle macchine, il rombo degli aerei mentre guidavo verso nord sulla statale 95, e perfino le ruote sull'asfalto avevano un suono bellissimo per le mie orecchie. Per il cieco che riacquista la vista, il suono è il complemento necessario, io sono rientrato nel mondo spirituale nel momento in cui quel fischio infernale ha lasciato il mio orecchio, e ho riacquistato un udito normale.

Il figlio di dieci anni di un presidente di un grande paese, alla domanda di suo padre che gli aveva chiesto perché, secondo lui, alcuni adulti affermano che Dio non esiste e che la natura e il tutto non sono stati pianificati da nessuno, ha risposto:

"Papà, puoi provarmi che Dio esiste?"

Il suo nobile padre si è reso conto dell'importanza di questa domanda per una mente giovane e di buon senso. Una tale domanda richiedeva una risposta che aiutasse il bambino a intraprendere la lunga strada dell'apprendimento, piena di sfide e di domande che richiedono risposte.

I misteri della vita sono tali perché non esiste un'equazione per risolverli. Si comincia con la parola Dio e si finisce con la parola Dio, altrimenti Dio non sarebbe Dio, perché tutto è legato alla sua esistenza.

Non si può sbirciare dalla finestra il pentolone della sua creazione, perché è vigilato in modo da bloccare l'accesso a chiunque.

La risposta del presidente a suo figlio, che aveva risultati scolastici superiori alla media, non poteva alterare il modo di affrontare la vita sulla terra, dove la maggior parte di noi si trova su una strada senza uscita piena di difficoltà, con o senza piedistallo su cui appoggiarci. L'invecchiamento inizia dalla nascita.

Tenendo suo figlio per mano, il padre è entrato in una biblioteca dove ha selezionato una serie di CD del *National Geographic* e di *Discovery Channel* che mostravano la bellezza della natura sulla terra e le galassie. Per due ore padre e figlio hanno ammirato i colori di una mostra fantastica, come la nostra vita nell'universo di Dio. Il padre ha chiesto al figlio chi fosse la mente, l'Intelligenza Suprema e il Creatore di tutte le cose, senza escludere nessun dettaglio. La risposta del bambino ha estasiato suo padre: "Papà, chiunque abbia un po' di cervello sa che Dio ha preparato tutto per noi, in modo da farci godere la nostra vita eterna in questo mondo pieno di colori, dove ci sono così tante cose belle che dobbiamo vivere per sempre per poterle apprezzare tutte."

Il giorno prima, a bordo della crociera, mi sono sintonizzato su *Discovery Channel* che mostrava dei bambini, oggi diventati adulti, nati con difetti fisici, in particolare con moncherini di pochi centimetri al posto di gambe e braccia. Grazie a Internet e alla posta elettronica hanno potuto incontrarsi e condividere le loro esperienze. La maggior parte di loro sa di non essere sola e fa tutto il possibile per vivere una vita felice come gli altri. Sono grati di essere nati e hanno fede nel mondo spirituale in cui non esistono difetti fisici.

Vivono la loro vita nel modo più normale possibile, ridono, s'incontrano con gli altri, fanno discorsi, aprono un'impresa in modo autonomo senza dipendere dagli altri.

Circa vent'anni fa ho volato da San Diego a Tijuana in un Cessna Cardinal a noleggio. Mentre pranzavo in un ristorante elegante, una bella donna elegante sulla trentina seduta a un tavolo all'angolo, ha attirato la mia attenzione. I camerieri e molte altre persone la riempivano di attenzioni cui lei rispondeva con dei sorrisi. Finito di mangiare, ha pagato il conto e, nell'uscire dal ristorante mi ha guardato e mi ha detto *"Buenas tarde, Gringo"*, poi se n'è andata, muovendosi come una *dea*.

Pochi minuti dopo sono uscito anch'io. Lei era vicino a una macchina che parlava al cellulare. Mi sono avvicinato e le ho chiesto come arrivare all'aeroporto privato, per osservare da vicino la sua bellezza. Guardandola meglio, mi sono reso conto, con uno sbalzo di adrenalina, che era senza braccia, le spalle erano lisce e arrotondate e indossava una camicia senza maniche. Era un angelo divino. Ho capito che era uno spirito venuto sulla terra per darci una lezione di umiltà. Faceva qualsiasi cosa usando i suoi bellissimi piedi, portandoli alle labbra, mettendosi il rossetto e riponendolo nella borsa. Poi ha preso le chiavi della macchina e ha aperto lo sportello.

Ho cercato di non far vedere che avevo notato il suo handicap, mentre lei si comportava in modo così naturale da mostrare chiaramente che era in pace con se stessa e con il Creatore. Per questo era in grado di camminare, guidare, e amare gli altri ed esserne riamata. Le ho chiesto se era sposata, perché mi trovavo di fronte a una bella ragazza messicana e lei mi ha risposto di essere fidanzata con un grande medico di Acapulco. Ha aggiunto che un uomo simpatico come me doveva avere un sacco di donne ai suoi piedi. Poi è salita in macchina ed è partita, glorificando l'Onnipotente con la sua vita.

Come poteva avere una vita normale? Conosco persone dal corpo perfetto che non riescono neanche a pelare una banana o a lavare un piatto e, anche peggio, si alzano dal tavolo di un ristorante lasciando la sedia in mezzo alla sala senza neanche prendersi la briga di rimetterla a posto. Questa gente butta la carta nel cestino e se cade al di fuori, non si china a raccoglierla, pensando di essere al di sopra degli angeli. Trattano male chi si prende cura di loro stringendosi alla morte quando raggiungono un peso mortale, lamentandosi dell'ingiustizia del mondo, mentre milioni di persone del terzo mondo vivono con un salario miserabile, con ospedali senza medici e senza neanche un'aspirina.

Sono atterrato in Brasile, nella favolosa Rio de Janeiro. Dico a tutti che dovrebbe essere gestita all'americana. Carne tenera, frutti di mare freschi e panna acida non sono la stessa cosa di yogurt naturale che galleggia nel succo di lime. Questa città ha più che mai bisogno di disciplina, oltre che di bagni pubblici puliti e gratuiti e di marciapiedi senza buche.

Gli abitanti del pianeta si stringono tra loro più che mai, minacciati dal riscaldamento globale che provoca ogni tipo di rischio. In Brasile il sud sta annegando mentre nel nord dodici milioni di persone non hanno acqua. Il bestiame è morto e l'unica risorsa della terra è diventata polvere. Milioni di bambini non vanno a scuola, per colpa della competizione con l'India, il presidente Dilma è la persona più impegnata del pianeta. La popolazione paga per il Boeing, con cui va in ogni paese in visita ufficiale, compreso il Vaticano, perché ha voluto essere la prima a baciare l'anello del Papa, e affermare con orgoglio ai giornalisti di tutto il mondo che "Il Papa è argentino, ma Dio è brasiliano."

Non ha pensato che poiché Dio è brasiliano, appartiene a ogni spirito e anima mai esistiti. Se avesse avuto un po' di buon senso, come una donna di un paese del primo mondo, la Gran Bretagna, avrebbe dovuto conoscere l'iscrizione presente sui soldi americani ancora prima che lei nascesse: *In God We Trust.*" (Abbiamo fede in Dio).

Come un effetto senza causa, mi chiedo quale sia la prossima tappa per me, che mi ero stabilito a Miami, e improvvisamente sto pensando di restare a Rio, a scrivere libri e lettere ai politici cinici, e a confrontarmi con cose stravaganti di ogni sorta. Gli amici mi consigliano di sedermi e rilassarmi, visto che il mio tempo è quasi scaduto. Ignorano il tempo, perché è il presente.

Mi hanno consigliato di andare a Buzios, a tre ore a nord est di Rio. È un villaggio da sogno, ma dopo averci trascorso un'intera giornata sono tornato a Rio, annoiato a morte. In assenza di sfide, tornando a Rio, ho pensato a Hawking, immobilizzato su una sedia, che non portava una croce pesante, ma vi era addirittura inchiodato.

La sua esistenza vuota e senza senso deriva da una delle malattie più terribili. Non ha neanche il privilegio di morire perché "morire non è morire ma ritornar liberi." A lui non è permesso. Come ho scritto in questo libro, sono convinto che lui sia stato messo alla prova, e se avesse lasciato in pace i buchi neri e si fosse dedicato a cercare una cura o un modo per alleviare le sue condizioni avrebbe ricevuto aiuto, invece ha buttato via il suo tempo, inseguendo l'inferno, negando pubblicamente l'esistenza di Dio e, a causa di tutto ciò, è rimasto bruciato.

Se avesse dato un contributo all'umanità, per esempio in medicina, si troverebbe ora su un piedistallo di roccia e non di polvere, e tutti andrebbero al suo funerale, rendendo omaggio al suo nome insieme a quello del Creatore, e non associandolo al *re dell'oscurità*, l'unico che resta al cimitero dopo che i becchini vanno a casa.

Quando si verificano dei disastri e oggi più che mai il loro numero è in aumento, Dio viene invocato continuamente dalle persone che implorano pietà, ma quando i bombardieri lanciano il loro carico di morte e i proiettili delle baionette trapassano i cuori della gente, il Dio di Hawking diventa reale. Gli assassini, che indossano l'uniforme con orgoglio, non dicono mai alle loro vittime: "Ti uccido nel nome di Dio!" e nemmeno "Signore perdonami, non so chi sia questa persona e la sto uccidendo come uno scarafaggio perché il governo mi ha detto che è il nemico, e dunque va eliminato. Si tratta solo di un lavoro."

L'essere umano medio commette degli errori, come ha fatto Ponzio Pilato quando si è lavato le mani simbolicamente, o meglio, diabolicamente, come se stesse ripulendo la sua coscienza dal sangue di Gesù dopo averlo mandato sulla croce, ma quando è morto, la sua anima è andata dritta all'inferno, detto anche il Reparto Celestiale Correzionale per Anime Pentite, noto anche come CDCRS, il purgatorio creato dal Vaticano. Non è eterno, proprio come le prigioni e i penitenziari del Brasile. Il tagliatore di gole entra dalla porta principale ed esce qualche mese dopo da quella posteriore, avendo scontato i suoi crimini con la mano sulla Bibbia. Il sistema brasiliano lo accetta perché è conveniente, fa risparmiare soldi ai contribuenti, mentre crimine e anarchia dominano il paese, e la situazione continua a peggiorare, come la miseria, preparandoci per il seguito de: *Il ritorno della Rivoluzione francese*.

I pensieri e le opinioni che esprimo oggi derivano dall'esperienza di quasi un secolo in ricerche in tutti i campi, che mi hanno messo in contatto con signori e mendicati. Il progresso va dalla scienza alla medicina, ed io sono nato al momento giusto perché ho assistito al passaggio dall'elica al jet e poi alla navicella spaziale, tutto sotto un unico ombrello. Da pilota, ho visto la bussola trasformarsi in strumento digitale controllato dal GPS (global position system) diventare realtà nel giro di pochi anni, mentre pilotavo il mio Cessna, e sapevo che la tecnologia era un dono di Dio e che ne sarebbero arrivati altri. Le cattive azioni si pagano, non per punizione, ma per ricordarci che dobbiamo mantenerci umili.

È interessante, anche se tragico, rilevare che molte persone attribuiscono la responsabilità delle loro cattive azioni a spiriti maligni, e perfino a *Satana e alla sua famiglia*. Queste persone affermano che gli spiriti influenzano il loro comportamento e dominano la loro mente. Se così fosse, si tratterebbe di libero arbitrio, ma la legge della società non ci crede e neanche i religiosi, che hanno dato un giorno libero a *Satana*. La Chiesa Cattolica Romana li chiama spiriti, cioè quello che voi ed io diventeremo presto.

Fino a qualche anno fa, in diversi paesi europei, chi commetteva un crimine per colpa del diavolo finiva impiccato. Oggi, grazie all'evoluzione morale, il colpevole trascorre la vita in prigione, che gli dà accesso a una biblioteca piena di libri sacri.

La libertà di espressione di un concetto è nostro diritto, garantito dall'evoluzione morale e materiale. Tuttavia, non usiamo parole ed espressioni insolenti, immorali e false, per provocare caos nella società e per confrontarci con le leggi degli uomini e di Dio come se non ammettessimo l'esistenza del Creatore. Questo comportamento sottrae speranza alla fede, mentre gli infedeli sono semplici immagini riflesse nei nostri occhi. Ci sono individui privi di coscienza (nel senso che commettono cattive azioni sbagliate che ne provocano altre per seguire ciò che gli detta la loro coscienza).

Queste persone, re, mendicanti, atei o senza Dio, non ammettono l'esistenza dei misteri, o meglio la nostra incapacità di capire la vita così com'è, mentre la vera meraviglia è l'esistenza di un'Intelligenza Suprema padrona della perfezione qui e nell'aldilà.

Nel corso della mia lunga vita trascorsa in mezzo alle persone semplici ho fatto centinaia d'interviste, brevi e lunghe, senza un'audience e senza sprecare tempo, soprattutto quando il momento era maturo, nelle strade, al lavoro, nella mia impresa, nei ristoranti, nei bar, sulla scena di incidenti, alle feste, durante i funerali, in chiese di tutti i tipi, nei lunghi viaggi in treno, come da New York a Miami e dalla California a Parigi e a Istanbul, e da Istanbul ad Atene. Ho fatto migliaia di voli intercontinentali e crociere, sono stato in ospedali e prigioni, ho riempito i miei quaderni fino all'ultima pagina e poi ho conservato le informazioni nella mia mente, dove non sarebbero andate perdute. La cosa più importante è conservare le informazioni nella memoria, perché lo spirito è perpetuo e dunque possiamo raggiungerle quando è necessario, o reclamarle dal passato, come sto facendo io ora.

Ogni argomento controverso prima o poi va a finire a Dio, alla creazione dell'esistenza anteriore all'universo, ai miti e alla realtà. Quello che c'è dietro la "valle della morte" dimostra che l'umanità ha la sua priorità in un'altra esistenza e non solo nella politica. Non importa essere ricchi e famosi per accedere alla vita eterna dopo la morte del corpo materiale. C'è una realtà logica perfino per un ateo, perché giustifica la modifica all'affermazione che sostiene che non ci sono non credenti. È un modo per esprimere l'avversione per il mondo.

Mi sono reso conto che solo pochi credono che la vita sulla terra sia un paradiso. Negli ultimi tempi molte persone, religiose e non, che mi hanno parlato di Gesù, hanno fatto riferimento all'amore con cui ha donato la sua vita per garantircene una oltre la morte. Hanno detto che pronunciare il nome di Gesù è normale, ma c'è molto di più.

A Rio de Janeiro, New York, Parigi, Roma, Cairo, Tokyo, Pechino e Buenos Aires o altrove, milioni di cani sono trattati meglio dei bambini, e non c'è niente di sbagliato in questo, ma se per ogni animale che possiede, il proprietario adottasse un bambino abbandonato che vive nei ghetti dei paesi del terzo mondo, non ci sarebbero guerre sulla terra. Nessuno sarebbe assalito a colpi di pistola o con il coltello, perché le aggressioni continuano nel nome della miseria.

16 5 febbraio 1996, il peso della croce e la consolazione dello spirito

"Papà, finalmente ti ho portato la cassetta più importante della tua vita. *Ghost,* il film che ha colpito i nostri cuori, afferma che la morte non è che un passaggio dal corpo materiale a quello spirituale."

Così aveva esclamato Carol con gioia, senza sapere che i suoi giorni sulla terra erano contati, ma la pietà era a sua disposizione sotto forma di un film che ha toccato milioni di persone di ogni credo religioso.

"Stasera, dopo cena, ci sediamo in salotto davanti alla TV a vedere *Ghost,* che è sceso dal cielo per darci una grande consolazione, per dirci che morire significa soltanto lasciare il corpo materiale e diventare spirito eterno, che a volte, se necessario, resta sulla terra per un po'. Non vedo l'ora di rivederlo!"

"Ma Carol, angelo mio, quante volte l'hai già visto?"

"Almeno quattro volte, a casa di amici, ma voglio guardarlo insieme a te, perché penso che un giorno ti potrà aiutare. La morte può cogliere di sorpresa ciascuno di noi e questo film può aiutarci ad affrontarla."

Dopo cena, Carol ha preparato un cheesecake alle fragole per me e per suo figlio di otto anni, seguendo una mia ricetta. La sua torta, però, era molto più buona della mia, ed è diventata famosa col nome "Il cheesecake dell'Angelo Carol."

Ghost ha colpito direttamente il cuore degli spettatori e di tutti quelli che riflettono sull'enigma della morte; solo Hollywood poteva produrre un film di questo tipo, in grado di dare conforto a grandi e piccini. *Ghost* è salito sull'alto piedistallo della speranza, basato su solida roccia.

"Carol, chi afferma che questo è un fatto spirituale. Siamo noi i fantasmi che vagano sulla terra spaventando i mortali."

"Papà, credo che Hollywood abbia fatto questo film perché offre consolazione quando la morte ci colpisce. Di solito siamo talmente accecati dal dolore da dimenticare che toccherà anche a noi, ed è meglio educarci in modo da ricordarlo. È un'assicurazione nei momenti difficili, per esempio in caso di malattia. Gli incidenti possono succedere a tutti!"

Mia moglie era andata in campagna a trovare la madre ammalata. Con un occhio sullo schermo e uno su Carol, avevo il presentimento che qualcosa stesse per accadere. Mentre guardava il film, Carol sorrideva spesso, ma la sua espressione era di grande preoccupazione. Si avvicinava a me, con suo figlio seduto in braccio a lei.

Finito il film, i suoi occhi grandi hanno fissato i miei, come se cercassero di dirmi qualcosa d'importante. Ho sempre avuto il presentimento che qualcosa di terribile stesse per accadere e le ho detto: "Figlia mia, dimmi, ti prego, senti che il tuo tempo sulla terra sta per scadere? Hai problemi di salute? Ti prometto che non lo dirò a nessuno se è questo che ti preoccupa!"

Lei è rimasta immobile a stringermi le mani per un intero minuto, con espressione avvilita. Mentre una lacrima le scorreva sulla guancia, mi ha detto: "Papà, a volte ci sentiamo prossimi alla morte, come se stessimo vivendo un brutto sogno. Sono mesi che ho il presentimento di morire fra poco, al punto che ho cominciato a guidare sotto il limite di velocità, e a fare attenzione a tutti i pericoli che potrebbero essere mortali. Ho paura di stare diventando paranoica. Quando vado a lavorare a Times Square mi fermo per qualche minuto in quella bella Chiesa Cattolica per chiedere a Dio che mi conceda la grazia di vedere mio figlio diventare adulto. Voglio andare al suo matrimonio, ma papà, ascolta, se dovesse succedermi qualcosa, pensa al messaggio di *Ghost,* la morte non è la fine di tutto. Quando c'è amore, ci si rincontra in un'altra vita."

La settimana dopo, nella fredda e ventosa mattina del 5 febbraio 1996, il selciato ricoperto di ghiaccio sfidava la forza di gravità. Aveva trentatré anni quando, mentre attraversava la strada, un grosso camion del quotidiano *Times* è passato con il rosso. L'autista ha affermato in un primo tempo che i freni erano congelati e non avevano funzionato, ma in seguito ha ammesso di essere passato col rosso e di non averla vista.

Questo prova che quando arriva la nostra ora, niente può fermarci. È la conferma che esistono un destino e una missione, e questo è estremamente reale per le persone religiose, alla ricerca di conforto morale e non dei buchi neri dell'universo.

È morta sul colpo, una giovane e bellissima donna, che non conoscerà mai le rughe della vecchiaia né saprà cosa significa essere vecchi e sofferenti, magari soli e paralizzati su una sedia a rotelle come mummie, amareggiati, in un mondo senza Dio e senza speranza, ad attendere che la morte ci dia sollievo.

Più di ottomila persone sono venute a renderle omaggio al funerale, in fila davanti alla bara bianca foderata di rosa. Sulla bara, ho messo un suo ritratto a colori dipinto da me, uno del suo viso quando aveva vent'anni e un altro di quando aveva sei anni. Tutti mi hanno chiesto delle copie, ed io ho spedito a tutti due foto formato tessera dei dipinti. Mi ci sono voluti tre mesi per farlo, ma li ho spediti a ognuna delle ottomila persone. Oltre duemila hanno risposto dicendo che lei, ora, ci stava aspettando in cielo per aiutarci e che conoscevano il suo nome per invocarla: "Carol, angelo mio."

Immaginate se Hawking fosse il mio idolo. Avrei trascorso il resto della mia vita pervaso da una sofferenza senza speranza, la sofferenza di chi non crede in Dio, avrei odiato a morte l'autista del camion, padre di quattro bambini, attirandomi tutte le maledizioni e vivendo una vita miserabile, come quella di Hawking.

La nostra casa a Weehawken, New Jersey, vicino al Boulevard East, è diventata per circa tre mesi la meta di persone che venivano da ogni parte, suonavano il campanello per portare una rosa rossa, bianca o rosa o un giglio e per abbracciarci. Ci dicevano che gli angeli vengono sulla terra e poi ci lasciano ma che tornano sempre a trovarci quando è successa una tragedia, e che lei era una di loro. Noi e Christopher, il suo bellissimo e carismatico figlio di otto anni siamo stati invitati a prendere caffè e pasticcini nella sala principale dell'Hotel Marriott Marquis, nel centro di Manhattan, perché migliaia di colleghi di lavoro di Carol volevano incontrare suo figlio e i suoi genitori. Carol è diventata l'angelo dell'ottavo piano, dove lavorava alla reception del bar e ristorante frequentato da milioni di ospiti ogni anno, che restavano incantati dal suo sorriso e dal carisma. Il direttore generale ha detto che senza Carol era come se fosse andata via la luce e ci sono voluti mesi per ritornare alla vita normale, perché lei continuava a essere nominata da tutti, ospiti e personale.

Sono ritornato nel novembre scorso (2012) dopo diciassette anni e solo una cameriera anziana si ricordava di Carol, mentre il vento mormora sulle lapidi del cimitero che hanno inciso i nomi e le date di nascita e morte dei trapassati; lapidi che nessuno legge, perché fanno parte del passato. Ora siamo nel presente e dobbiamo andare avanti perché il tempo non si ferma, ma guarisce le ferite.

Per molti anni *Ghost* ha rappresentato per mia moglie il messaggio di consolazione di Carol e, quando il cuore di qualcuno andava in pezzi, lei lo invitava insieme a un piccolo gruppo di amici a prendere un tè e una fetta del "cheesecake alle fragole di Carol" che io preparavo e guardavano *Ghost* sul grande schermo e che fosse realtà o fantasia dava conforto a tutti, al contrario delle teorie senza fede che venerano *Satana* travestito all'entrata dell'inferno, rappresentato dai buchi neri.

Quando a volte guardavo Stephen Hawking sul monitor, Carol mi chiedeva di cambiare sito, perché lui aveva bisogno di preghiere essendo un'anima sola, bloccata all'interno del suo corpo, senza poter godere niente di questa vita.

Io le chiedevo quale potesse essere la ragione, e lei mi diceva che era la sua punizione per aver tolto la speranza alla nostra esistenza. Come ripeteva spesso, se l'intero pianeta gli credesse, ci sentiremmo tutti all'inferno.

"Papà, dobbiamo aver compassione degli ignoranti perché soffrono a causa della loro ignoranza. Credono nella bellezza di un'esistenza senza Creatore, ma dubito che sia vero. Mi dispiace per la sua condizione, perché non è colpa di Dio, è lui che sta scherzando col fuoco."

La morte aspetta tutti, anche coloro che si attaccano fanaticamente alla religione e credono che il paradiso li stia attendendo. Questo dà loro speranza, come un tappo di sughero che galleggia salvandoli dall'annegamento.

La religione è necessaria a chi cerca risposte al mistero della morte, e si sente scoraggiato dalla scienza che, raccogliendo dati col telescopio, ci fa sapere che la terra è l'unico pianeta del sistema solare su cui c'è vita. I nostri discendenti non sopravvivranno perché la circonferenza della terra misura soltanto 24.859 miglia dall'equatore, distanza che un jet è in grado di percorrere in quaranta ore, a 621 miglia l'ora. Di questa superficie, circa il 71% è coperto da acqua salata, anche se siamo praticamente senz'acqua, perché solo il 2,5% della superficie è coperto da acqua dolce, che nei paesi del terzo mondo è inquinata da fogne e industrie, mentre per il 70% è usata dall'agricoltura che ci dà sostentamento.

Logicamente, questo libro non si rivolge alle "menti brillanti" o ai "geni" perché quando la terra sarà ferita a sangue loro salteranno sulla *Enterprise* insieme alle loro famiglie e svaniranno all'inferno; voglio dire che si rifugeranno nel prossimo corpo celeste distante un miliardo di anni luce e, quando la navicella arriverà a destinazione, gli alieni con tre occhi e coperti di scaglie apriranno la porta e troveranno i resti delle ossa degli ultimi testimoni della nostra civiltà perduta.

Spero che la gente capisca che la continuità dell'esistenza umana è qui, sulla terra. Per noi che abbiamo superato i sessant'anni, non fa alcuna differenza, ma se pensiamo alla morte lenta che aspetta i nostri figli e nipoti, non possiamo fare a meno di preoccuparci, essendo dotati di menti intelligenti con un Dio sopra di noi, che ci offre la speranza che le cose cambieranno.

Quando Carol era adolescente, le ho chiesto che cosa ci accadrebbe se la terra fosse colpita da un meteorite o distrutta da un'esplosione atomica. Lei si è messa a ridere e mi ha detto: "Niente di speciale, proprio come se un monello tirasse una freccetta per scoppiare un palloncino. Galleggeremmo in cielo come astronauti aspettando il prossimo big bang, ma senza i buchi neri di Hawking."

Penso che sia quasi impossibile per un autore descrivere il dolore della tragica perdita di un angelo senza sentire, nel profondo del cuore, l'amarezza del calice che si è costretti a bere. Sarebbe come un cieco che cerca di descrivere un colore. Spero di averlo fatto a colori e non in bianco e nero.

Immaginare come ci si sente con un ago infilato nella spina dorsale, è fantasia e non realtà. Tuttavia è successo a me quando avevo venticinque anni, ero stato investito da una macchina e sono finito all'ospedale.

Posso descrivere come ci si sente a pilotare un aereo in preda a dolori lancinanti e una forte adrenalina, mentre si cerca in tutti i modi di sopravvivere, perché l'ho provato, così come sono stato testimone della morte violenta di mia figlia e la sento nel profondo dell'anima, come parte del fatto di vivere sulla terra come essere intelligente, mentre ognuno di noi cerca di convincersi che sono cose che accadono agli altri e non a noi. Quando arriva una telefonata alle 4 del mattino, tutti ci svegliamo esclamando: "Oh, Dio, aiutami!"

I contatti tra spiriti del bene e del male e i bambini mi hanno sempre spaventato. Una mattina, quindici giorni dopo la sua morte, ho udito forte e chiara la voce di Carol che mi diceva: "Papà, leggi a pagina cinquanta!"

Ho sentito la sua voce altre due volte, a riprova del fatto che non stavo sognando né avendo un incubo. Questa piccola frase ha cambiato il mio modo di affrontare la vita e ho cominciato a scrivere sulla realtà della vita, cercando di aiutare le persone che ne hanno bisogno. Ho cercato di capire il dolore e la bellezza della vita, mentre ci troviamo di passaggio sulla terra, come turisti, perché la nostra vera casa è oltre la morte.

Così è arrivato il balsamo che ha lenito il mio cuore spezzato, rappresentato dalla voce carismatica di Carol, ora mia sorella, mentre Dio è nostro padre.

Dopo aver passato sei ore a leggere la pagina cinquanta di ogni libro che avevo, l'ho trovata. Mi ha dato la logica necessaria per capire "perché la vita sulla terra è così." Era in un libro dentro una scatola piena di volumi, sul sedile anteriore del mio furgone Chrysler. Quella pagina particolare era segnata, come se mi stesse aspettando.

Non scriverò il titolo di questo libro benedetto, per evitare interrogatori scientifici religiosi. Ora desidero augurare a tutti una pace eterna, affinché quando arriveremo al tavolo di negoziazione non ci sia una battaglia sanguinosa ma il ragionamento, perché la pazienza arriva quando il frutto matura col tempo, e acquista il sapore giusto per essere mangiato.

Alcuni anni dopo, quando la cascata di lacrime di amarezza si era esaurita, mi trovavo nel mio appartamento di Oakland Park, Florida, a guardare il tramonto, il più bello che avessi mai visto, quando ho sentito la sua voce ancora una volta: "Papà la vita è bella, non importa quello che succede perché siamo tutti figli di Dio."

Ho stretto la mia *Parker 51*, e ancora una volta le parole sono esplose sulla carta, mentre raggi di luce illuminavano i miei pensieri. In questo modo è nato il mio libro di consolazione, dettato da un angelo che ha usato l'esperienza della sua morte per aiutarci.

17 Non tutte le "menti brillanti" meritano questo appellativo

Sono stato il primo ad arrivare al buffet. Mi sono seduto e ho cominciato a scrivere la prima riga della giornata. Ho continuato a scrivere il libro e, prima di appoggiare la penna sul tavolo, ho scritto soltanto il nome di Giovanni Keplero (1630).

È interessante il modo in cui funziona la memoria, che continua a raccogliere informazioni anche quando siamo sovrappensiero. Keplero è stato il primo ad affermare di aver capito il mistero dell'orbita dei corpi celesti nella loro traiettoria ellittica (percorso di linee ricurve). A quei tempi, non aveva molti strumenti tecnologici che lo aiutassero. Il mondo della gallina finiva al cancello dell'aia. Progresso ed evoluzione si muovono lentamente ma non si fermano mai, contribuendo alla logica delle affermazioni delle "menti brillanti." Possiamo raggiungere la perfezione, ma per coloro che si basano sul Creatore, le soluzioni arrivano su un piatto d'argento.

Le teorie che non si realizzano non sono di alcun aiuto, restano sogni o fantasie. Sono utili al mondo dello spettacolo di Hollywood per divertire il pubblico. Lo stesso vale per i leader religiosi, perché la scienza non offre soluzioni alle teorie. Non esistono soluzioni immutabili nei millenni, come non esiste una singola nota musicale. L'unica composizione di successo è il *Bolero* di Ravel, ma s'interrompe quando stacchiamo la corrente.

Nel Brasile coloniale, i *Bandeirantes* che sventolano la bandiera della patria sono andati a ovest, come i pionieri nordamericani dell'est (New York) sono andati alla scoperta dell'ovest (California), nelle carovane. In Brasile i pionieri andavano a piedi a causa della fitta vegetazione e del terreno irregolare, e le cose erano trasportate dai muli. Dopo circa due anni trascorsi nell'isolamento, nell'ardua missione di estendere i territori del paese, hanno scoperto una grande catena montuosa coperta di neve, le Ande, simile alle Montagne rocciose degli Stati Uniti.

Se (è il termine più usato per descrivere teorie) le avessero attraversate, avrebbero raggiunto l'Oceano Pacifico e avrebbero potuto passare una giornata in spiaggia, ma essendo stanchi e affamati, hanno deciso di tornare a Rio de Janeiro. Questo ha impedito al Brasile di ampliarsi da costa a costa come invece ha fatto uno dei paesi più grandi del mondo, gli Stati Uniti, diventati grandi specialmente dopo aver coniato le loro monete con la frase *"In God We Trust."*

Isaac Newton (1727) era un genio, anzi una mente brillante, perché riusciva ad andare oltre le teorie, cercando la realtà anziché accontentarsi di sogni e fantasie, come fanno anche i mistici.

Lui non stava immobile a sognare giorno e notte, cercando buchi neri che compromettono non solo l'universo, ma anche la nostra salvezza eterna, bensì era alla ricerca dell'unico termine: speranza, sostenuto dall'icona eterna che si chiama Dio.

Dalla sua biografia, possiamo vedere le scoperte che ci ha regalato, non per spaventarci, ma per trovare soluzioni. Non rincorreva fantasie e sogni, che vengono dall'inconscio, in modo anarchico e senza senso, come gli incubi. Meglio dimenticarli ogni mattina e continuare la nostra vita normale. La sera, prima di andare a letto, aiutiamoci con una preghiera, in questo modo evitiamo di disturbare il nostro subconscio.

Studiando e analizzando queste "menti veramente brillanti", che ci hanno fatto fare tanti progressi nel passato senza poter contare sulla tecnologia moderna, dobbiamo riconoscere che ci hanno aperto le porte del futuro, alleviando le difficoltà della vita terrena.

Newton ha avuto un'infanzia difficile senza l'opportunità di entrare all'università su un tappeto rosso con i soldi dei suoi genitori, ma ha lavorato duramente per fare carriera. Se lo avessero glorificato come fanno oggi con Hawking, mettendolo sul piedistallo di Dio, io sarei il primo ad applaudire.

Monoteista convinto, Newton considerava Dio il Creatore dell'universo, la cui esistenza non poteva essere negata di fronte alla maestosità della creazione, proprio come il buon senso. Secoli dopo, Einstein ha mantenuto la stessa posizione, oggi confutata da Hawking nel suo ultimo libro *Il Grande Disegno,* completamente privo di logica.

È stata la sua ultima possibilità per riconoscere il Creatore e ricevere consolazione per le sue pene.

Se andiamo indietro nella storia, analizzando le vite dei grandi personaggi vediamo come hanno portato il progresso, attraverso l'evoluzione, affinché le generazioni successive ne godessero i frutti.

Nel 1687, Isaac Newton ha pubblicato il suo unico capolavoro *Philosophiae Naturalis Principia Mathematica* (Principi matematici di filosofia naturale), in cui mostra che la forza di gravità (la mela che gli è caduta in testa) può essere applicata a tutte le cose dell'universo, e ci parla dei suoi studi di calcolo infinitesimale e della nuova teoria sulla luce e sui colori. Come molti altri, Hawking, viaggia sull'onda della saggezza di quelli come Hubble e Newton, che hanno ampliato il mondo teologico.

Descrizione del libro: *Il Grande Disegno (The Grand Designer)*, uscito il 21 febbraio 2012 / ISBN-10:0553384666 - # 1 *New York Times* Best Seller.

"Quando e come è cominciato l'universo? Perché siamo qui? Qual è la natura della realtà? Il 'grande disegnatore' dell'universo è un benevolente Creatore che ha messo le cose in movimento, oppure la scienza è in grado di dare un'altra spiegazione? In questo libro illustrato, inquietante ed eccezionale, Stephen Hawking e Leonard Miodnow presentano le teorie scientifiche più recenti su questi e altri misteri dell'universo, con un linguaggio non tecnico... semplice e brillante."

Quando ho letto questa recensione pubblicata sul *Times*, sono rimasto scioccato da come sia riuscita a superare il test di selezione necessario per essere pubblicato sul giornale più serio del paese e non su un qualunque *tabloid* (parola inglese usata ovunque per descrivere un giornale senza senso, una "nullità").

Newton metteva il buon senso alla stessa altezza dell'intelletto, mentre faceva progressi nella scienza senza dubitare della grandezza di Dio per cercare di rendere l'universo più comprensibile. Non era come Hawking, che ha elevato se stesso a un quoziente intellettivo superiore, che lo qualifica come genio, nonostante la sua condizione fisica che lui non ha potuto scegliere, poiché lui è il creato e non il Creatore. Avrebbe dovuto trascorrere la sua vita a cercare una soluzione al suo problema per liberare il suo corpo "crocefisso." Alcuni credono che, come ha affermato un vecchio prete alcuni anni fa in Florida, Hawking sia la reincarnazione di *Giuda Iscariota*, che questa volta stia tradendo Dio. È caduto sulla croce per rigenerare la sua anima e, come sempre, la mia *Parker 51* continua a prendere note.

Mentre si trovava all'ombra di un albero di mele, impegnato in alcuni calcoli, Newton venne colpito in testa da un frutto maturo. Alzò lo sguardo e si chiese perché la mela non avesse colpito la testa dell'uccello più in alto invece della sua. Essendo un uomo intelligente, voleva diventare lo scienziato numero uno della sua epoca. Fu così che descrisse la forza di gravità, diventando una "mente brillante", sostenuto dal Creatore e non fissando un monitor, nell'universo della materia oscura brillante, predestinato a compiere una grande missione fin da quando era uno zigote, missione che ha accettato per la gloria di Dio, risparmiandosi così di finire mummificato su una sedia a rotelle.

Newton è stato un grande uomo sia intellettualmente sia fisicamente, ha dato un grande contributo al mondo scientifico, aprendo la strada a quelli che sarebbero venuti dopo di lui. Ha dedicato tutte le sue energie al lavoro, nel rispetto del Creatore e senza mettere in dubbio l'origine dell'esistenza. Ha portato avanti il suo lavoro con grande passione.

Si è accorto della presenza di persone prive di logica e di vedute ristrette che spettegolavano nell'angolo, rinnegando persino il maestro dell'universo, incapaci di affrontare la realtà, mentre il tempo della dimensione spirituale si avvicina e loro rimangono fermi sulle loro convinzioni, uccidendo lo spirito.

Gli studi di Newton hanno dato grandi benefici all'umanità. Fisicamente, lo scienziato era di bell'aspetto, alto, atletico e modesto, non si aspettava che la società s'inchinasse ai suoi piedi. Era in pace col Creatore e non era cinico come quella "mente brillante" immobilizzata sulla sedia a rotelle, che non avrebbe voluto essere una "nullità" fisica, stato che riflette quello della sua mente. Ha sbandierato il suo quoziente intellettivo di 250 per mettersi in mostra e come scusa per non riconoscere un Creatore, ma questo non gli consente neanche di avere la capacità di alzarsi o di conoscere il suono della sua voce.

Quando è arrivato il momento per Isaac Newton di partire verso l'altra dimensione, come succederà a noi tutti—è garantito—ha ricevuto i funerali di un re, come si meritava. La società gli ha reso omaggio, ringraziandolo per averle dato tanto e in modo così garbato. Ha mantenuto viva la speranza nell'eternità e per questo se l'è meritata. Tutti noi abbiamo la scelta se costruire o distruggere il nostro futuro.

Newton non si è mai sognato un'esistenza assente, non ne varrebbe la pena, perché cercare conforto in una vita senza senso è irrazionale. Non immaginava che un meteorite avrebbe eliminato la vita o che l'universo sarebbe stato inghiottito da buchi neri, perché il suo tempo era troppo prezioso per perderlo in queste considerazioni, mentre vale la pena aiutare e godersi la vita in prima classe, come sanno fare in Europa.

Certamente non era immobilizzato su una sedia, sotto uno stress continuo, come colui che si vanta di avere un quoziente intellettivo di 250, o meglio, di avere un numero infinito di neuroni. Chiunque può affermarlo, ma gli atti e le azioni sono ciò che separa i Newton dagli Hawking.

L'universo deriva da un big bang, da un'esplosione i cui frammenti si sono sparsi in tutte le direzioni nella materia oscura luminosa infinita. Basta guardare il cielo di notte per sentirsi in un grande acquario che contiene tutti i corpi celesti, e qui ci fermiamo perché questo punto segna il confine del limite della nostra intelligenza.

Se cerchiamo di oltrepassarlo perdiamo l'accesso alla vita spirituale, perché il dolore è infinito tanto quanto l'ignoranza.

La forza di gravità è invisibile, quasi come tutto il resto, almeno all'occhio umano, e questa è la ragione dell'uso frequente del termine *teoria*. Vedere è credere, ma questo è un mito perché oggi accadono milioni di cose intorno a noi grazie alla tecnologia. Sentiamo qualcosa di simile all'energia elettrica, mostrata dagli strumenti, e siamo circondati da infiniti segnali di comunicazione. Qui e nell'infinito, si sente perché funziona. Perché Dio non dovrebbe essere al centro del mondo spirituale?

Quando volavo sul mio piccolo aereo, avevo le cuffie per comunicare con la torre di controllo e questo mi faceva sentire che non ero solo, che gli altri potevano sentirmi forte e chiaro.

Non ci sono linee visibili quando si vola. Il GPS si muove sul monitor, come se fosse vivo, dando le direzioni perfette, in modo digitale, con voce chiara e in molte lingue diverse. Quando guidavo in Grecia, sono stato preso di sorpresa a sentire il GPS che parlava in greco, ma bastava premere un pulsante per sentire "Buona sera, benvenuti al GPS internazionale", anche se le strade continuavano ad avere dei nomi greci. Così, seguivo soltanto le linee e i numeri.

Possiamo andare avanti all'infinito; la forza di gravità scoperta da Newton attira i corpi celesti, ma non si sa dove ha origine. Oltre questo punto non possiamo andare. Se definisco "mente brillante" uno scienziato, non posso che chiamare Isaac Newton numero uno, come fanno tutti.

Il problema è che oggi chiamiamo "mente brillante" o genio qualsiasi persona con un titolo di studio. Nei paesi del terzo mondo, basta vestirsi bene o essere benestante, per essere chiamati "dottore": "Prego Dottor William Moreira, ecco la scheda per il suo appartamento d'albergo" oppure "Il Dottor William Moreira è pregato di presentarsi all'ufficio informazioni, il capitano desidera invitarla a cena."

Quando il Vaticano ha deciso di modernizzarsi per restare al passo con i tempi, è partito con il piede giusto iniziando un nuovo approccio scientifico. Questo lo ha portato a invitare Hawking, o forse si è invitato da solo, per mettere alla prova i rappresentanti di Dio. Essere un dottore nei paesi del sud del mondo significa essere aggiunti alla lista delle "menti brillanti." Per quanto ne so, Hawking ha tenuto la bocca chiusa, altrimenti si sarebbe trovato fuori orbita, perché il Papa è una persona seria e non gioca alla roulette russa con il Creatore, altrimenti la Chiesa non sopravvivrebbe.

Il nome di Lavoisier (1794) è incluso nella lista delle "menti brillanti" in quanto padre della chimica moderna. Non dimostrava teorie, altrimenti ci sarebbero solo fantasie, perché le teorie dei senza Dio non hanno fondamento, perfino i ciechi possono sentire la presenza del Creatore. L'affermazione "nulla si perde e tutto si trasforma" è confermata da Dio e include anche l'anima. Quando è stato barbaramente ghigliottinato, lo spirito di Lavoisier ha lasciato il corpo ed è volato verso la gloria, perché durante la vita non si era mai vantato della sua intelligenza né aveva mai messo in ridicolo la mancanza di intelligenza degli altri. Nonostante la crudeltà dell'esecuzione, la sua morte è stata istantanea. Naturalmente la sofferenza maggiore deve essere stata quella di sentire la morte avvicinarsi. La sua vita e la sua morte hanno un destino eterno nel mondo spirituale, perché lui ha ammesso che il Creatore era il signore di ogni cosa. La sua morte è stata fulminea, ma non riesco a immaginare che momenti terribili avrebbe passato in attesa della sua esecuzione se non avesse avuto fede in Dio. Hawking sente che la sua ora si avvicina e si sta facendo prendere dal panico perché non è pronto, dal momento che non crede nella vita oltre la morte. È l'unico responsabile delle sue azioni.

L'eternità, prima di qualsiasi big bang, è composta di materia che ha un'origine, e se voi state per diventare paranoici, fate una crociera verso qualsiasi destinazione, come ho fatto io, e lasciatevi distrarre dall'ambiente sovraffollato, che vi permetterà di mantenere il vostro equilibrio mentale. (Spero di aver colpito nel segno, ho ripetuto spesso gli stessi concetti, perché non tutti sono in grado di leggere un libro in poche ore).

Le forze invisibili in continuo movimento possono essere colossali o microscopiche; non sono governate dagli esseri umani ma dalla gravità, che influenza la perfetta rotazione del creato, una massa gigantesca che va oltre la nostra capacità di immaginazione. Per scoprire la forza di gravità è bastata una semplice mela, che ha innestato una catena di eventi, ma la sua origine è sconosciuta, come sconosciuta è l'origine della creazione di noi esseri umani, che cresciamo da un microscopico zigote. Sono argomenti sufficienti per comprendere la necessità di un Creatore?

Voglio ripeterlo ancora: senza la nostra intelligenza, non ci sarebbe un universo, perché noi, come mucchio di atomi, saremmo sullo stesso piano di una roccia o di un pollo. Se non ci fosse Dio cui attribuire la responsabilità, Hawking non sarebbe famoso per la sua mancanza di fede. Allora mi chiedo: *"Perché un genio dalla mente brillante che afferma di avere un quoziente intellettivo di 250, e che ha ricevuto questo dono dalla natura, non accetta un Creatore? Se non lo fa, il Creatore entra in competizione con lui. Possibile che non sia stato in grado di capirlo e di liberarsi dalla sua croce?"*

Hawking rinnega anche Gesù e la croce, simbolo della sofferenza estrema. La sua sofferenza è reale quanto lo sono Dio e Gesù. Lui afferma di avere una mente brillante e poi ci manca di rispetto. Io, William Moreira, non ho mai avuto bisogno di ricevere valutazioni. Una volta, un mio dipendente mi ha chiamato asino di fronte a tutti. Io mi sono semplicemente allontanato e sono tornato cinque minuti dopo porgendogli l'assegno della sua ultima paga, sicuro di poter sopravvivere senza di lui.

Hawking non ha soltanto offeso Dio, ma anche i nostri cuori (affermando che la terra non vivrà più di mille anni), privandoci dell'unico balsamo per le nostre ferite, la speranza in un Creatore. A causa di questo comportamento, la sua ultima paga è arrivata dal cielo sotto forma di mummificazione del suo corpo. L'unica via di uscita sarebbe abbassare umilmente il capo e dire: "Signore, sono stato uno stolto, me ne pento e imploro il tuo perdono perché ora capisco il significato dell'amore. Spero d'ora in poi di aiutare me stesso e gli altri."

Stephen Hawking e i suoi seguaci sono responsabili per aver attribuito alla scienza la reputazione di non credere in un potere divino, ma non possiamo buttare via un sacco di mele solo perché una o due sono marce. Alcuni sono affaticati, altri, come Hawking, sono affetti da una malattia gravissima, altri ancora hanno perso tragicamente i loro cari, com'è successo a me con figlia Carol. Per questi motivi alcuni si ribellano al Creatore, perché accecati dal dolore, non riescono più a vedere la bellezza del creato.

Le persone devono accettare il dolore come parte del destino o della loro missione sulla terra. In questo modo, la loro comprensione della morte è migliore di quelli che si rivoltano contro il destino, poiché non c'è modo di cambiarlo. Senza la comprensione, non c'è altro da fare che inchinarsi, come i condannati che accettano di andare in prigione perché sanno che ribellarsi al sistema non offre alcuna soluzione.

Ho incontrato molte persone che sono nella stessa situazione di Hawking. Anch'io sono stato paralizzato dal collo in giù per trenta giorni e in tutto quel tempo mi sono aggrappato a Dio. Sono stato ricoverato all'ospedale di Saint Mary a Hoboken, New Jersey, per quattro giorni, in seguito a una caduta dalle scale di casa mia, che erano coperte di ghiaccio. Una mattina mi sono svegliato e ho ricominciato a muovermi lentamente. Era un miracolo. Due ore dopo, ho riacquistato tutti i movimenti. Per tutto il tempo della mia immobilità mi sono rivolto a Dio almeno un milione di volte, muovendo le mani e la testa mentre il resto del corpo era congelato e coperto di lividi. Ho dovuto attraversare tutte le fasi della vita per scrivere questo libro, che non racconta finzioni, ma fatti nudi e crudi nella loro realtà.

I dottori credevano che il mio sistema nervoso fosse sotto shock e per questa ragione i muscoli si erano induriti, ma io ho scelto di credere a Dio, e questo funziona sempre. Non ho mai incolpato il Creatore per nessuna cosa, anzi, ho sempre ammesso di avere sbagliato e di essere pronto a pagare il prezzo, oppure di aver mancato di fare qualcosa che avrei dovuto. Mi sono pentito della mia ignoranza e ho aspettato tutto il tempo necessario per ricevere il perdono.

Come possiamo ribellarci alla creazione? Le cose accadono non soltanto a Giuseppe e Maria, ma a tutti noi indiscriminatamente, che deriviamo da uno zigote, cresciamo, creiamo una famiglia, invecchiamo e moriamo. La maggior parte di noi accetta questo destino, altrimenti la sofferenza diventa fine a se stessa, come l'esistenza materiale degli atei. Per loro non c'è vita eterna, ma, come per tutte le cose, non hanno scelta. Per i più fortunati queste sono le leggi del Creatore, che cambiano continuamente e trasformano una vita monotona in un'esistenza ricca di stimoli, all'interno della Sua continua opera di creazione.

Quelli che sanno tutto e in realtà non sanno niente, sono solo dei rinnegati che affermano di essere più intelligenti degli altri. Alcuni pensano di essere molto intelligenti, ma io li considero imbecilli e mi allontano. Immaginate la voce derelitta di Hawking affermare che il suo quoziente intellettivo è tra 230 a 250, il più alto degli "uomini brillanti." Non essendoci effetti senza cause, lui è l'eroe di questo libro, vincitore del premio Nobel per aver bestemmiato contro il Creatore tutta la vita, giacché si lamenta di non essere mai stato candidato al premio.

Negli ultimi dieci anni ho intervistato molte persone, chiedendo la loro opinione sulle "menti brillanti" e otto persone su dieci mi hanno risposto che Hawking è un sognatore come gli altri, con le sue teorie quantistiche che non aiutano a salvare il pianeta. Ha condannato la terra, ma allora perché non offre il modo per salvarla, e non trova una cura per la sua malattia?

Questi geni della scienza danno a Hollywood il materiale per fare dei film di fantascienza sul cosmo e questo va bene, ma Carl Sagan (1996) è stato un cosmologo, astronomo e astrofico, come Walt Disney è stato il genio dell'industria dello spettacolo. I suoi programmi televisivi sono entrati in ogni casa e tutti noi siamo stati trasportati dalla potenza della sua vita e dalla sua voce. Come ha detto Carol, è stato un angelo portatore di notizie. L'infinito è la vera gloria del cosmo, e noi ne facciamo parte.

Sagan ci ha fatto capire che la scienza è come le altre discipline. È necessaria ed è unita alla religione; tutti possono essere scienziati. Infatti, ha spiegato che la scienza non è difficile da capire e ha convinto i governi a considerarla necessaria per l'avanzamento tecnologico.

Sagan ha ricevuto tanti premi da riempire il cosmo, e la NASA è diventata la sua seconda casa. Ci ha lasciato venti interessantissimi libri che chiunque può leggere e oltre seicento saggi scientifici. Il suo lavoro resterà per sempre e noi tutti sentiremo la sua mancanza.

Hawking non ha fatto niente per aiutare la terra, perché ha affermato: "La terra non durerà più di mille anni, e noi avremo bisogno di trovarci un altro posto."

Mi chiedo se sarà in grado di lasciarci una navicella spaziale e un pianeta su cui atterrare sufficiente per contenere i miliardi di persone che popolano la terra, questa sì che sarebbe un'azione da genio. C'è bisogno di teologia, perché io sento parlare di queste sciocchezze ogni minuto.

Carl Sagan ci ha lasciato un'eredità di bellezza e di speranza, sulla terra e nell'aldilà. La gente ha visto i suoi documentari e il suo nome fa parte della storia, perché è colui che ha portato l'evoluzione oltre i confini dello spazio. Lui ha parlato dei buchi neri ma non come nemico del Creatore o del creato. Visti da diversi punti di vista, i prismi offrono prospettive difformi, e lo stesso vale per i diversi modi di vedere il mondo.

Le "menti brillanti" possono essere "offuscate" per alcuni, ma è l'opinione della maggioranza che conta.

Come ho affermato in precedenza, voi ed io abbiamo il diritto di lodare o criticare gli altri, anche se non abbiamo il sostegno della maggioranza! Lo faccio senza rimorso perché logica e buon senso, responsabili dell'evoluzione, dovrebbero essere inclusi nel test del quoziente intellettivo. All'asilo mi avevano attribuito un quoziente di 250 punti dopo le prime risposte di un test. Ho pensato che fosse una cosa così ridicola che ho stracciato il test, affermando che "l'intelligenza di un autore si misura dai suoi libri."

Logica e buon senso non sono gratis, non si possono comprare o acquisire con una laurea, ma soltanto attraverso l'esperienza di vita, lasciandosi alle spalle il tunnel dell'ignoranza per seguire la luce dell'intelligenza. Decenni fa non lo abbiamo fatto da buoni fratelli perché non era ancora arrivato il momento.

Un quoziente d'intelligenza alto non riempie i libri di teorie o di milioni di citazioni, perché le persone che amano farlo sono talmente numerose che potrebbero formare una fila da qui alla galassia e nessuno è stato colpito da chi ha vissuto per un po' di tempo sulla terra ma poi vi è rimasto in eterno. Chi di spada ferisce di spada perisce."

Dopo un viaggio durato otto anni, mi sono sentito fortificato dalla mia *Parker 51*, che mi ha fatto passare attraverso le "porte ristrette dell'ignoranza" che prima erano fuori dalla mia portata.

Ho trovato soluzioni illogiche, come quella di affermare che la materia oscura luminosa origina dal nulla; non c'era l'universo per deridere la scienza e prendere in giro il popolo.

Sono arrivato alla conclusione che col passare del tempo, l'evoluzione materiale non coincide con quella morale, ma procede a sbalzi, come le montagne russe.

Mentre invecchiavo, sono stati compiuti grandi passi in avanti in campo tecnologico, medico e scientifico, ma non ve ne sono stati altrettanti nel comportamento sociale. Gli esseri umani non sono programmati come derelitti. A causa del libero arbitrio, possiamo creare aberrazioni e generazioni diverse hanno valori sociali diversi.

Fino a trent'anni fa, un giovane seduto in autobus o in treno si alzava immediatamente per cedere il posto a una persona anziana, e questo succedeva in tutto il mondo. Oggi, in Brasile, i posti riservati agli anziani sono di colore arancione e ci sono perfino dei segnali per ricordare di cedere il posto agli anziani e la legge obbliga i giovani a farlo.

Siamo costretti ad alzare la voce per rivendicare i nostri diritti divini se non vogliamo cadere per terra.

Lo stesso vale per tante altre cose, ad esempio la musica: i grandi complessi e i magnifici brani che fanno bene all'anima sono ormai pezzi da museo. Al loro posto vi sono cavernicoli urlanti che saltellano come primati e si esibiscono al City Hall di Rio, dove spendono milioni di dollari all'anno in spettacoli rivolti ai giovani, in cui si esibiscono complessi americani e inglesi, che vedo dalla finestra del mio appartamento che si trova proprio davanti al City Hall, a Copacabana. Nonostante i vetri a prova di suono, le mie serate sono rovinate. Questo fenomeno si ripete in tutto il Brasile e nell'intero pianeta. Quando mi reco in un negozio di CD compro solo dischi di musica classica, oppure ascolto la radio.

Una delle prime cose che faccio quando vado in un altro è visitare i musei. (Visitavo regolarmente il Metropolitan Museum di New York).

Evito l'arte moderna come il diavolo evita l'acqua santa. Nei tredici giorni in cui ho visitato l'Unione Sovietica, ho fatto un tour che mi ha portato nei teatri dell'opera e nei musei di arte classica, compreso l'Hermitage. Se volete vedere se "ho talento", vi rinvio alle ultime pagine di questo libro, che mostrano i miei disegni. Comincio il mio disegno dal piede nudo e poi lo vesto con un sandalo o una scarpa. Molti famosi stilisti contemporanei mi chiedono perché disegno prima il piede ed io rispondo: "perché so disegnare e non voglio tracciare linee imperfette sulla carta. Sarebbe come colpire un tamburo e affermare di fare musica o un modo di comunicare primitivo."

Nella società di oggi la maggior parte delle persone non è interessata a seguire i buoni esempi del passato, di coloro che hanno arricchito la nostra società e venivano definiti prodigi. Oggi questi sono sostituiti dalle "menti brillanti", dai "geni" e dalle "divinità del quoziente intellettivo." Siamo tornati ai tempi dell'Impero romano, in cui i cittadini adoravano gli imperatori e i generali come divinità, oppure erano condannati alla crocifissione. Oggi tutto questo è deriso dagli intellettuali, bollato come decadenza morale nonostante anche la grandezza della tecnologia abbia un potere distruttivo, per esempio, quello di usare l'atomo per costruire la *bomba atomica*, che può sterminarci in ogni momento. Non è più il privilegio di due grandi potenze ma di tutti i pesci dell'acquario. India e Pakistan hanno i marciapiedi pieni di mendicanti ma con i loro arsenali possono distruggersi a vicenda e così anche gli altri paesi. Le radiazioni non rispettano confini.

La morale della terra è riflessa da leader di paesi come Cina e Giappone, che sono in guerra per una roccia nell'oceano e ora, i militari nordcoreani—mezza dozzina di persone senza cervello manovrate da un burattinaio— minacciano il mondo e se avessero la bomba atomica distruggerebbero la Corea del Sud e rimarrebbero solo i ratti. A causa di pochi, la vita di milioni di persone è a rischio, e a causa di un anti Dio l'intero pianeta può essere distrutto. Satana sarà libero di agire per la punizione divina.

Molti stranieri mi dicono che gli Stati Uniti amano controllare il pianeta ed io ringrazio Dio per questo, perché altrimenti parleremmo tutti in tedesco o in giapponese, come schiavi, e oggi il mondo sarebbe nelle mani dei terroristi. Mantenere in ordine il pianeta costa agli americani milioni di dollari e il sangue dei loro soldati, mentre gli altri stanno seduti a criticarli abbaiando come cani.

Oggi manca il rispetto per gli anziani. Come fanno poi i test sul quoziente intellettivo a stabilire chi è più intelligente di un altro? Sono quelli sul piedistallo i soli a soffrire di paranoia.

Mi sono informato sulla paranoia e sugli altri disturbi della personalità che affliggono quelli che cercano di porsi su un livello superiore agli altri, sulla base di logiche della società di oggi che non lasciano spazio ai valori morali. Incuranti della negatività della loro vita, cercano di distogliere l'attenzione dai loro problemi e complessi d'inferiorità. Pensano di essere limitati da un quoziente intellettivo basso o da un handicap fisico, come nel caso di Hawking, e la loro amarezza si sfoga sul Creatore, che non distribuisce volantini ai ribelli, che si sentono così liberi di affermare che "Dio non esiste" sulla base del fatto che lui non mostra se stesso per dimostrare che sbagliano. Chi è seduto sui "chiodi" paga il prezzo di queste affermazioni, mentre Stephen Hawking è in testa, che tira la corda (vedere "Il chiodo e il cane di Dio").

L'evoluzione avanza con il tempo, e il progresso della religione cattolica è notevole. È una delle prime religioni del mondo e ora sta per eleggere un nuovo rappresentante. Le diverse religioni che rappresentano 132 paesi hanno dato una dimostrazione di fratellanza sul nostro pianeta, basata su un unico Dio. Gesù Cristo è venuto sulla terra in una missione d'amore. Immaginate se si presentasse Hawking con un cartello che dice: *"Rappresento gli atei, o meglio, gli anti-Dio. Non esiste un Creatore, perché tutto nasce da se stesso. Secondo i miei calcoli di 'mente brillante' numero uno, posso affermare che non c'è bisogno di Dio. Il mio quoziente intellettivo è superiore a 250."*

Nel frattempo, resta seduto sui "chiodi" e se non riesce a chiedere in tempo di essere portato in bagno, ci sono i pannolini per eliminare gli odori sgradevoli.

Il vento non è altro che il movimento dell'ossigeno di cui abbiamo bisogno per vivere, come sanno tutti. Si può sentire ma non vedere ed è in grado di muovere oggetti, dalle vele ai capelli. Anche gli esseri irrazionali lo sentono, e volano tutto il giorno. Quando pilotavo l'aereo, m'informavo sulla direzione dei venti, che aiutavano il decollo, dimostrando chiaramente che non esistono parole umane per descrivere l'universo creato dalla Mente Intelligente Suprema.

I piloti sentono il Creatore quando sorvolano le luci della città. Quando voliamo, possiamo quasi toccare la materia oscura che brilla, ma nessuno, neanche gli astronauti che sono andati sulla luna hanno sentito di farne parte; hanno guardato la terra e ne hanno ammirato la magnificenza. Guardavano avidamente mentre fluttuavano nella materia oscura, come il frutto di un albero invisibile. È interessante il fatto che l'Universo-Madre sia esistito prima di qualsiasi altra cosa, e noi originiamo da lì, sputati fuori dal big bang verso la nostra eternità.

Felicità è stare seduti a tavola, in un ghetto o in un palazzo reale, circondati da amici e familiari, godendosi una vita normale, e non vantarsi di essere un genio mentre si è seduti su una sedia piena di "chiodi divini."

Nel 1991 a Boston, Massachusetts, ho portato i miei quattro nipoti a visitare l'acquario del New England, dove abbiamo passato una bellissima giornata. Fuori faceva un freddo pazzesco. La vasca gigantesca di forma cilindrica conteneva duemila galloni di acqua salata e seicento specie di pesci che nuotano da sinistra a destra. Mi ha fatto venire in mente l'universo. Questi esseri irrazionali, comprese le tartarughe giganti e gli squali, erano attratti dalla forza di gravità, come i pianeti e i meteoriti nello spazio.

Ho raccontato queste considerazioni ai miei nipoti, che mi hanno considerato un genio, nello stesso modo in cui i "nipoti" del mondo considerano "menti brillanti" quelli che formulano teorie. Questi nipoti sono talmente numerosi da formare dei club di ammiratori o da riunirsi in gruppi di atei.

Più tardi la mia nipotina più grande, di quattordici anni, mi ha detto che secondo lei c'era qualcosa in più della forza di gravità a spingere i pesci a muoversi come i corpi celesti, perché la gravità è il frutto di una Mente Intelligente, che l'ha creata per tenere insieme le creature, anche se continua a tenerle d'occhio. Le ho chiesto da dove le fosse venuta quest'idea e lei ha risposto: "È solo buon senso!" e ha aggiunto: "La forza magnetica definita da Newton come forza di gravità controlla tutte le cose, come un orologio svizzero. Il corpo più grande attrae quello più piccolo e tutto è programmato con tale precisione, secondo la fluttuazione della massa e non sfida l'esistenza naturale dei corpi o gli ordini del Creatore. Che cosa fa tutta questa creazione continua verso l'infinito? Solo un maniaco potrebbe negare che ci sia un'intelligenza al di sopra di tutto questo. Sta solo cercando l'attenzione degli altri, oppure è semplicemente stupido!"

Se non ci fosse un'intelligenza superiore come quella del Creatore, che indirizza la materia oscura e controlla la temperatura e le stagioni, non crescerebbero i semi e non ci sarebbe vita, perché anche noi deriviamo da un seme che contiene il nostro DNA e determina l'intelligenza, il destino e la missione. È la prova dell'esistenza di un Creatore che ci osserva con il libero arbitrio.

"Heidi, sono fiero di te, tu sei una "mente brillante." E ti attribuisco un quoziente intellettivo di 250!"

"Nonno, preferisco restare umile piuttosto che essere crocefissa a causa della mia arroganza, perché vivere apprezzando quello che si ha è la cosa più importante, come la giornata stupenda che stiamo trascorrendo insieme. Inoltre penso che i test d'intelligenza siano stupidi, perché sono fatti di domande cui si danno risposte veloci. Qualunque persona sveglia è in grado di farlo, mentre quelli che hanno diplomi ottenuti col massimo dei voti potrebbero fallire, perfino Henry Ford o Einstein fallirebbero, perché non devono far colpo su nessuno, come te, nonno."

Mia nipote si è laureata, è impegnata a fare un lavoro interessante, è felicemente sposata e vive nel New Jersey. Siamo sempre in contatto perché lei continua a essere se stessa e non ha sviluppato una personalità falsa, con le conseguenze che ne derivano.

Se non fosse stato fatto dal Creatore, da dove nascerebbero i semi dell'Universo-Madre e l'universo e gli altri universi? Come ha fatto notare una ragazzina di quattordici anni, e io confermo che i salmoni risalirebbero il fiume controcorrente per deporre le uova. Tutto sarebbe stagnante, il sole non sorgerebbe la mattina ed io non sarei nato dall'unione di un ovulo e uno spermatozoo, perché mio padre non avrebbe fatto la sua parte, come il salmone. Non sarei qui come essere razionale che scrive questo libro, né voi sareste in grado di leggerlo. Cerchiamo di essere sufficientemente umili da amarci l'un l'altro per meritare la vita eterna, perché tutto fa parte della realtà. Non si tratta di porsi la domanda "essere o non essere nati." Non è una scelta, ma una benedizione. L'effetto di una causa è la legge più equa e divina, perché se non andiamo in giro a pestare i piedi altrui, neppure i nostri saranno pestati.

18 Posso provare l'esistenza di Dio attraverso tutto lo splendore

Nel gennaio del 1994, trentanove anni dopo la morte di Albert Einstein, stavo sorvolando l'Università di Princeton (New Jersey) sul mio Cessna Cardinal RJ e ho fatto richiesta di atterrare sulla pista del campus. Dopo l'atterraggio, mi sono diretto a piedi oltre il cancello di questa famosa Università, pensando a Einstein che vi ha trascorso i suoi ultimi anni sulla terra.

Ero, come sempre, curioso di sapere. Mentre camminavo nel campus pensavo che sono nato in un paese del terzo mondo (anche se il governo brasiliano sostiene che non è vero) ma non ne posseggo la mentalità. Mi sono trasferito a New York a ventun anni, come giornalista professionista e mi sono sentito subito a casa. Ci sono rimasto per il resto della vita da adulto, ammirando continuamente la perfezione umana che si ottiene con la cultura e il desiderio di avanzare nell'evoluzione, dimostrata dall'impeccabile paesaggio. La ragione per cui faccio queste affermazioni è perché tanti americani criticano questo grande paese, perché non sanno che la vita in alcuni paesi è simile a quella dell'oltretomba.

Quando vado in visita in un paese a sud del confine nordamericano o oltre oceano non frequento solo luoghi per turisti, non prendo un taxi per visitare la periferia e non volo o prendo un autobus per andare nelle altre città. Alcuni giorni fa, la nave da crociera si è ancorata per qualche giorno nel centro di Buenos Aires. La città era allagata dall'acqua delle reti fognarie solo a poche miglia dal centro. Il paesaggio era infernale. Si prova pietà per la maggioranza dei cittadini di classi sociali umili, come il cameriere, l'autista, e gli altri che vivono alla giornata per la mancanza totale di assistenza pubblica.

Se vedeste il mondo come lo vedo io, tutti i giorni, ringraziereste il Creatore di trovarvi negli Stati Uniti d'America, perché sapreste la differenza.

Camminando nel campus dell'Università di Princeton, mi sentivo come un docente anziano in visita, mentre gli studenti che passavano mi sorridevano e mi salutavano. Mi sono sentito come un umano-angelo caduto dal cielo, ma finto, perché le mie ali sono di alluminio.

Ho fatto una passeggiata, felice del privilegio di trovarmi lì, e un giovane studente mi ha detto che sarei dovuto restare a pranzo perché era delizioso. La direzione per arrivare alla mensa era seguire l'odore del cibo.

Data la mia esperienza di chef, ho visto subito che il buffet si presentava bene ed era ricco di buone cose. Col vassoio pieno, mi sono diretto verso un tavolo cui erano seduti tre anziani professori che mi hanno offerto di sedermi con loro. Ho accettato l'invito con piacere, perché uno dei tre professori era abbastanza anziano da aver incontrato Einstein, che aveva vissuto nella zona dal 1935 fino alla sua morte. Non insegnava all'Università ma ci veniva spesso.

Il più anziano dei docenti, che stava per andare in pensione, aveva parlato molte volte con Einstein e mi ha raccontato che il grande scienziato rispondeva con rammarico alle persone che gli chiedevano perché non credeva in Dio. Per lui era una grande sofferenza, perché non aveva mai affermato nulla di così irrazionale, poiché la nostra esistenza è sufficiente a non farci dubitare della sua presenza.

A quei tempi, il professore era un giovane uomo, studente e ammiratore delle idee Einstein, che era uno scienziato molto carismatico e con un gran senso dell'umorismo. Ogni tanto si fermava a chiacchierare per qualche minuto. Si rendeva conto che siamo esseri razionali creati per avere contatti umani, anche se con diversi di capacità di razionalizzare e di sentire quanto siamo uniti dal punto di vista spirituale. Il professore raccontava che da quando era rimasto vedovo, Einstein si sentiva molto solo, ma la sua morte, avvenuta all'età di settantasei anni nell'aprile 1955, gli ha dato la libertà di cui aveva bisogno.

Spesso mi ripeto che le cose non accadono per pura coincidenza o fortuna. Stavo cercando un posto per mangiare pensando a Einstein e sono capitato proprio vicino alla persona giusta, che ha confutato il racconto immeritato che circola su questo grande uomo, a proposito del nostro Creatore. Ne avevo proprio bisogno e sono arrivato al momento giusto, pianificato in anticipo, come questo libro.

Ho salutato il grande professore. Di solito saluto con un arrivederci, ma alla sua età, dubitavo che ci saremmo rivisti in questa vita. Intanto, si preparava una tempesta su Caldwell, la mia base aerea, che distava di circa venti, pericolosi, minuti. Continuavo a pensare a lui, era una persona piacevole, con cui scambiare esperienze intellettuali, che mi aveva dato nuovi spunti di riflessione. Molte anime buone vengono in questo mondo per dare e condividere buone notizie e non l'anarchia, sia nella scienza sia nella religione. Quando ero pronto al decollo, ho urlato: "Perdonami signor Einstein, con la tua conoscenza e saggezza e il tuo difficile cammino sulla terra. Attraverso la tua esperienza, puoi fornirci la prova dell'esistenza di Dio come essere spirituale e Creatore di tutto ciò che esiste. Altrimenti nulla potrebbe esistere!"

Improvvisamente ho sentito lo scoppio di un tuono e l'elica ha vorticato le sue 3000 rotazioni al minuto, trascinandomi verso una dimensione sconosciuta.

"La prima causa è capire gli effetti delle cose attraverso l'osservazione. Non può esserci, in natura, una causa senza effetto. Né un effetto senza causa. L'effetto è una causa nelle teorie del big bang, dove tutto è cominciato come universo. È l'effetto e non la causa, perché ha avuto origine dall'utero del centro della materia oscura luminosa, come l'Universo- Madre.

Mentre m'innalzavo dal selciato bagnato verso il cielo, ho sentito il tetto avvicinarsi, e una coperta scura, simile a un buco nero, pronta a inghiottirmi con l'aereo, come in un incubo, ma mi rincuorava sapere che Caldwell distava solo quindici minuti e che sarei presto atterrato. Sapevo però che sarebbe potuto scoppiare l'inferno nel giro di qualche minuto. Mentre acceleravo al massimo, oltre il livello consentito, ho cominciato a contare le gocce di pioggia, che cadevano pesanti come proiettili. Respiravo mentre volavo rasente i tetti di queste piccole, impeccabili, cittadine americane e poi le ruote hanno toccato la pista di atterraggio bagnata. Dirigendomi verso l'hangar, ho lasciato l'acceleratore e ho cominciato a frenare; ho chiuso gli occhi e ho ringraziato il Creatore per gli angeli volanti e per averci dato l'eredità di Einstein per illuminare il nostro cammino e rendere il nostro viaggio più bello anche se non più facile. Improvvisamente è arrivata una chiamata dalla torre di controllo che mi chiedeva se stavo bene, dopo aver compiuto un bell'atterraggio nel vento e nella pioggia, e sono tornato sulla terra.

Dio non è mai stato creato, né avrebbe potuto esserlo, altrimenti non sarebbe il Creatore. Se continuassimo a cercarlo, sarebbe in eterno, come l'universo in ciascuna delle direzioni infinite a 360 gradi, ma ci fermiamo sapientemente ai confini del prossimo universo, che potrebbe terminare nella materia oscura luminosa, che definisco eterno viaggio.

Un giorno l'umanità capirà che non creiamo niente, ma aggiungiamo semplicemente materia a materia, costruendo le nostre invenzioni con il materiale che ci circonda. Anche il nostro corpo deriva dall'ambiente, come quello degli esseri irrazionali, e nessuno può fermare né rallentare il processo d'invecchiamento e di decadimento. Il tempo scorre continuo, riportandoci a zero per un nuovo inizio. Come ha detto San Francesco, uno dei più grandi filosofi: "Solo morendo possiamo vivere eternamente, perché è un processo naturale e noi facciamo parte della natura e, in quanto anime, obbediamo diligentemente alle sue leggi."

Abbiamo tutti gli ingredienti a portata di mano per fare, non creare, un bambino, il pane, la casa, la macchina, i semi, il raccolto, un'arma per distruggere, le medicine per alleviare il dolore, la materia fluida per sognare e la lista continua fino alla prossima galassia e ritorno. Non ci sarebbero fenomeni o miracoli perché, come ci insegna Lavoisier, niente si perde e tutto si trasforma. Parlo sempre dei morti come se fossero vivi, perché la carne è diventata cenere o è sepolta, ma continua a fare parte della natura, da cui scaturisce energia dal cervello allo spirito, che appare come il big bang e il viaggio continua. Non è perduto come fluido, non viene cremato, perché l'energia continua a pulsare da sola.

Se piantiamo migliaia di semi, raccogliamo tonnellate di grano. Un allevatore può partire con qualche uovo incubato e finire con milioni di polli. Uno scienziato può usare le sue abilità per sviluppare possibili composizioni dalla natura a beneficio della società. Le religioni possono fare lo stesso con la speranza, ma nessuno è in grado di creare nulla, né ora né mai perché abbiamo il lievito e la farina, l'acqua e il forno per fare il pane, mentre la necessità di mangiare per la sopravvivenza era già programmata.

Essendo creati e programmati con tutte le caratteristiche positive e negative per scegliere con il libero arbitrio, l'Onnipotente, l'Intelligenza Suprema, *il grande disegnatore, prende nota* su ognuno di noi sul suo computer divino perché è il suo lavoro. Lui si tiene lontano dai riflettori;

per questo molti di noi sono ignoranti e attaccati a un piedistallo. Io contesto chi si sente superiore, dimenticando che la composizione del corpo li qualifica principianti, che discendono dalle scimmie, perché soltanto poche ore dopo la morte, il corpo diventa un mucchio di carne putrida. Chi ha un quoziente intellettivo alto deve sapere che senza spirito non siamo nulla, soltanto un sospiro nel vento.

Come ho affermato in precedenza, noi non creiamo niente, ma uniamo ciò che è già stato creato e bingo, possiamo avere un derelitto, un figlio o una figlia. Abbiamo motori, catene di ruote, energia che deriva dalla pressione dell'acqua o dal vapore (fino a poco tempo fa c'erano le locomotive, di una bellezza assoluta, come il Big Boy, 1935), poi sono arrivati il diesel e la benzina a muovere i motori e così via. L'atomo, l'energia solare e quella eolica sono qui, originati da una fontana eterna.

L'intero universo usa l'infinito potere di attrazione scoperto da Isaac Newton, chiamato gravità, che attira l'energia che controlla l'esistenza dei corpi celesti e molto di più, compresa l'orbita, come continua fonte di energia, superiore alla nostra capacità di comprensione. Non ne conosciamo l'origine, a parte il fatto che deriva dallo Spirito Intelligente, fonte della nostra esistenza. Io capisco la complessità della creazione e penso che dovremmo semplicemente accettare la nostra esistenza meravigliosa ed essere felici, in modo definitivo.

"Essere o non essere" è una frase famosa, conosciuta da chiunque in Brasile, perfino da uno spazzino, ma ultimamente ho cominciato a buttare giù espressioni come: "nascere o non nascere, questo è il mistero", "attrarre o non attrarre, è l'energia della gravità", "soffrire o non soffrire è una scelta nostra", "amare o non amare è nei nostri cuori", perché dovremmo essere tutti una grande famiglia e aiutarci a vicenda, visto che compiamo tutti lo stesso viaggio e "tutti per uno e uno per tutti." Espressioni come "non è pesante, Padre, è mio fratello" mi sono rimaste in mente da quando le ho lette nel 1975, a Boys Town, Omaha, Nebraska.

Ogni santo giorno, da quando ho iniziato a scrivere come giornalista in Brasile, la gente mi ripete di stare alla larga da questioni che potrebbero causarmi problemi, quali politica, religione, scienze, moralità, individualismo, e così via, ma io mi sono reso conto che se ogni giornalista o scrittore seguisse un flusso regolare, il progresso sulla terra si fermerebbe.

Se mi lasciassi bloccare dalla paura delle ritorsioni degli altri e non prendessi le mie idee seriamente, continuerei a spingere lo stesso tasto del computer e poi, una volta passato nell'aldilà, mi sentirei male per non aver portato avanti il mio lavoro sulla terra, ma sarebbe troppo tardi, perché dietro alle impressioni morali e fisiche, chiamate "dolore e incertezza" c'è un maestro, e tutti, prima o poi, invocheremo il suo nome: Oh, Dio!

Le cose più importanti sono la gravità e la relatività, termini spesso usati per fare impressione sugli altri e metterli fuori orbita. Non si tratta della rotazione dei pianeti o della loro orbita. È qualcosa di più; è l'inclinazione, una cosa che qualsiasi contadino poco istruito conosce, il buon senso, perché è abituato a pianificare il momento migliore per la semina per avere un buon raccolto. La civiltà dei Maya sapeva tutto dell'inverno, primavera, estate e autunno, e i pomodori crescevano.

La precisione della gravità è perfetta, ma non sappiamo da dove viene la gravità, che mantiene i pianeti allineati nelle loro posizioni, mentre li tira controcorrente! Per favore, consultate il genio Hawking, lui guarderà il suo monitor per offrirvi un'altra teoria, ma ricordate, la mia e-mail ha un muro impermeabile molto spesso impenetrabile alle teorie. Sempre più spesso navigo nei siti (ultimamente, sto cercando la logica dell'illogico sullo straordinario Internet, che si trova proprio sulla punta delle dita, con le lettere della misura giusta per imprimersi nella retina).

Le teorie per soddisfare l'ego degli uomini sono talmente numerose da riempire migliaia e migliaia di pagine. Non ci sono fatti o prove, ma almeno offrono spunti di riflessione a dimostrazione del fatto che siamo razionali, anche se non siamo tutti sullo stesso livello, perché alcuni dichiarano orgogliosamente che non c'è il Creatore, rendendosi ridicoli, sfidando la maggioranza su un piano irrazionale. Magari dovrebbero vedere *Ghost* per divertimento. Potrebbe mettere in azione la relatività del loro sistema di neuroni, causando un'impennata di buchi neri che svaniscono lentamente, permettendo loro di concentrarsi sulla creazione della vita, che afferma l'esistenza di una mente superiore dietro tutto questo, come la stessa vita.

Il senso dell'umorismo è segno dell'intelligenza degli esseri umani, che sono straordinari, non solo per le lamentele, ma anche per le espressioni divertenti dell'anima, perché una bella battuta di spirito ci fa ridere, migliorando momentaneamente l'umore. C'è bellezza nell'esistenza quando i sorrisi aprono le porte e riempiono il viso di rughe, come il mio, dopo ottanta lunghi anni trascorsi da studente di quell'università perfetta che si chiama terra.

Se ascoltiamo con attenzione il mormorio del vento mentre siamo in pianura, a guardare un tramonto bello da lasciarci senza fiato, ci arriverà un messaggio, come è successo a me durante una vacanza (1964) a Cape Cod Bay, a Provincetown, con mia moglie, mio figlio, e Carol che aveva due anni. (Oggi ne avrebbe cinquantuno). Mentre la tenevo in braccio, sono salito su un alto banco di sabbia coperto di erba e ho ammirato la cartolina di Dio che rifletteva dal cielo all'oceano:

"Immagina! Sei incredulo; sei intellettualmente e visivamente cieco se il tuo essere spirituale non si connette a tutto questo, per confrontarsi con questo splendore naturale come un essere irrazionale, senza chiederti chi è il pittore che sta dietro a tutto questo. L'Intelligenza Suprema, il Maestro di ogni esistenza, è qui da prima del tempo. È inspiegabile e misterioso, ora e per sempre, ma quello che conta è che fai parte di tutto questo, non temporaneamente, ma per sempre, perché sei in grado di pensare e di chiederti lui dov'è!

Di fronte ai tuoi occhi, la varietà di colori ti offre una scena che nemmeno la più precisa macchina fotografica è in grado di cogliere e di trasmettere alla tua retina, ma la puoi visualizzare nella tua mente come nell'aldilà. Allora sarà perfetta come non mai.

I tuoi piedi sono nelle paludi dell'inferno, creati dalle sfide della vita materiale, ma ricorda che c'è una ragione per questo, perché non esiste effetto senza causa. L'ignoranza è la non conoscenza e ti offre opportunità incondizionate per migliorare la tua evoluzione verso un mondo migliore, ma sei tu che decidi di farlo. Ti ho dato il libero arbitrio, perché ti ho creato come ho creato tua madre e tuo padre, come miei strumenti di amore.

Trasmetti amore e non anarchia lungo il tuo cammino, per esser ascoltato e abolire la miseria tra i tuoi fratelli usando la tecnologia che ti ho dato, non per creare armi di distruzione e disperazione ma per donare pace e conforto.

Gli angeli sono tra voi, fanno delle buone azioni e danno il buon esempio nella società, in tutti i campi, soprattutto nella scienza, religione e medicina, ma sono più numerosi di quello che credi e sono lì per aiutarvi a prendere decisioni usando il libero arbitrio, come bravi professori con i loro studenti.

Poiché ti ho creato con amore, devi andare alla scuola della vita terrena per prepararti all'esame, un giorno. Possiamo abbracciarci, perché tu vieni dal mio cuore.

I messaggi arrivano agli esseri umani di tutti i livelli sociali attraverso il sussurrare del vento, ma senza una mente aperta alla spiritualità, che ha inizio con il Creatore, la vita sarebbe breve e incolore, perché non ci sarebbe futuro, ma soltanto nascita, sofferenza e morte.

19 Dove sono le ispirazioni?

Mi sono reso conto di non aver bisogno di ispirarmi a qualcuno per essere scrittore. Affermare che un'opera non potrebbe essere stata creata se non fosse stato per "mia" madre, marito, moglie, figlia o amico o generazione familiare o addirittura per la morte del cane è irrilevante, perché l'ispirazione arriva improvvisamente, in qualsiasi momento e questo è il motivo per cui ho sempre la penna a portata di mano.

L'ispirazione nasce dalla mente, quando decidiamo di scrivere di questo o di quell'altro. Le parole escono dalla mente e si fissano sulla carta. Chiamatelo dono, se preferite, ma per me si tratta di duro lavoro intellettuale, formatosi col passare degli anni. È come imparare una lingua; più parole si memorizzano più in fretta la padroneggiamo. Ci ho provato, e funziona.

Io ne sono un esempio. Da bambino leggevo e scrivevo di tutto, non solo libri sacri. Immagazziniamo le esperienze che viviamo nella banca della memoria per custodirle per quando ci serve. In quel momento le informazioni salteranno fuori, proprio come nei computer di oggi, perché il nostro è un sistema perfetto. Si chiama: mente.

Leggo il più possibile i siti che visito, ed è un vasto repertorio. È il risultato del mio percorso, che è mio personale, e non ha niente da fare con nessun altro. La mente è nel cervello, perché cervelli senza mente sono come un fascio di neuroni o di cellule morte. La mente siamo noi, è lo spirito. Se Stephen Hawking lasciasse stare il monitor, il cosmo e la quantistica per un momento, la sua "mente brillante" potrebbe usare le sue teorie per scoprire di cosa è fatta la mente e la sua composizione, che potrebbe essere la coscienza. Allora diventerebbe ufficialmente una "mente brillante."

Ho promesso di non scrivere una parola sul Dalai Lama, considerato *Santità*. Ho spiegato che il termine *santità* è nobile ed elevato quanto olistico. Scrivevamo *lui* come l'unico riferimento morale a Dio e poi a Gesù Cristo, perché *lui* è rispettato da tutti. Le sue parabole e il Sermone del Monte si basano sulla moralità assoluta. La sua morte crudele sulla croce è la prova della sua missione di amore, che va oltre il concetto di religione. Lui ha imparato parlando con persone diverse, soprattutto a New York City (NY), che è un crogiolo di culture. È facile sedersi all'Oyster Bar alla stazione centrale e dopo qualche caffè e una dozzina di ostriche fritte al Rockefeller, se avete una bocca grande come la mia, imparerete molto dagli stranieri, perché questa è la "New York, New York", esaltata da Frank Sinatra (1998).

Questa è la mia opinione e nessuno me la cambia, soprattutto dopo gli sforzi durati otto anni, in cui ho cercato di passare attraverso una "porta stretta." Non ho mai chiamato nessun essere vivente sulla terra "Santità" o "Santidade", né mai lo farò.

Con tutto il rispetto dirò: "Signor Presidente, Sua Maestà il Re o la Regina, Sua Eminenza Papa Francesco, Sua Eminenza Dalai Lama" o li chiamerò con qualsiasi altro titolo, ma *Santità* è riservato al giorno in cui incontrerò il *Creatore* e Gesù Cristo in persona, naturalmente. Penso di condividere l'opinione di Thomas Paine (1809).

Da "Cos'è la mente?" del Dalai Lama a Cambridge, Massachusetts, in dicembre 2008:

"Alcuni scolari moderni descrivono il Buddismo non come una religione ma una scienza della mente e sembra che ci siano delle ragioni alla base di quest'affermazione."

Poi, come sempre, segue un soffice torrente di parole; come il *Bolero* di Ravel, che continua eternamente senza fine, fino a quando qualcuno non stacca la spina.

La persona media non legge molto, specialmente nei paesi del terzo mondo, dove si è pronti a scambiare un bel libro nuovo per una bottiglia di vino scadente.

Affermare che l'ispirazione viene dal *nulla*, come ha detto Hawking, non è giusto. L'universo non si crea dal *nulla*, come afferma nel suo libro *Il Grande Disegno*, perché solo la sua dissennatezza viene dal nulla. Dopo averlo letto, mi sembrava un trattato di scienze per pochi interessati.

Avrei potuto trovare lo stesso contenuto in molti siti e non c'era niente che mi tenesse sveglio. Non valeva i trentacinque dollari spesi, perché non aveva anima nè tantomeno spirito. *Il Grande Disegno* è talmente noioso che mi chiedo se tutta quella pubblicità che gli è stata fatta aveva l'obiettivo di convincere me a comprarlo. Poi ho cominciato a scrivere questo libro, perché lo dovevo a Hawking, ma al pubblico non interessa saperlo, finché i treni continuano a correre sui binari.

Come pilota, trovo che ad eccezione dei piloti e dei meccanici nessuno sia interessato a sapere come volano gli aerei, nemmeno l'equipaggio. Quando chiedevo alle persone come fanno a volare gli aerei mi rispondevano perché finché nel serbatoio c'è benzina il motore girerà, oppure grazie alle ali attaccate alla fusoliera. Non è uno scherzo ma è interessante.

Tutto questo ci porta a concludere che la persona media è fiduciosa, essendo un'anima onesta e semplice, e quindi può diventare facile preda per i lupi travestiti da agnelli. Sono numerosi i danni provocati da questi spiriti maligni che si presentano sotto forma di scienziati che tolgono la speranza o di leader religiosi che diffondono la nozione di un Dio senza pietà. Ancora una volta, la lista comprende i confini dell'universo di Hawking.

Come per tutto il resto, dobbiamo navigare in acque trasparenti o volare su cieli chiari ad alta visibilità, per fare un viaggio sicuro. Questo vale anche per le nostre azioni verso gli altri, specialmente se diciamo o scriviamo qualcosa su qualcuno che si rivela sbagliata. Tuttavia, se non si causano danni alle persone, e si tratta di un consiglio sincero per il bene di tutti, senza l'intenzione di causare un dolore morale, allora non è un peccato.

Le persone hanno il diritto di accusare di malafede uno scrittore, giornalista, autore o predicatore, così come quelli che diffamano gli altri hanno a loro volta il diritto di farlo. Questa è la società terrena, le cui anime sono in ascesa verso l'evoluzione.

Per raggiungere un pubblico esteso, un libro deve contenere una varietà di fatti e non un unico argomento. È come andare in un ristorante che offre un menù *à la carte* e fare la scelta sbagliata, mentre in un buffet, che ha dozzine di cibi da offrire, possiamo gustare una cena di nostra scelta.

La persona media, di solito, non arriva a finire un libro, si ferma prima della metà, mentre io sono stato sveglio per leggere un libro di 610 pagine.

Ho dormito poche ore ma ne è valsa la pena, perché ho imparato tante cose e mi sono anche divertito. Ecco perché faccio del mio meglio per esser uno di quelli "nati per scrivere" senza riempire pagine di falsa logica. In quel caso, le parole non scorrono facilmente sulla pagina, ma sono forzate.

Posso scrivere almeno due, tre pagine l'ora, mentre ascolto le conversazioni della gente, seduto in un centro commerciale (in Brasile). Se non potessi, non sarei potuto diventare pilota, perché noi piloti dobbiamo ascoltare le comunicazioni, avere un occhio sugli strumenti, uno sulla mappa e uno a guardare gli uccelli, come avvoltoi, anatre e, soprattutto, oche canadesi.

Cercano tutti di evitare il radar per mandarci all'inferno. È noto il miracolo accaduto qualche tempo fa sul fiume Hudson di New York, in cui un'oca ha forzato un aereo a compiere un atterraggio di emergenza sull'acqua, miracolosamente riuscito. Il grande uccello ha perso le piume mentre veniva fatto arrosto.

Alcuni anni fa, uno stormo di piccole anatre stava allenandosi a volare in altitudine, con mio disappunto. Ce n'erano circa una ventina in una formazione a V. Mi sono diretto verso di loro, con il mio aereo che non era certo un jet; sono diventate carne macinata ed io ho quasi avuto un infarto. Quando sono atterrato, l'aereo era coperto di sangue. Abbiamo dovuto aggiustare l'elica, riequilibrarla e pulirla, come il resto dell'aereo. Con mia grande sorpresa, l'assicurazione mi ha risarcito i danni, e mi considero fortunato. La mia risposta, che voi già conoscete, è che nessuno se ne va prima del suo tempo (lo dicono anche gli "atei"). Non ho dovuto pagare le spese e, con i soldi che ho risparmiato, avrei potuto mangiare anatre per un millennio. So cucinarle in molti modi, come tutto il resto, perché sono un bravo chef. Dico sempre che solo Dio cucina meglio di me, e non si lamenta mai perché gli dò sempre la precedenza.

Conosco persone blasfeme, vive o morte, che si sentono al di sopra del mondo. Sono immobilizzate su una sedia a rotelle, senza famiglia e vivono una vita piena di negatività. Sono invecchiate prima del tempo o si trovano già davanti al Creatore ad affrontare la musica, perché si sono autodefiniti "menti brillanti" o geni, grazie a un dono che il Creatore ha chiamato computer e nato, come tutto il resto, dal big bang.

Quando scrivo in pubblico, osservo le persone e trovo l'ispirazione, perché è per me l'ambiente perfetto, che mi fa sentire di non essere solo nell'universo. Sono parte di una famiglia, i cui membri derivano tutti da forme microscopiche. Mentre stringo la penna, l'immaginazione e il passato mi vengono alla mente, come nella riproduzione di un DVD sullo schermo. Questo processo si chiama "ricordare" e si accompagna a tutto quello che ho imparato fino a questo momento. Scorre verso il futuro, come la realtà delle nostre anime. La realtà è quella che gli umani sentono e vedono.

Neanche in futuro gli umani saranno in grado di creare una mente artificiale, neanche in forma primitiva, perché la madre sarebbe priva di DNA. È tutto nella sequenza delle proteine, o fattori genetici, prodotti dalla madre - materia oscura. Sono tutti nei big bang, perché l'acqua che beviamo per la nostra sopravvivenza viene dalla stessa fontana.

È arrivato il nostro tempo, per noi che abbiamo cultura, ma non siamo esattamente "menti brillanti", perché non esistono menti brillanti o persone con un grande quoziente intellettivo, sono sciocchezze messe in giro da persone inferiori e irrazionali, che hanno lo stesso sangue dei maiali, gli unici esseri il cui corpo è compatibile con quello umano. Se non lo sapete, fate una ricerca; leggete libri, andate su Internet, chiedete a chi ne sa di più. Posso provare tutto quello che dico e che scrivo. Oggi, la mia conferma è Internet, il mio angelo. Da giovane dicevo:

"Se prima non sapevi, ora sai, perché il non sapere è il privilegio dell'ignoranza e ignorare è un tuo problema, e tu hai il diritto di esserlo perché solo tu puoi fermare la tua ignoranza. Se non lo fai, va bene lo stesso, perché il tempo è il tempo e aspetta in eterno. Tu ne fai parte come me e tutti gli altri. Alcuni sognano di attraversare l'arcobaleno, altri tengono il naso sull'erba."

Oggi, a ottant'anni, prossimo alla fine del mio viaggio terreno, ricordo le moltitudini di familiari e amici. Facevamo parte di un gruppo; ora sono un mistero, ma sono conservati nella memoria dell'anima. Sono spiriti, a conferma dell'affermazione di Lavoisier che "niente è perduto, tutto si trasforma"—come l'acqua in vapore, l'anima in spirito. Non cambia nulla.

Questo glorifica non solo una civiltà ma il mondo o l'universo profondo, perché l'eternità ha inizio in quello che noi, con ignoranza, chiamiamo passato, che è eterno, perché il momento importante è il presente e il futuro è sempre davanti a noi. Altrimenti il professor Hawking avrebbe ragione.

Nessuno può cambiare le cose o tornare indietro nel tempo, o andare nel futuro, che non è ancora formato, eccetto Hollywood per il nostro divertimento. La gente prende in giro gli adulti che si comportano come bambini dell'asilo ma perché non dovrebbero? Molti adulti famosi hanno una collezione di cartoni animati e commedie leggere che vanno dagli anni cinquanta agli anni ottanta. Quando sono stressati, ne guardano uno e si sentono magicamente meglio.

Yasser Arafat (2004), il leader palestinese, ha ricevuto il mio libro *Christ's Wisdom and the Unholy Prophet (La saggezza di Cristo e il profeta profano)* (2002), che ho mandato anche al capo del governo israeliano.

Qualche giorno dopo mi ha chiamato e abbiamo parlato per dieci minuti, mi ha espresso la sua gratitudine per essere un angelo della pace. Lui era in difficoltà nel confrontarsi con le forze malvage della terra, ma è intervenuto ufficialmente Allah e gli ha fatto ricevere il Nobel per la pace nel 1994.

Quest'uomo è nato e vissuto in mezzo alle persone sofferenti, mentre gli altri sedevano nel confort dei paesi industrializzati, senza dover scansare proiettili o mangiare pane secco per non morire di fame. Dio è il loro Creatore perché, come me, non guarda al cielo o al monitor ma oltre le nuvole. Ecco perché Dio ha dato a lui premio Nobel e ad altri la sedia a rotelle.

Come scrittore, pittore e stilista, mi piace osservare la gente. (Non sono un pittore moderno, apprezzo l'arte realista, come la fotografia. Gli altri tipi di arte sono per me distrazioni infantili di persone senza talento e non espressioni dell'anima.)

So mettere le parole sulla carta, ma non il piede in bocca. Guardate le ultime pagine di questo libro, perché quello che affermiamo e non siamo in grado di provare non è altro che una teoria. Le teorie non sono realtà, ma come ripeto spesso, sono come gli argomenti dei bambini, che parlano di storie fantastiche e non di ciò che esiste realmente. Ho chiesto ad Arafat della sua collezione di cartoni animati e lui ridendo mi ha detto che si augurava che le nostre vite fossero come quelle dei cartoni animati.

Come artista, sono in grado di notare le differenze fisiche e spirituali nei visi delle persone. Le persone non hanno la stessa personalità, così come non ci sono due impronte digitali identiche, perché lo sperma deriva da milioni di spermatozoi conservati nella banca del big bang (ricordate, questo è un libro sulle realtà, non un libro umoristico e tanto meno scientifico). Le mie affermazioni sono realtà. Nel leggere questo libro, le parodie e le teorie non vi aiuteranno ad attraversare la stretta porta che vi conduce nell'aldilà.

Tutto questo non è affascinante perché non è simile al nostro mondo, in cui c'è bisogno di denaro. Beh, non posso dirvi di più perché è contro il regolamento e in ogni caso non mi credereste. Se vi descrivessi Dio, vorreste vederlo come Tommaso (il santo).

Usando tutti gli elementi e le esperienze positive e negative, ho attraversato terra, mare e cielo, cercando di svelare i misteri che non possono essere spiegati dalle "menti brillanti", con un alto quoziente d'intelligenza e dai geni, riconosciuti tali dai "circoli di ammiratori." Loro se la prendono comoda, quello che fanno è scritto su un diploma, non è espresso dalle loro azioni. Il più grande di loro, il favorito dai media perché è lui stesso un fenomeno, l'unico che è riuscito a sopravvivere come mummia, non per qualche settimana, ma per oltre mezzo secolo, ci sta lanciando un messaggio, ma non è un messaggio divino; afferma che Dio come Creatore non esiste. La teoria del big bang è priva di galline perché non ha origine neppure da una gallina divina, e la gente gli crede. Per questa ragione si è auto crocefisso, perché Dio non fa questo ai suoi figli o a nessun altro. Se lo facesse, non sarebbe fatto di solo amore.

Lui è seduto su un chiodo gigante sulla sua sedia divina, perché la sua visione non va al di là dell'aia che racchiude il pollaio. La gallina ha detto ai pulcini che l'universo termina con lo steccato e, nella sua frustrazione, comincia a vedere buchi neri come se fossero nel suo giardino. Lui ha annunciato che la materia oscura non ha un Creatore, e così sono cominciati i suoi incubi, notturni e diurni.

A sessantacinque anni non sono andato in pensione e a ottant'anni continuo a cavarmela bene perché la penna pesa solo mezza oncia e la pressione della tastiera è soltanto di 0,00001. Lui usa la gravità per atterrare o, come un anziano, perde l'equilibrio, mentre la mia sedia a rotelle è un Cessna 182, RG.

Ho volato a quindicimila piedi, circa cinquemila metri (che sulla terra si possono percorrere di corsa in quindici minuti, ma provate a indossare le ali e a salire, vi sentirete come se aveste delle piume incollate ai piedi). Quando si è in volo, Manhattan può stare nel palmo di una mano e si può intravedere il centro di Boston o la punta di Cape Cod. A destra si trovano Martha's Vineyard e Block Island. (Dopo tutti questi anni mi rendo conto che questa altezza è dieci volte superiore a quella dell'Empire State Building o di un palazzo di dieci piani. Mi sono sentito come se stessi lasciando l'attrazione gravitazionale del pianeta. Immaginate un grande jet che vola a cinquantamila piedi. Ora capisco perché i piloti accettano di volare per un salario basso.)

Quando ho raggiunto il tetto del mio aereo (l'altitudine del costruttore), ho appoggiato la mano destra sul sedile di fianco al mio e ho sentito la sua energia. Guardando l'ala, ci ho visto seduti gli angeli dalle sembianze di bellissime giovani donne con i capelli al vento. Mi sento trattenuto, avvolto. Sullo sfondo, il cielo azzurro con i raggi del sole al tramonto, con gli stessi colori dell'arcobaleno, che vanno dal rosso vivo al rosa chiaro. Un ultimo chiarore giallo lascia in pochi secondi il posto alla grandiosa *materia oscura luminosa* che copre tutto quello che esiste oltre la terra. Avevo il serbatoio pieno e avrei potuto galleggiare nell'aria in eterno.

Mi sono sentito completamente libero, sospeso tra inferno e paradiso. (Molte case editrici mi hanno consigliato di evitare la parola *inferno*, ma ho deciso di non ascoltarle. Amo questo termine, perché l'inferno è sgradevole per chi ha una coscienza sporca, non per chi non ha colpe. È divertente, perché fa troppa paura a quelli che dovrebbero cambiare. Aggiunge sale alla mia narrazione.)

Ho capito di avere una grande responsabilità perché, durante il volo, la mia vita dipendeva al 100% da una macchina, con il tempo che poteva cambiare e centinaia di cose potevano andare storte ma allo stesso tempo si fa sentire anche l'altra faccia della medaglia, per difendere le nostre azioni. Altrimenti non faremmo mai niente e anche in quel caso, potrebbe caderci in testa il soffitto.

Improvvisamente, una grande gioia mi ha pervaso e i miei pensieri sono andati a chi non immaginerà mai com'è bello guardare in basso e vedere quanto piccola e perfetta è la nostra esistenza. L'intelligenza di noi esseri razionali è il miglioramento dell'evoluzione, e ringrazio Dio, che ha reso tutto questo possibile: "Oh, Dio, ti ringrazio per averci donato l'esistenza, per lo spettacolo colorato della tua magnificenza e la tecnologia che ci hai fornito, che ci permette di godere del nostro mondo nel tuo universo. La tua gloria è la nostra gloria e resta dentro di noi. L'eternità comincia da qui e l'immensità è la nostra dimora, in terra come in cielo, come tutto quello che comincia a un micro livello, e diventa colossale. Grazie e ancora grazie, perché non ci lasci mai soli, come anime e come spiriti, che formiamo una famiglia attraverso il matrimonio, i figli, i nipoti, i parenti, i vicini di casa e gli sconosciuti; siamo tutti uniti senza frontiere, perché ciascuna nostra impresa fa parte dell'evoluzione e della gloria, e ci fa capire che la morte è solo la continuazione della vita. L'eternità aspetta noi e i nostri figli. I nostri pensieri formano il nostro spirito perché parliamo con noi stessi, sogniamo e costruiamo le nostre vite visualizzando tutto, prendendo decisioni e lavorando per la nostra felicità e quella degli altri. È una materia fluida, corporea, perché l'esistenza è una composizione ed è stata creata; non si perderà mai, né i nostri pensieri andranno persi per noi!"

Ho sentito un'energia travolgente attraversare il mio corpo, come se avessi toccato un filo elettrico. Mi trovavo nella terza dimensione, lontano dalle ali, poi non c'erano più suoni, solo miliardi di luci cristalline che mi riempivano gli occhi. Ho cominciato a lasciarmi scivolare via, preso da una sensazione di estasi. Che bello essere quello che siamo: esseri intelligenti!

Una voce alta mi ha risvegliato dal meraviglioso mondo dei sogni, riportandomi all'incredibile presente dell'esistenza sulla terra:

"Cessna uno-otto-due RG sei-tre-uno-quattro-zero, New York TCA (controllo traffico aereo N.d.T.), hai dei problemi? Fai attenzione perché stai sorvolando un'area densamente popolata su Manhattan."

"New York TCA Cessna uno-otto-due RG sei-tre-uno-quattro-zero, affermativo, tutto okay. Sono a settemila piedi di altezza sul TCA. Perché?"

"Sei-tre-uno-quattro-zero, il radar segnala che stai andando a ritroso, come un elicottero, puoi spiegare perché? Il vento è calmo e il cielo è chiaro!"

"New York TCA sei-tre-uno-quattro-zero, grazie. Ottocento RPM (rotazioni per minuto, N.d.T.). Sto andando verso tremila. Chiedo di dirigermi direttamente su Caldwell, passo."

"Cessna sei-tre-uno-quattro-zero, approvato. Discendi in linea retta su Caldwell, trasponditore due-uno-quattro-due, Kennedy, Manhattan, Newark TCA. Contatta la torre di Caldwell il più in fretta possibile. Buona notte!"

"New York TCA, William Moreira, due-uno-quattro-due, mantengo tremila piedi RPM per atterraggio su Caldwell. Grazie. Dio vi benedica."

"William Moreira, molto premuroso da parte tua, buona notte."

"Passo e chiudo."

Queste memorie ci mantengono vivi e ci fanno invecchiare con armonia. La vita è una strada di felicità ma anche di lacrime. È parte del tempo che scorre, eternamente presente a disposizione di noi tutti. Ora che il mio fisico s'indebolisce, a causa dell'età, la mente è più attiva che mai, perché non invecchia né muore. È la nostra essenza; non appartiene al corpo materiale, ma se ne serve temporaneamente come stupenda dimora che ospita lo spirito. Mi ci sono voluti lunghi anni di ricerche, in cui ho riso, pianto, ma non ho mai smesso di imparare la bontà della nostra esistenza.

Tornato a casa verso le 4:00 del mattino, mi sentivo come un teenager. Ho aggiunto ai miei appunti le esperienze di quella memorabile notte, quello che ho scritto con le ali, immobile, tra gravità e neutralità, nella zona dello spirito. La mia *Parker 51* non rispetta il cielo o l'inferno e nessun altro posto, specialmente i ristoranti dei centri commerciali in Brasile, dove sembra di essere in un pollaio, in cui i polli lottano per il grano.

Essere arrivato al bivio degli ottant'anni mette peso sulle mie spalle. Ho lasciato i quindicimila piedi sopra le nuvole con gli occhi fissi su Dio, sugli angeli e sulle dozzine degli strumenti di volo. Ho avuto paura di incontrare delle turbolenze o peggio di scontrarmi con degli uccelli, soprattutto anatre che volano ad alta e bassa altitudine.

Ora, a livello del mare, viaggio a velocità di crociera. La grande vetrata di casa mia si affaccia sulla spiaggia con migliaia di persone. Col passare delle ore tengo gli occhi su Dio mentre ascolto una bellissima stazione radio di musica classica, senza interruzioni pubblicitarie. Il mio spirito non invecchia né muore. Continuo semplicemente a fare quello che devo fare.

Quando navigo sull'oceano, sono cullato dal dolce movimento delle onde. Ora che sono parte di una nuova famiglia che mi riempie di attenzioni, la mia unica preoccupazione è tenere un occhio sull'oceano e uno sul foglio di carta osservando le centinaia di passeggeri a bordo. Sorrido e li saluto, mentre le parole esplodono sul foglio con le migliori intenzioni. Il tempo passa e Dio è sempre nel mio cuore.

Alcuni giorni dopo il mio ultimo atterraggio, amici e familiari pensavano che fossi matto. Essere un pilota privato significa precipitare dal cielo o esplodere in mille pezzi sul selciato, con o senza fede. I limiti sono limiti e io li avevo superati.

Dopo colazione sono entrato negli uffici della FAA (Federal Aviation Administration, N.d.T.) all'aeroporto di Terteboro nel New Jersey, dichiarando che rinunciavo al mio diritto di volare e chiedendo quale fosse la procedura da seguire. Mi hanno guardato tutti come se fossi un alieno. Mi hanno risposto sorridendo che tutto quello che dovevo fare era tornare a casa e mettere le ali nel cassetto per un po'.

Quando si sono resi conto che ero serio, mi hanno spiegato che avrei dovuto firmare una dichiarazione nella quale m'impegnavo a rinunciare al *mio privilegio* di volare come pilota. Era semplice, ma sono stato il primo a farlo, e per questo merito il premio Nobel, perché quelli che hanno problemi iniziali continuano a volare fino alla fine per non rinunciare a quello che amano fare di più, volare.

Ho spiegato che avevo fatto una promessa alla mia defunta figlia Carol e a tutta la famiglia, impegnandomi ad abbandonare le ali e lasciare il mio hobby spettacolare dopo il millesimo atterraggio. Avevo fatto altri quarantadue atterraggi nella notte, di cui mia moglie e mio nipote avevano preso nota dal mio registro di pilotaggio. Il mio problema non era semplicemente guidare un aereo, perché ero diventato un maestro, un temerario. Avevo smesso di essere prudente, come un uccello leggero. Ero caduto come un'oca sotto un colpo di fucile ed ero atterrato come un cigno. Nessuna pista o campo era troppo corta per decollare o atterrare, e quando si presenta questo atteggiamento, si diventa il primo sull'elenco delle vittime. Anche l'età cominciava a farsi sentire per continuare questo sogno ad occhi aperti così impegnativo.

All'ufficio della FAA hanno applaudito il mio breve discorso, ma, ancora una volta, mi hanno invitato a pensare se firmare o non firmare perché, una volta messo il mio nome sulla carta, non sarei potuto tornare indietro. Avrei potuto continuare a volare ma insieme a un istruttore (come uno studente) e avrei dovuto superare un esame nel caso avessi richiesto un nuovo certificato.

Ancora una volta, ho preso in mano la *Parker 51* e ho ringraziato il Creatore per la mia breve carriera di pilota, che mi ha avvicinato spiritualmente a lui e mi ha aperto le frontiere dell'apprendimento. Potevo sentire la mia fede in lui e non sono diventato un mucchio di resti o di cenere funeraria. Avevo soddisfatto il sogno che avevo fin da bambino di volare come un uccello.

Ho lasciato le mie ali e le mie piume all'ufficio della FAA, grato per questa grande organizzazione che porta avanti civilmente il lavoro di responsabilità sotto la guida di Dio. Mi veniva da piangere mentre cercavo di controllare l'emozione. Alcuni giorni dopo ho ricevuto questo promemoria:

> WILLIAM MOREIRA (Canno) giornalista, scrittore, autore, si è presentato presso questo ufficio della filiale dell'AEROPORTO DI TERTEBORO, New Jersey, di sua spontanea volontà, senza pressione alcuna e, di fronte a testimoni oculari, essendo in condizioni fisiche apparentemente soddisfacenti, ha reso il suo CERTIFICATO DI PILOTA PRIVATO. Inoltre, gli è stato comunicato che qualora desiderasse volare di nuovo avrebbe dovuto sostenere tutti gli esami necessari per ottenere un NUOVO CERTIFICATO.

> William Moreira (Canno) ha affermato per iscritto di essere a conoscenza di questo e di voler rendere il suo CERTIFICATO DI PILOTA a causa dell'età avanzata, avendo soddisfatto il desiderio che aveva avuto sin da bambino di conquistare il cielo ed essendoci riuscito ottenendo un punteggio di dieci che lo ha portato a essere membro orgoglioso dell'ASSOCIAZIONE PILOTI PRIVATI DEL NORDAMERICA.

> Richard Smith

> Ispettore FAA North East Coast Area degli Stati Uniti d'America.

20 L'evoluzione materiale e intellettuale dell'essere umano rappresentata da Stephen Hawking e interpretata dall'autore

voluzione è probabilmente il termine più usato nelle scienze e possiede diversi significati. Fondamentalmente si tratta del miglioramento della vita degli esseri umani razionali e di quelli irrazionali come la vegetazione e il cosmo. È una spiegazione che tocca appena la superficie delle cose.

La scienza usa l'evoluzione per qualsiasi cosa, compresi i materiali fabbricati dall'uomo, come i macchinari, le medicine e il mondo microscopico, tra cui le cellule e i germi, che fanno parte della creazione infinita.

Non c'è niente di veramente modesto nella nostra esistenza, perché anche una semplice particella è necessaria, visto che l'insieme dei granelli di sabbia forma una spiaggia. La materia oscura di cui è/sono composto/composti l'universo/gli universi è formata da materiali simili ai granelli di sabbia della spiaggia. Ora fate un bel respiro, perché dobbiamo accettare che non si tratta di una scelta religiosa, ma di qualcosa che non può che essere così, e vi conviene accontentarvi, perché siamo tutti sulla stessa barca.

L'evoluzione tecnologica non è mai stata tanto rapida quanto negli ultimi cent'anni. Sono nato nel 1933 e in ottant'anni ho assistito ai progressi dell'evoluzione, considerandoli una benedizione, se posso usare questo termine e perché no? Parlo di benedizione perché la continua evoluzione è un potere a noi sconosciuto, generato dalla natura, sul quale non abbiamo controllo, come non abbiamo controllo sulla nascita e sulla morte. Ne facciamo parte e, al di là della scienza e della religione, siamo esseri mortali. Speriamo che il Creatore continui a far evolvere la nostra intelligenza in forma spirituale, come è successo fin dall'inizio, quando mangiavamo carne cruda perché non conoscevamo il fuoco.

A quei tempi, quando calava l'oscurità, prima di andare a letto con le galline, guardavamo il cielo e allargavamo le braccia. Le scimmie ci saltellavano intorno mentre noi cercavamo di afferrare le stelle. Quando abbiamo cominciato a parlare e a mettere parole su carta o a costruire oggetti di materiali come l'argilla o la pietra, abbiamo anche iniziato a rivolgerci a Dio, per vedere in lui una vera consolazione nel passato, presente e futuro eterno. Lui è l'unico Creatore e non si mostra alle sue creature. Ha donato loro il libero arbitrio affinché s'interroghino sull'origine della bellezza del creato. La domanda importante è dove è iniziato il tutto, e rimane un eterno mistero che né le menti brillanti o geni né le persone che rendono grazia a Dio sono in grado di risolvere.

La tecnologia è una lama a doppio taglio perché può essere usata dai militari per uccidere e distruggere o dalle menti disturbate che non temono il Creatore. Per queste persone, distruggere vite umane equivale a uccidere polli; uno di loro è Kim Jong-Un della Corea del Nord. Appena un idiota al potere se ne va, viene rimpiazzato da un altro. Hitler non ha lasciato successori.

Ammetterò che qualcuno ha una mente brillante quando la sua genialità lo renderà un leader in un paese del terzo mondo e riuscirà a guadagnarsi la fiducia del suo popolo, rendendo il suo paese, un paradiso terrestre. Chavez (2013) ha provato a farlo in Venezuela, diventando il protettore dei poveri, come Robin Hood, che prendeva ai ricchi per donare ai poveri. Purtroppo non ha funzionato perché senza educazione le persone continuano a rubare.

I grandi leader politici e religiosi, i dittatori, i re e le regine, i primi ministri e perfino le stelle del cinema, gli scienziati e gli industriali, gli imprenditori come Henry Ford, sono in aumento. Usando le sue teorie, Stephen William Hawking ha creato oggi un'immagine di se stesso di genio dalla mente brillante, con un quoziente intellettivo di 250. Le persone comuni sono come i bambini, credono a qualsiasi favola, anche all'esistenza di un universo senza Creatore, il che rappresenta un incentivo per le persone malvage, che non devono più temere di rispondere dei loro peccati dopo la morte, visto che non esiste la vita eterna e non esistono altri universi.

Avere speranza significa considerare l'esistenza come un "microchip" del Creatore, il solo e unico. L'inizio è un mistero, perché dietro la creazione c'è una mente religiosa brillante che ha organizzato tutto. Si chiama *speranza* e può dare sollievo al nostro dolore incoraggiandoci a pensare che la vita sia degna di essere vissuta, nonostante le sofferenze. Dopo l'uragano c'è sempre un arcobaleno, su cui c'è scritto: "I nostri cari sono ora con lui, il Dio Onnipotente, e noi dobbiamo continuare a vivere ricordando le cose belle perché il sole risplende come la speranza e i semi crescono."

Il secolo scorso, il progresso tecnologico è stato così enorme che ci ha fatto raggiungere la luna, ma fortunatamente ha perso i buchi neri di Hawking, altrimenti non ci sarebbero satelliti.

Nel corso dei miei ottant'anni di vita ho assistito alla comparsa dei jet e dei computer, della TV, dei film a colori, delle foto perfette e, come pilota, del GPS. Quando pilotavo l'aereo nei giorni di nebbia, sorvolando la terra a pochi piedi di altezza, le istruzioni che ricevevo erano guardare gli strumenti e lasciare a Dio tutto il resto.

Gli Stati Uniti sono il primo paese del mondo e continueranno ad esserlo; i suoi abitanti formano una grande famiglia e continuano ad aiutare gli altri paesi come hanno fatto nel 1941 con il Patto Tripartito. Adolf Hitler, Benito Mussolini, e l'imperatore Hirohito, burattini di un *militarismo satanico*, sono costati all'America sangue e industrie. Gli americani hanno aiutato i popoli oppressi a salvare il pianeta dalla malvagità.

Anche oggi, gli Stati Uniti d'America sono il paese più impegnato a lottare contro il male, oggi rappresentato dal coreano Kimi Jong-Un, la marionetta della spietatezza militare. Perfino le sue foto fanno male agli occhi, come quelle di tutti coloro impegnati nel mondo oscuro dello spirito. Hawking si sorprenderebbe guardandosi allo specchio; perfino da teenager aveva l'aspetto di un uomo senz'anima.

La benedizione di Dio dura in eterno, finché gli americani mantengono la stessa dicitura sulle loro monete: *In God We Trust*. Gli americani sono il popolo che più frequenta le chiese, perché la speranza fa parte del loro cuore. Hanno dato ospitalità al numero uno dei promotori anti-Dio: Stephen William Hawking, che per anni ha vissuto in California, ricevendo assistenza ventiquattro ore al giorno per la sua disabilità. Tutti sanno che ha perfino provato a uccidere la filosofia. Tuttavia, la speranza è ancora ben ferma su un piedistallo di roccia, perché nel nostro pianeta vivono più persone buone che cattive.

Sono arrivato a New York City il 18 gennaio 1956, a ventidue anni. Ero un giornalista in visita nel paese per trenta giorni. Là ho sentito per la prima volta il freddo dell'inverno e la neve, ho imparato l'inglese e ho assaporato carne favolosa e le aragoste fresche del Maine. Con la mia macchina fotografica (Minolta) e la mia penna *Parker 51* ho cominciato a conoscere la storia e gli abitanti di questo paese. Ho deciso di rimanere, non perché fossi in difficoltà finanziarie, ma per la grande ammirazione che ho provato per l'integrità di questo paese. Mi sono sentito onorato di farne parte.

Nel 2002 ho mandato ufficialmente il mio primo libro, *Dr. Fritz: The Phenomenon of the Millennium* a iUniverse.com. Aveva più di 440 pagine e 180 foto scattate da me personalmente. Era più pesante di una valigia. Pochi anni dopo è diventato un DVD e ora, come PDF, passa da computer a computer, liberamente e in tutta sicurezza. Poi ritorna a me con le correzioni e i commenti, per grazia di Dio.

Gli americani sono sempre stati pionieri, specialmente nell'aviazione commerciale; i Boeing e i Douglas continuano ad essere all'avanguardia. Altri paesi sono saliti a bordo e ora si parla di progresso. Il Boeing ha vinto una gara e ha ricevuto fondi (dall'amministrazione Ronald Reagan) per la ricerca. Hanno costruito un aereo supersonico di almeno duecento posti in grado di coprire distanze lunghe quanto New York-Pechino in circa due ore. È una notizia top secret. Ho letto che Boeing ha offerto a Douglas e Lockheed di riunirsi in partenariato. Ci sono state alcune difficoltà tecnologiche, legate soprattutto al motore. Spero che presto diventi realtà. Posso materialmente testimoniare un altro passo avanti della scienza perché ho potuto farlo come fantasma.

Le nostre preoccupazioni ci riservano una vita migliore, non una passata a scrutare l'orizzonte. Il telescopio più potente è in grado di riflettersi nella nostra retina, ma i nostri problemi si trovano qui. Possiamo migliorare la nostra vita materiale. La medicina deve fare ancora passi avanti per aiutarci di più, come l'agricoltura, l'energia e il controllo climatico. Le strade sono ancora poco sicure, gli aerei cadono e le navi affondano. La cocaina distrugge intere popolazioni. Nel frattempo, uno scienziato tetro e senza Dio riceve gli onori presidenziali, non per aver salvato il pianeta, e neppure se stesso dalla croce che porta. Sembra che stiamo andando a ritroso nel tempo.

Sono felice di essere nato nel nostro mondo, nell'universo di Dio, al momento giusto per assistere all'evoluzione degli esseri umani, che diventano più intelligenti, generano il progresso, e migliorano la qualità della vita, senza permettere ai profani di portare via la speranza. Se si aprono le porte agli anti-Dio, la vita non ha futuro. Peggio ancora, uno di loro sta orgogliosamente proponendo una società senza Dio, attraverso la manipolazione satanica dei mezzi d'informazione. Il mio è più che un libro, è un avvertimento da parte del Creatore. I giovani di oggi adorano Hawking, che raggiunge ogni scuola e ogni organo di informazione. Nel terzo mondo, invece, è noto come l'uomo che sfida apertamente Dio.

Abbiamo bisogno di evoluzione materiale e spirituale. Siamo come il pane e burro, perché siamo stati creati e Dio è il nostro Creatore. Senza di lui cosa saremmo? L'evidenza delle leggi immutabili di Dio è qui. "Se fate del male, avrete in cambio il dolore." Il fisico di Hawking è congelato, lui vive solo interiormente. Eppure non pensa che questa sia una punizione di Dio. Non è neppure una maledizione, perché è la natura che fa il suo lavoro. Per mezzo secolo si è rifiutato di ammettere che esiste un Creatore, pur restando seduto su un "chiodo", e vive per sentirlo.

Gli esseri umani pensano di essere impegnati a fare del bene e avanzano nell'evoluzione materiale e spirituale, perché nessuno di loro tira frecce contro i propri simili. Hanno ragione, ma alcuni di loro continuano ad ammazzarsi a distanza con bombe e proiettili. Oggi le città non vengono più conquistate, ma esplodono, a causa delle bombe atomiche. Gli arsenali di armi biologiche aumentano. In alcuni posti non piove abbastanza, in altri ci sono alluvioni; la gente dice che è a causa della collera di Dio, ma lo è veramente?

Ricordo che una volta Regan (2002) ha affermato: "La libertà prospera quando la religione è vibrante e le regole di Dio vengono osservate."

È interessante sentire le affermazioni di alcune persone: "Perché dovrei leggere il libro di uno sconosciuto?" Quando un libro viene "scoperto" significa che ha suscitato l'interesse di qualcuno nei media, e quindi può vendere più copie di quello di un autore conosciuto.

È bene ricordare che non tutti i piatti preparati da uno chef diventano capolavori gastronomici. Gli altri libri di Hawking sono piaciuti a molte persone, ma l'ultimo, *Il Grande Disegno* è mediocre. È stato venduto sulla fama dei libri precedenti, e ha danneggiato quelli futuri. È come la serie di film sullo squalo: il primo è stato un successo a causa delle emozioni che ha suscitato, ma il secondo è stato un fiasco. I miei libri, che contengono messaggi spirituali basati sulla realtà, diventano polvere, insieme a milioni di altri, perché quelli basati sull'incoscienza entrano a far parte della lista dei best seller del *New York Times*.

La ragione di questo è che non siamo ancora in paradiso, ma frequentiamo una scuola che insegna alle anime ad amare e a diventare più intelligenti. Ci stiamo riuscendo? Non preoccupatevi, prima o poi avremo la risposta, non appena avremo lasciato il nostro corpo materiale. (Non mi piace il temine *morte*, suona troppo drammatico, perché arriva insieme al certificato di nascita come un bonus, che ci ricorda che siamo qui in vacanza).

Ho comprato libri e DVD che spiegano come funziona tutto questo, come i computer e i microchip, ma niente mi sembra logico, perché un microchip non contiene niente più di qualche grammo di solido metallo. (È poroso, come quando si guarda attraverso un potente microscopio.) E allora? Come fa a racchiudere milioni di bit di informazioni e come fanno i cambiamenti a riflettersi nel monitor? È stato un dono del Creatore, e lo stesso vale per il nostro corpo; cominciamo sotto forma di microscopici zigoti che acquistano un'anima. Nessuno sa in che modo. Eppure funziona, altrimenti non sareste qui a leggere il mio libro, né io avrei potuto scriverlo.

Questa è la ragione per cui esistono le menti brillanti. Si chiama Creatore o Dio. È la ragione per cui queste *menti brillanti* e geni dovrebbero inchinarsi, grati di esistere come esseri umani, felici di godersi il creato meraviglioso invece di essere dei polli irrazionali che finiranno nel piatto di qualcuno.

Conosco Robert Barroca di Rio da trentacinque anni e adesso, a novantadue anni, è ancora un genio dell'elettronica. Ha cominciato aggiustando delle radio. Da adolescente, è diventato un esperto dell'evoluzione dell'hardware e ha raggiunto un buon successo economico. Ha un bellissimo appartamento a Miami, dove si reca molte volte a comprare componenti per la sua azienda e a frequentare corsi di aggiornamento. È bravissimo nel suo campo, perché c'è sempre bisogno delle persone che hanno il dono di saper riparare congegni elettronici. Oggi i militari si rivolgono a lui per risolvere i problemi di comunicazione radar negli aeroporti. Lui è in grado di trovare la soluzione a problemi ritenuti irrisolvibili in pochi minuti. I tecnici gli sottopongono dei quesiti e lui li risolve immediatamente. Le sue risposte arrivano con l'aiuto degli angeli.

Lui sostiene di essere nato al momento giusto, durante l'evoluzione tecnologica. Sostiene anche che le cose funzionano ma nessuno sa come e, da bravo cattolico, afferma che tutto è un dono di Dio, come la vita stessa. Nomina Dio molte volte al giorno: "Se non fosse per Dio..." o "Grazie a Dio" o "Come Dio vuole."

Ho incontrato molte persone di fede; sono tutte in buona salute e felici di vivere, come Barroca che ha novant'anni. Queste persone portano la speranza nella vita di tutti e ricevono in premio il fatto di non essere immobilizzati su una sedia a rotelle. Alcuni giorni fa sono passato a trovarlo nella sua casa di Ipanema Beach e mi sono fermato a pranzo. Gli ho fatto leggere un centinaio di pagine del mio libro. Sorridendo, mi ha dato la sua opinione: "Hawking avrebbe dovuto scegliere una professione che gli permettesse di aiutarci, qui e ora, senza perdere il suo tempo prezioso a cercare buchi neri, compreso quello in cui si trova lui, invece, con la sua malattia mentale ha ucciso Dio cercando di essere Dio. Lui fornisce la sua versione sulla logica della creazione seduto su un chiodo, secondo la parabola che hai saggiamente creato del *Chiodo e il cane del Signore*." Ha poi aggiunto che era un buon libro e che anche se non avesse avuto successo, avevo comunque fatto il mio lavoro. Lui crede nella mia sincerità e pensa che Dio, attraverso di me, voglia avvisare le nuove generazioni. Dobbiamo ammirare il Creatore, che tiene nota di tutti i nostri comportamenti. All'inizio, ha dato a ognuno quello che ci meritiamo, secondo l'immutabile legge di causa ed effetto. Poi mi ha invitato a partecipare a una festa di benedizione organizzata da una piccola Chiesa Cattolica la domenica successiva, invito che ho accettato con piacere.

Cari amici, a volte le cose che ci capitano nella vita sembrano non avere senso, ma ce l'hanno. È facile e difficile nello stesso tempo, come la "maschera di Dante" con un lato allegro e uno piangente. Tutto è stato organizzato da un'Intelligenza Suprema, non c'è altra spiegazione. Tutto funziona come previsto, a cominciare dalla spettacolare origine dei nostri corpi materiali. Li definisco *materiali* perché contengono lo spirito, e agiscono attraverso i comandi che provengono dal cervello. Dobbiamo liberare l'anima dal corpo, come una farfalla divina e colorata che esce dal bozzolo e si libera nell'aria.

Nella *Divina Commedia,* Dante (1321) ha così descritto il concetto del contrappasso:

"Il peccato è pari alla punizione; peccare crea un inferno personale, perché distrugge la vita del peccatore."

Come promesso a Stephen William Hawking mezzo secolo fa, ho dedicato il mio primo libro alle sue buone azioni. Non lo porrò sul mio piedistallo di roccia ma glielo spedirò, sperando che la sua anima ne tragga beneficio, come quelle di coloro che sono diventati senza Dio a causa delle sue teorie sataniche. Il mio libro riempirebbe il suo monitor, mentre la sua segretaria glielo leggerebbe, dalla prima pagina. È una pagina aperta, da leggere e da cui trarre insegnamento. Dopo, potrà morire in pace, nella sicurezza di ritrovare la sua anima. Potrebbe avere in premio alcuni anni di vita in più, in cui riuscirebbe a muovere il suo corpo, assaporare il buon cibo e sorridere quando tocca i suoi figli.

Siamo tornati a casa di Barroca e ci troviamo nella nostra stanza preferita a bere il caffè, ovvero nella sua bellissima cucina con vista sull'oceano Atlantico. Osservo le onde che bagnano la spiaggia di Ipanema. L'energia viene dal mare e non dal vento, perché le onde si muovono anche in giornate senza vento. (Secondo me, siccome la rotazione della terra è molto lieve, le sue vibrazioni causano l'oscillazione degli oceani. È un fenomeno rilevante, che influenza le navi che attraversano l'oceano dall'America all'Europa.) Quando si alza il vento, le onde diventano gigantesche. Dio mantiene a galla le navi e fa volare gli elicotteri dando loro le ali degli angeli, che vincono contro le forze naturali perché sono in missione di salvataggio nel nome dell'amore.

Prima di andarmene, Barroca mi racconta una breve storia divertente, come fa sempre per farmi sorridere. Mi dice che io sono un genio con le pentole, ma lui è una mente brillante. Lui stringe coltello e forchetta da vero buongustaio. La vita è bella così com'è. Perché rovinarcela, nuotando controcorrente?

Ho fatto una crociera sulla favolosa nave *Ms Allure of the Seas* (Royal Caribbean) partita da Fort Lauderdale. La nave pesava 220 tonnellate e trasportava 5.400, più 2.384 passeggeri. A bordo, gli esseri umani si sentono Dio, ma appena il colosso si muove, cominciamo a sentire di non essere sulla terraferma. La gravità continua a fare il suo lavoro, attirando tutto verso il centro del pianeta e quello che galleggia è paragonabile a poco più di un guscio di riso, ricordandoci che esiste un Creatore. Appena il movimento ondoso aumenta, i passeggeri sussurrano: "Oh, Dio." È un'invocazione affinché tutto vada bene. Strappare questa credenza dall'animo umano è una malvagità che non appartiene a una mente brillante né tantomeno a un genio.

Adoro le crociere: le comodità, il cibo e il divertimento. Siamo circondati dall'incertezza. Fa parte della nostra vita fin dall'inizio. Navighiamo senza scosse e improvvisamente arriva qualcosa a turbare l'equilibrio, come ha fatto il capitano alcolizzato della *Costa Concordia,* affondata, e non a causa di un iceberg.

L'evoluzione degli esseri umani è un processo lento ma sicuro, perché il materialismo, molte volte, è posto davanti alla morale. Coloro che usano la lingua per fini ostili causano più danni di un olocausto nucleare. Quelli che hanno una mente e una lingua malvagia sono i primi a soccombere per le loro azioni, come ho dimostrato in questo libro. Lui è la stella. Gli ho dato mezzo secolo di tempo per trovare Dio e lasciarci il passaporto per la vita eterna, che si chiama speranza, ma lui non si è preso la briga. Questo perché Dio non ha fretta, perché il tempo è eterno e noi siamo la sua prole.

Come dice il proverbio: più si vive e più s'impara. Le persone negative che amano spargere il terrore saranno rimproverate in molte forme e colori, e quando saranno spiriti malvagi, si chiameranno Satana. Ora vengono descritti dal Vaticano come spiriti usciti dall'orbita, attratti dai peccatori, e questo mantiene il dipartimento degli esorcisti molto impegnato, costretto a lavorare anche durante le ferie.

Meritare le cose fa parte dell'evoluzione del nostro mondo e porrà fine a molti misteri che scienza e religione cercano di risolvere, compreso quello della gravità, e il modo di usarla come mezzo di trasporto, levitazione. I fantasmi godono di questo privilegio. Mi piacerebbe potermi sollevare dai luridi marciapiedi del Brasile, che è un altro paese uscito dall'orbita, con i suoi luridi bagni infetti e le sue spiagge sabbiose. È il mio incubo di anima pulita.

Collegatevi ad Internet, visitate siti come Wikipedia o altri; ci sono importanti informazioni cui si può accedere con un semplice click del mouse—insegnanti di cultura a nostra disposizione. Le informazioni spalancano le porte all'evoluzione dell'intelligenza. Più s'impara, più si è in grado di distinguere la differenza tra un babbeo e un genio. L'evoluzione è un processo lento, perché è eterno, e noi apparteniamo al tempo che passa, che fa parte dell'essere nati. Se tutti quelli che hanno un computer lo usassero per un'ora soltanto, andando su Wikipedia o *National Geographic* e *Discovery Channel*, saremmo tutti a un livello più alto.

Non sono mai andato a casa di qualcuno che non ha accesso a questi canali televisivi e preferisce guardare una commedia, una partita di pallone o una serie televisiva mediocre in cui gli altri ridono per noi.

L'evoluzione è il risultato dei contributi degli esseri umani alla scienza, alla ricerca medica, alla religione e ad altre professioni legate a queste. Nessun lavoro è meglio di un altro perché senza coloro che puliscono le fogne saremmo mangiati da microscopiche creature, senza quelli che lavorano nei campi non ci sarebbe cibo sulle nostre tavole, senza gli autisti di autobus, piloti e capitani di navi non ci sarebbero scambi commerciali. Abbiamo bisogno di cuochi, imbianchini, portieri, becchini, poliziotti ecc. A mio parere le menti brillanti sono talmente numerose che possono riempire il pianeta. Perché ne chiamiamo una in particolare asino, mentre milioni di altri restano nell'ombra?

Intere generazioni conoscono l'americano Thomas Edison (1931), arrivato a illuminarci il percorso con la lampadina e oltre mille invenzioni di cui avevamo un enorme bisogno. Lui non si vantava del suo quoziente intellettivo e nessuno lo definiva genio o mente brillante. Come Cristo, ha conquistato il mondo con l'umiltà e non come un pazzo, perché ci ha mostrato che la vanità e le ricchezze materiali non ci seguono nell'aldilà, ma le buone azioni sì.

Henry Ford (1863–1947) ha dato un enorme contributo all'industria automobilistica. Le catene di montaggio hanno aiutato tanta gente, rendendo il prezzo delle macchine accessibile a tutte le tasche e pagando un salario dignitoso ai suoi dipendenti, cui forniva anche alloggi e scuole a prezzi abbordabili. Le menti veramente brillanti offrono la speranza sulla terra e non illusioni oltre le galassie.

Come imprenditore numero uno, ha lottato da pacifista per fermare la prima guerra mondiale in Europa (1914–1918) che ha provocato la morte di più di cinque milioni di persone tra soldati e civili, oscurando l'orizzonte col dolore, quasi in anticipazione dell'orrore che sarebbe arrivato dopo nelle vesti di Hitler, portatore di morte e distruzione.

Questa tragedia, provocata da uomini senza Dio, è accaduta soltanto sessantotto anni fa. Quando è finita, nel 1945, avevo dodici anni e Hawking tre. Era un bambino ai primi passi con un ciuccio che lo calmava. Sua madre, come tutte le madri, sognava che lui avrebbe salvato il pianeta, ma lui ha scelto la strada sbagliata. Poi ha cominciato a pagarne il prezzo.

Oggi anche quelli che erano adolescenti alla fine della seconda guerra mondiale non ne hanno mai sentito parlare in modo così negativo. Tra circa mezzo secolo, quando qualcuno chiederà notizie di Hawking, gli diranno: "Stephen William Hawking? Gioca forse nella squadra di Dallas oppure è un pilota nella flotta di Star Trek? O forse è quello che ha inventato il robot che fa le pulizie, Hobo?"

Nel 1949, a diciassette anni, sono salito su una Ford modello 1938 acquistata da mio padre, che guidavo quando lui prendeva il treno. Guidarla era semplice—spingi la frizione, cambia la marcia, rilascia lentamente la frizione mentre acceleri, e bingo. In Brasile, a quei tempi, chi possedeva un'auto era padrone della strada, perché solo gli Stati Uniti avevano la tecnologia per produrre e distribuire questo nuovo mezzo di trasporto.

Adoro il suono del motore propulsore degli aerei perché mi ricorda l'eleganza del passato. Prende vita quando le eliche girano, e lo stesso principio vale anche per i treni a vapore. Le persone facevano la fila per vederli passare. Da bambino amavo vedere il motore che soffiava un blocco di fumo nero, distribuendo vapore dappertutto. Le ruote giganti erano connesse l'una all'altra e facevano un rumore che avvertiva la gente di sgomberare i binari perché la potente macchina era in azione. Ero pietrificato, come se fosse una cosa viva.

Sono diventato un collezionista di modellini di Lionel. Possiedo ancora il potente *Big Boy* nel mio soggiorno, che mi ricorda come guardavo la vita da giovane. La vita era bella ieri, lo è oggi e lo sarà domani, perché siamo quelli che la costruiscono, con il libero arbitrio.

Louis Pasteur (1895) era un chimico e biologo che ha inventato il processo di pastorizzazione. Questo padre della microbiologia è stato più che una mente brillante e un genio, è stato un eroe per la specie umana.

Chi non conosce la penicillina? Alexander Fleming l'ha scoperta nel 1928. Ha salvato e continua a salvare milioni di vite, sconfiggendo il nemico microscopico in grado di mangiarci vivi ovunque e in qualunque momento. Possiamo sentirlo ma non vederlo. Fleming ci è stato mandato, non come mente brillante, ma come angelo salvatore, perché milioni di soldati stavano morendo durante la seconda guerra mondiale più a causa delle infezioni che per le pallottole. Morivano come mosche.

Abbiamo bisogno di menti brillanti nel campo della medicina, della chimica, della sociologia, e così via, di persone che sentono il nostro pianeta materialmente e spiritualmente. Li chiamiamo eroi del genere umano, che ci difendono con l'aiuto del microscopio e durante il tempo libero giocano con il telescopio per vedere uno spettacolo lontano miliardi di anni, divertendosi nel mondo immaginario delle navicelle spaziali, come facevo io da giovane con treni e aerei.

Al funerale di Fleming sono intervenute personalità da tutto il mondo a rendergli omaggio, applaudendo con lacrime di gratitudine. Lui ci ha portato la speranza, e non un'esistenza negativa senza Dio. Hawking si chiede perché non ha mai vinto un premio Nobel. Le teorie dello spazio sulla cosmologia non salvano vite, né portano cibo in tavola, né salvano la terra dalla distruzione causata dai nemici reali, chiamati infezioni, e dai fautori del male, sotto forma di bombe atomiche, i giocattoli dei fanatici come il presidente nordcoreano e adesso anche quello iraniano. Siamo formiche e non esseri umani.

Nel suo primo discorso, il nuovo Papa (2013) ha detto forte e chiaro che ciò di cui abbiamo bisogno è avere speranza in un Dio misericordioso, perché senza questo, l'umanità brancolerebbe nel buio. Spero per il suo bene che lo abbia sentito anche Hawking, nel suo percorso controcorrente che lo porta solo a essere un perdente.

Secondo la sua biografia, da studente, Hawking non era una mente brillante, ed era dedito al bere. Poi, quando è caduto dalle scale, ha perso temporaneamente conoscenza ed è stato sottoposto a dei test per vedere se il suo quoziente intellettivo era stato danneggiato. Dal punto di vista spirituale, tutto è andato male, come effetto della causa. Quando ha ripreso conoscenza, il lato oscuro della sua mente ha preso il sopravvento e lo ha fatto precipitare in una battaglia contro la vita che ci toglie la speranza in una vita oltre la morte. Lo fa apertamente, con l'appoggio degli organi d'informazione, promossi dai senza Dio.

La maggioranza delle persone, religiose e non, ascolta il Papa. Al suo sermone inaugurale hanno partecipato 132 alte cariche di varie nazioni, tra cui Dilma dal Brasile e Christina dall'Argentina. Tornata a casa, Dilma ha detto che il Papa ci offre la speranza di vivere in pace, aiutandoci da buoni fratelli, secondo le leggi immutabili di Dio.

L'evoluzione della mente comprende quella dell'anima, perché ha sede nel cervello, che comanda il corpo materiale attraverso il sistema nervoso. È come dirigere dei robot con un telecomando, o dirigere delle marionette. Ecco perché quando il cervello smette di funzionare moriamo, anche se, come voi ed io sappiamo, la morte non esiste. Nel momento in cui l'energia lascia il nostro corpo, il nostro fantastico viaggio di umani finisce e il nostro corpo diventa inutile. Quando diventeremo spiriti, tutti i nostri sensi fluttueranno verso altri mondi. È l'infinito della nostra immaginazione.

Potete considerala una fantasia, o un sogno, o fede nell'immortalità, oppure un'altra storia di fantasmi di Hollywood, ma in ogni caso, contrariamente a quello che crede la "mente brillante" di Hawking, lui non è uno spirito che comanda l'intera esistenza, ma un corpo fisico e inerte. È salito sul treno dell'infelicità. Io, William Moreira (Canno), abbraccio la speranza come la luce del tunnel oscuro del nostro breve viaggio sulla terra. Adoro fare parte della nostra grande famiglia globale, votata all'amore e non alla bestemmia del Creatore, perché siamo esseri intelligenti con il libero arbitrio. Abbiamo il nostro mondo nell'universo, ed è molto meglio che stare a fissare la terra del cimitero in attesa di finirci sotto come cadaveri. La sua mente intelligente, secondo Hawking e i suoi ammiratori, è solo una parte di un trilione di neuroni. (Li ha contati lui, visto che ha tutto il tempo di farlo, lui che non può nemmeno andare in bagno e tuttavia, la sua propaganda anti-Dio sta funzionando).

21 | Chi sono io per parlare della realtà del negativismo di Hawking?

La sua *Brief History of Time (Breve storia del tempo)* ha venduto milioni di copie ed è stata tradotta in più di quaranta lingue. Hawking la paragona quasi alla Bibbia. I suoi sostenitori non si aspettavano che superasse tutti i limiti. Lui dichiara di aver superato le aspettative. Le persone gli chiedono: "Da dove veniamo? Perché l'universo è fatto in questo modo?"

Lui offre spiegazioni logiche a sostegno delle sue affermazioni di scienziato, ma io ho letto il libro quattro volte in pochi giorni, cercando di capire perché è stato pubblicizzato come il lavoro di un genio, del padre di ogni logica nel campo di Dio e della cosmologia, e ho trovato solo la sporcizia di una mente atrofizzata, all'interno di un corpo mummificato. Hawking si è ribellato all'idea di essere stato creato da uno zigote. Noi persone di buon senso sappiamo che c'è di più, perché le vie del Creatore sono infinite, e tutto funziona sotto la sua supervisione.

Stephen Hawking la sta facendo franca perché non può confrontarsi con Thomas Paine. Ai leader politici, re e regine, dittatori e membri di partito che gli chiedevano una guida su come affrontare la rivoluzione lui rispondeva: "Uccidete la specie, ma non uccidete l'uomo."

Le menti dietro alla ghigliottina erano senz'anima, il sangue scorreva come le cascate del Niagara, compreso quello della moglie del re, Maria Antonietta; i suoi due figli e il capo di un uomo importante, Lavoisier, il padre della chimica. Hawking sostiene che la specie di *Homo sapiens* sia simile alle scimmie.

"I francesi non hanno bisogno di chimici ma di soldati."

Come ho detto, "la specie umana non ha bisogno di "menti brillanti" o di geni cosmologi che ci dicano quando il sole brucerà la terra e i buchi neri ci inghiottiranno, ma quelli che lavorano a Hollywood, all'avanguardia dell'industria cinematografica, sono invece interessati a immaginare film ambientati nelle navicelle spaziali."

Tornando a Thomas Paine, egli era un inglese che veniva da una famiglia povera, ma non importava, perché ciò che gli ha aperto le porte è stata la sua grande intelligenza. La mia famiglia era povera, ma a diciotto anni avrei potuto iscrivermi all'università; tuttavia ho scelto di percorrere la strada opposta, i 180 gradi nella direzione opposta della strada per Windom. A diciannove anni ero un giornalista accreditato e, quando la vita è diventata troppo noiosa, all'età di sessantaquattro anni, ho preso il brevetto di pilota nell'aeroporto americano più trafficato di aerei di media grandezza, Terteboro, New Jersey, sotto La Guardia di New York e il TCA di Newark. Bingo! Era nato un altro Icaro, ma ho scambiato le ali di cera con quelle di alluminio, per vedere Dio più da vicino.

In una notte fredda sono salito a diciottomila piedi di altezza. Mentre l'aria diventava sempre più ghiacciata, ho fatto vorticare l'elica a ottocento rotazioni al minuto, senza perdere quota, mentre chiacchieravo con l'Onnipotente. (Prima che ve lo chiediate, il numero minimo di rotazioni è di circa 2.500 prima di cominciare a perdere gravità). Visto che parlo sempre di aviazione, rispondo alla domanda di quanta benzina è necessaria a decollare e atterrare:

"un serbatoio pieno per decollare e uno vuoto per atterrare, giacché la gravità è gratis—e non inquina neppure."

Ecco la citazione che ha reso celebre Hawking presso il *Club degli atei*, formato da quelli che hanno preso una strada sbagliata nella ricerca di una risposta alla domanda "perché la vita è così" e seguita dai miei commenti:

"Non siamo altro che una specie avanzata di scimmie che vivono su un pianeta minore che ruota attorno a una stella di media grandezza. Siamo in grado di capire l'universo e questo ci rende molto speciali."*

La citazione è sua. Nessuno nella storia ha mai pronunciato una beffa così offensiva, perché Hawking non è Bob Hope. Ha dimostrato che il sedere gli fa molto male e non se lo può grattare. Poiché la sua vita è miserabile, augura la stessa sorte a ognuno di noi, ma io non bestemmio il Creatore e, per premio, posso grattarmi, saltare, volare, mangiare, ballare,

---

* "Stephen Hawking," Wikipedia, ultimo accesso: 10 dicembre 2012, http://en.wikiquote.org/wiki/Stephen_Hawking.

scrivere, viaggiare eccetera, finché voglio, usando il mio libero arbitrio felice di sapere che c'è un mondo splendente che ci aspetta dopo la morte.

Non aggiungo altri commenti alle sue citazioni perché non voglio perdere tempo con la mediocrità. Ci sono miliardi di cose da imparare e da insegnare che valgono il nostro tempo, specialmente visitare paesi stranieri, perché nel nostro pianeta *minore* dovremmo vivere due milioni di anni soltanto per visitare le capitali del mondo e godere quanto di meglio hanno da offrirci— e non restare seduti sui "chiodi" per punizione di essere senza cuore e senza Dio.

Essendo la nostra un'esistenza perfetta, Dio non creerebbe mai un essere irrazionale con il solo istinto di sopravvivenza, un corpo in grado di saltare da un albero all'altro, fare sesso all'aperto e mangiare banane, cibo programmato dal suo DNA, simile a tutte le altre specie, per farlo diventare un *essere umano*. I nostri corpi sono stati programmati e classificati *per essere intelligenti* e hanno la capacità di cercare Dio, e di trovarlo nel suo meraviglioso creato. Noi possiamo creare all'interno del creato, per esempio dei libri, possiamo avere sentimenti di amore e di apprezzamento per la bellezza senza stare a fissarla come un derelitto.

Sì, quando Dio ha deciso che era arrivato il momento di creare esseri intelligenti a sua immagine e somiglianza, ha scolpito il primo essere umano da una montagna di argilla, poi gli ha dato l'energia, e bingo, eccoci qui, nel corpo e nello spirito, con il dono del libero arbitrio che ci ha fatto passare da esseri che si nutrono di carne cruda a chef che cucinano deliziose costolette arrosto, con tutto quello che ne consegue.

Hawking si sente una scimmia perché le scimmie sono e saranno sempre simili agli altri esseri irrazionali, mentre lui si libererà dal suo corpo e dalla sua mente di scimmia il giorno in cui trierà il suo ultimo respiro. Alzando il naso dal monitor, incontrerà Dio e sarà meglio che trattenga il respiro, altrimenti potrebbe reincarnarsi in India come ratto e non nel suo albero genealogico, *Catrol vancliechin*, cui appartiene il ramo superiore della specie *Macaca fascicularis*, perché i macachi sono le uniche scimmie capaci di vedere i buchi neri. Hawking ci ha chiamato scimmie. Ho scoperto la sua eccitazione di essere senza Dio perché è la prima scimmia il cui padre è un gorilla. Il laboratorio ha sbagliato sperma, e sua madre si è sottoposta a un'inseminazione artificiale. Spero che passiate una bella giornata.

22
24 dicembre 2013,
arrivo al porto di Rio con un libro

Passando dal buffet di mezzanotte vicino alla piscina, ho riempito la tazza di caffè e sono andato sul ponte superiore, dove cominciava a tirare vento. Avevo deciso di non scrivere ma di mettere in ordine la mia coscienza per prepararmi al confronto con le difficoltà che sarebbero sorte dai commenti di quelli che sono sempre pronti a condannare invece di fare qualcosa per il bene dell'umanità.

Peggio di costoro, sono quelli che fanno le cose ma esclusivamente a loro vantaggio. "Che gli altri vadano al diavolo" – dicono, "tutto per me e niente per te, come i salari nei paesi del terzo mondo."

Alla mia età, siamo più che mai grati al Creatore per averci fatto fare tante miglia con il nostro corpo, e sicuramente lui avrà avuto le sue ragioni. La mia è di quella di puntare il dito contro le persone perdute, che arrivano dall'alto e fanno a pezzettini quelli che sono incapaci di difendersi contro l'insinuazione di essere "discendenti dalle scimmie." In segno di gratitudine, ha sputato in faccia a chi ci ha dato l'*uovo dell'universo*, come Giuda ha fatto con Cristo, e questo l'ha inchiodato a una sedia, non per salvare le anime, come ha fatto Gesù, ma il suo sedere. Lui dice che è colpa dei germi, ma i germi, da chi sono stati creati?

Mi trovo nella veranda della cabina, sul ponte numero sette, a guardare il sole che brilla su Rio. Il porto è a meno di mezz'ora di distanza, nel centro storico della città.

Ho in mano le trecento pagine scritte con la *Parker 51*, proprio come una madre stringe il suo bambino e ancora una volta so che la scrittura mi avvicina a Dio. Io gli faccio molte domande, come tutti, ma sento le sue risposte e, scrivendo, tengo aperta la comunicazione fra noi.

In questi dieci giorni di crociera mi sono sentito in paradiso, insieme alle altre tremila anime, felici come una famiglia perfetta. Il cibo è stato all'altezza delle aspettative e il tempo è stato clemente. Ho regalato il mio ultimo libro, scritto a bordo della *Concordia*, al capitano e lui mi ha mandato una bottiglia di un raro vino spagnolo. La terrò con me fino alla pubblicazione di questo libro.

Come ho affermato varie volte, questo libro non intende diffamare Hawking, la Chiesa Cattolica o altri, perché i fatti di cui scrivo sono noti perfino alle tribù di indios dell'Amazzonia, agli aborigeni di Papua New Guinea, e a quelli isolati nella tundra ghiacciata della Russia.

La realtà non ha due facce, ma si vede alla luce del sole, purtroppo molti ingannano se stessi e finiscono per credere in ciò che non è reale, come Hawking che afferma che discendiamo dalle scimmie. Ho già parlato della mia ricerca sul suo albero genealogico; l'ho trovato sulla cima di un ramo, non come scimmia, un essere inferiore per una mente brillante, ma in cima alla stirpe di scimmie più intelligenti: i macachi.

Hollywood ha usato questo tema, raccomandato da Hawking, per dirigere una serie di film di successo: *Il pianeta delle scimmie*, in cui i suoi parenti camminano, parlano e si comportano come esseri umani, rendendo le cose facili per il produttore, eccetto che per il fatto che al posto di Dio ci sarà un gorilla sul piedistallo.

Mentre andavo a far colazione, ho incontrato alcune centinaia di passeggeri che stavano per andar via e ho detto loro che li consideravo parte della mia famiglia, perché il mio libro è per tutti e non per un gruppo di persone di religioni particolari, e il suo scopo è raggiungere il cuore di tutti e rendere più bella la vita sulla terra, in nome dell'equità, su cui si basa il Creatore. Ho raccomandato loro di fare attenzione, perché i disastri più gravi avvengono a causa di quelli che hanno paura di rendere conto del loro comportamento sbagliato a chi ha dato origine alla nostra esistenza.

Avevo cominciato a scrivere questo libro in portoghese perché un editore voleva pubblicarlo, poi ho cambiato idea e l'ho tradotto in inglese per farlo pubblicare da iUniverse.com. Penso che la mia anima abbia bisogno, attraverso questo libro, di raggiungere un pubblico più vasto e la lingua inglese è uno strumento di comunicazione universale. Il pubblico è avido di sapere, specialmente negli Stati Uniti, il paese numero uno perché la saggezza porta l'evoluzione sotto forma della comprensione del mondo materiale, pieno di sfide.

La mia prossima tappa è Copacabana Beach, che dista solo quindici minuti, dove il computer occuperà il posto della *Parker 51*, e da lì comincia una nuova fase.

23

24 febbraio - 3 marzo 2013, sulla Costa
Favolosa per finire Il grande nido

A questo punto, voi tutti sarete convinti che non c'è effetto senza causa, come afferma Stephen Hawking, genio e mente brillante numero uno. Dio ha molto bisogno di lui sulla terra. Sono più di cinquant'anni che è incatenato su una sedia a rotelle. Dio non lo vuole chiamare a sé finché non comincia a prendere qualche lezione di umiltà.

A bordo della sfortunata Concordia, ho scritto *GOD! The Realities of the Creator*. Ha avuto una gestazione di tredici giorni nel 2009. Ero seduto nello stesso posto in cui sono seduto ora sulla *Favolosa*, che ha preso il posto di quella bellissima nave moribonda, piena di comodità, cibo e intrattenimenti.

È interessante che la *Concordia* sia affondata il tredici del 2012, mentre io ho cominciato a scrivere sul tredicesimo ponte il tredici dicembre. Questo libro celebra il suo tredicesimo mese di pubblicazione. Il Titanic è affondato un secolo fa, ma qual è la novità? Non importa a nessuno, quasi come se fossimo esseri irrazionali. Le persone comuni si preoccupano di più di quello che c'è da mangiare per cena, dell'aumento di stipendio del mese prossimo, e se il maialino nordcoreano deciderà di premere il pulsante per arrostire i sudcoreani, visto che sono la coda degli Stati Uniti, o se questi ultimi li faranno diventare un *grande maiale arrosto* che è la loro specialità!

A bordo della *Favolosa*, mi sentivo un po' in colpa a paragonarla alla *Concordia*. Era una nave reale. Chiudendo gli occhi, mi sembrava di essere ancora lì, come se fosse passato un giorno, e poi è diventata storia, secondo le leggi della vita. Nessuno riesce a fare un salto nel tempo, perché il tempo è già parte del presente, come la gravità, che si muove continuamente, come la terra che gira intorno al sole. Continua a muoversi, perché tutto è stato previsto nella sua perfezione. Abbiamo origine dall'unione di un padre e una madre, proprio come le uova che, se non sono fertilizzate, non producono un pulcino, ora e in eterno, com'è stato previsto che sia. Ogni donna vuole dei figli perché è istintivo. Non è necessario pianificare, perché il libero arbitrio si ferma davanti alla barriera eretta dal Creatore.

La prossima ora riserva sempre delle sorprese. Io ne ho centinaia, belle e brutte, che fanno parte del fatto di essere qui. Ringrazio il Creatore perché mia madre non credeva nell'aborto, altrimenti sarei stato in gara con milioni di altri spermatozoi per avere l'accesso a un ovulo.

Alcuni di noi nascono nel lusso, altri, come Gesù, in un ghetto, questo, per me, rappresenta una sfida per tutti noi, come un quoziente d'intelligenza. Se il buon senso funziona, riusciamo a passare dalla povertà alla ricchezza. Costruire la nostra vita ci sembra a volte come una partita a dadi, come dice Hawking. Dio tira i dadi, ed io ora so perché: non vuole che Hawking scopra dove li tiene e che li usi come se fosse Dio. Da come parla, sembra che Hawking faccia presa sulle persone, in realtà, tutto quello che suscita è pietà. Lo fa apposta a parlare in quella maniera dolce come se fosse una vittima con le teorie giuste?

Destra o sinistra, quello che conta è il risultato. Ci sono due gruppi, quelli che pensano di avere ragione e quelli che lo confermano. Loro sono i buoni, mentre gli altri sono i ribelli!

Un giorno ho scambiato due chiacchiere con una persona anziana, e mentre parlava, avvertivo la sua cultura. Parlava molto bene l'inglese, non per mettersi in mostra, perché quando si sa fare qualcosa, si dimostra con naturalezza, e gli altri lo percepiscono.

Aveva letto alcune pagine del Grande nido e mi aveva dato la sua opinione. Mi ha detto che è un insieme di spiritualità con un tocco di scienza, in un certo senso più filosofica. A suo parere il libro offre un po' di conforto di fronte all'incertezza della vita umana, a chi è pieno di dubbi su quello che sta succedendo. Siamo tutti incerti sulla nostra esistenza e siamo sempre alla ricerca di risposte ai nostri interrogativi. Purtroppo non ci sono soluzioni, siamo tutti su una barca che affonda perché la morte è reale, e la vita oltre la morte è come una nave che entra nel porto. La nave è ancora immaginaria. La stiamo tutti sognando, oppure siamo già nell'aldilà, sotto forma di spiriti?

Questo anziano, simpatico e carismatico, ha ammesso che stavo affermando quello che migliaia di scrittori vorrebbero esprimere ma non lo facevano per paura di essere respinti da un pubblico ancorato alle proprie credenze, che hanno origine dalle radici familiari. Sono persone tradizionali, che temono di entrare in un percorso sconosciuto, perché è molto più facile restare all'ombra che bruciare sotto il sole facendo lo stesso lavoro per tutta la vita, non perché questo dà la felicità ma per paura dei cambiamenti. Altri vivono tutta la vita nella stessa città o nello stesso paese, sognando di seguire un amico che è andato altrove.

Come ho risposto all'amico passeggero, la mia scrittura coinvolge diverse personalità, oltre che fatti e realtà, descritti però in modo da non risultare noiosi, come accade in molti libri in cui, dopo le prime pagine, le persone non capiscono più quello che leggono. Questo libro cita diverse personalità, il cui nome è spesso menzionato, per facilitare la lettura. Spesso faccio più volte riferimento a un fatto importante, come un professore che vuole sottolineare i concetti da ricordare.

Molti lettori ci metteranno settimane a finire il libro, ma quando cominciano a leggere, i concetti sottolineati diventeranno radicati nella memoria, per essere rivisti nell'inevitabile vita dopo la morte. I lettori più intelligenti saranno ancora più bravi a capire l'importanza del contenuto e leggeranno questo libro velocemente, fino all'ultima pagina. Ho accluso alcuni miei disegni per le signore, oltre ad alcune ricette per coloro che le apprezzano. La vita è varia o l'arcobaleno non sarebbe a colori!

La spiritualità è una forma di religione, e la scienza è ciò di cui abbiamo bisogno nel mondo materiale, ma devono lavorare insieme in perfetta armonia affinché possiamo godere della vita sulla terra. Il Vaticano (i Cattolici) sta cercando con grande sforzo di unire scienza e religione, come hanno fatto con Cristo, ma questo gli sta costando un millennio di duro lavoro, e il prezzo di tutte le vite perse dei martiri. Finalmente Gesù è un'immagine di amore per tutti, anche per coloro che dichiarano di non credere in nulla (è un bluff.) Alla tragica morte di mia figlia, una mezza dozzina di atei mi hanno sussurrato che lei era con "lui." (Non hanno nominato il nome di Dio per paura di urtare la vanità dei superiori).

La buona fede del Vaticano è nota, perché i leader di ogni religione visitano il Papa, non entrando dalla porta di servizio, ma pomposamente dall'ingresso principale, mentre la CNN è presente e annuncia il verificarsi di un altro miracolo. Si parla di amore, lo sappiamo, lo stesso amore che li ha messi su un solido piedistallo di roccia. Gesù è morto per i suoi principi, che sono immutabili. Ha affrontato la croce sapendo di non avere scelta, ma sapendo anche che un giorno le sue parole sarebbero state ascoltate in tutto il mondo, in eterno. Grazie a lui possiamo avere una vita migliore, basata sull'"amore reciproco", nel rispetto di tutte le fedi e dei confini, tenendoci per mano nella nostra vita terrena, che sappiamo essere preparatoria a quella spirituale eterna. Lui, come spirito, sarà lì ad aspettarci perché c'è un unico Creatore. Ora Cristo è riverito insieme al Creatore. Se farete attenzione, vi renderete conto che i loro nomi sono pronunciati continuamente, nei momenti buoni e in quelli cattivi o nel fondo dei nostri cuori.

Ho passato il Natale in paesi musulmani e buddisti. Sono religioni radicate nel popolo, ma nonostante questo, le canzoni allegre del Natale e le sue decorazioni erano dappertutto, nei centri commerciali, nei ristoranti, eccetera. È interessante rilevare che le canzoni natalizie sono in inglese, a riconoscimento del fatto che hanno origine negli Stati Uniti. Perfino in Brasile ascoltando le canzoni di Christina, ho notato una cosa interessante: i bambini nei cori, nei centri commerciali o in altre esibizioni pubbliche cantano in inglese. Mi fa pensare che questo sia un altro miracolo del Natale che ci ha donato il Creatore.

Mentre l'amico anziano analizzava il mio libro, gli ho chiesto che cosa pensasse della religione. Mi ha risposto che era irrilevante, perché è qualcosa di privato, che riguarda il cuore delle persone: tutti noi abbiamo un Dio, Creatore di leggi perfette nell'universo. La vita eterna spirituale fa parte della nostra esistenza di esseri umani intelligenti. Gli ho detto che l'apprendimento è eterno e continua oltre la morte. Ha risposto con intelligenza, dicendo che ciò è legato allo status religioso di ognuno di noi. Ha affermato che fra qualche mese avrebbe cercato il mio libro su Amazon. Ha detto che se fosse dipeso da lui, sarebbe diventato certamente un best seller. Prima che potessi rispondere qualcosa, è arrivata sua moglie per dirgli che doveva incontrare qualcuno. Ci siamo detti "arrivederci."

Dopo dieci giorni di lettura, scrittura e di conversazioni con tutti quelli che incontravo (dei tremila passeggeri), di buon cibo e di spettacoli serali per famiglie, mentre osservavo la nave solcare le onde col suo enorme peso, senza andare contro la forza di gravità, ma restando a galla, mi sono sentito felice. Nello stesso tempo, il mio pensiero era rivolto a quei miliardi di persone sofferenti sul nostro pianeta, a chi ha difficoltà economiche o intellettuali, perché siamo tutti sulla stessa barca, in un mondo pieno d'incertezze, con interrogativi senza risposta. Alcuni di noi affermano disperatamente di averle, ma finiscono nelle sabbie mobili, portando anarchia dove dovrebbero esserci amore e speranza.

Questo libro nasce dalla profondità della mia anima. Sono pronto a salpare per altre dimensioni, ma il mio spirito resta, continuando a fare quello che può, come hanno fatto altri prima di me, che hanno seguito lo stesso percorso. Non possiamo fermarci, perché nella nuova vita di anime o spiriti non ci saranno momenti poco interessanti.

Vi voglio bene,

William Moreira (Canno)

Grand Holiday (Ibero Cruisers)

3 marzo 2013, arrivo a Rio, sulla costa del Brasile.

24   Preghiera personale a Dio

Dio, padre celeste, onnipotente e generoso, dai la forza a coloro che attraversano momenti difficili, dai la luce a coloro che cercano la verità. Porta nei nostri cuori compassione e carità.

Dio! Dai una stella guida al viaggiatore, consolazione agli afflitti e pace ai malati.

Dio! Permetti ai colpevoli di pentirsi; concedi la verità allo spirito; dai una guida ai bambini e una famiglia agli orfani.

Signore! Fa' che la tua pietà si estenda a tutto il creato.

Abbi pietà di noi, o Signore, di quelli che non ti conoscono, concedi speranza e comprensione a coloro che soffrono.

Possa la tua bontà diffondere la pace, la speranza e la fede tra tutti i popoli.

Dio! Una semplice scintilla del tuo amore può illuminare la terra. Permettici di dissetarci alla fontana dell'abbondanza della tua bontà infinita, e tutte le lacrime si asciugheranno, tutto il dolore si estinguerà.

Un solo cuore, un solo pensiero ci eleva a te—il riconoscimento dell'amore. Come Mosè sulla montagna, noi ti aspettiamo a braccia aperte.

O Potenza! O Bontà! O Bellezza! O Perfezione! Possa la tua pietà rimetterci dai nostri peccati.

Dio! Dacci la carità, la fede, la comprensione; concedici la semplicità che permette alle nostre anime di rispecchiare la tua immagine riflessa.

Questa preghiera segna il primo passo verso il mondo spirituale, dove regna l'amore assoluto; l'amore del Creatore che aspetta noi, creature con il libero arbitrio, a braccia aperte.

25 Messaggio del millennio

Signore, mio Dio!
Ho attraversato paesi, navigato mari, volato nell'orizzonte, conquistato foreste, scalato montagne e lavorato per guadagnare il pane quotidiano col sudore della fronte. Ho studiato, fatto ricerche, imparato, insegnato e sofferto per capire il significato di "amarsi l'un l'altro" e per capire perché la vita è così.

Ora, mio Signore, i miei occhi sono stanchi e le gambe troppo deboli per camminare a lungo, la pelle è secca e piena di rughe e le mie corde vocali non mi permettono di proferire più parole per salvare le tue creature, i miei fratelli.

Sul mio capo pieno di capelli bianchi appare un giovane sorridente— felice, quasi angelico, che galleggia di fronte a me come parte dei miei pensieri.

Allora, appagato, confrontandomi con questa radiante, positiva spiritualità, ti chiedo, mio Signore: "Chi è questo giovanotto affascinante?"

E il Signore risponde: "Sei tu, riflesso nello specchio della verità, che mostra quello che hai dato nel nome dell'amore e della carità. Questa fluida immagine di energia è il tuo spirito eterno, che non si stanca, non invecchia, non muore. Hai dato un seme e stai raccogliendone i frutti e ora appartieni al mondo celeste dove il paradiso non ha limiti."

 I dieci comandamenti di Mosè e
l'undicesimo comandamento

Le *parabole* di Gesù sono una guida spirituale per tutti, come i dieci comandamenti di Mosè, scritti millenni fa. Ora, il mio spirito ha ricevuto una rettifica necessaria dettata dal cambiamento del nostro comportamento nella società odierna.

1. "Non avrai altro Dio all'infuori di me." (Più di un Dio equivale a nessun Dio.)

2. "Non formarti un'immagine di Dio." (Dio non è raffigurato in ritratti da adorare perché è presente nella nostra coscienza)

3. "Non nominare il nome di Dio invano." (Non mentire; dì la verità nel nome di Dio.)

4. "Ricordati di santificare le feste." (Tutti hanno diritto a un giorno di riposo, anche gli schiavi nel passato.)

5. "Onora il padre e la madre." (Quando i genitori diventano vecchi e fragili e non sono più in grado di mantenersi, molti figli non si prendono cura di loro, per mancanza di amore.)

6. "Non uccidere." (Se questo fosse radicato nel cuore di tutti, non ci sarebbero guerre né delitti, ma uccideremmo solo per legittima difesa o per salvarci in casi di pericolo.)

7. "Non commettere atti impuri." (Non riguarda soltanto gli uomini, ma anche le donne.)

8. "Non rubare."

9. "Non dire falsa testimonianza." (È grave mentire in questi casi perché potremmo accusare un innocente, rovinandogli la vita.)

10. "Non desiderare la roba d'altri." (Questo desiderio è causato dalla gelosia per il successo di qualcuno in qualsiasi campo.)

11. "Non desiderare la donna d'altri o l'uomo d'altri" (La società di oggi garantisce pari diritti alle donne, tuttavia alcune di loro usano questa libertà per legittimare un comportamento sessuale immorale, che sta distruggendo il concetto di famiglia, causando anarchia e danni irreparabili a coniugi, figli e genitori.)

Se avete commenti, mandatemi un'e-mail, farò del mio meglio per rispondervi: **williamcanno@gmail.com**.

Disegni dell'autore per le signore

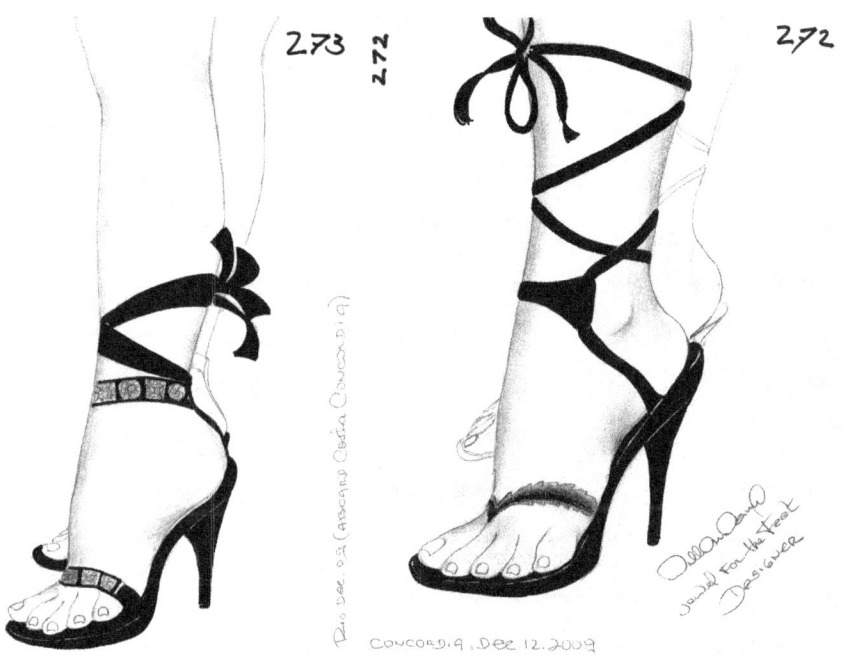

Rio Dec 09 (Abbiamo Osria Concordia)

Concordia, Dec 12.2009

Jewel for the feet
Designer

Rio Dec. 08

$39

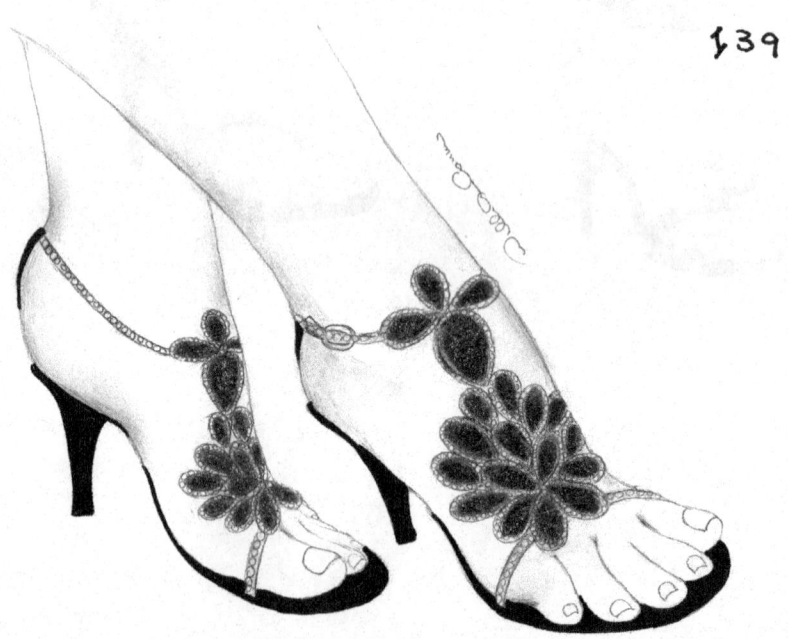

NYC Aug 08

126

14th/July/08 Dillan Camo

262

Dillan Camo
DESIGNER
Jewel for your feet

CONCORDIA, DEC 09 (Costa)

264

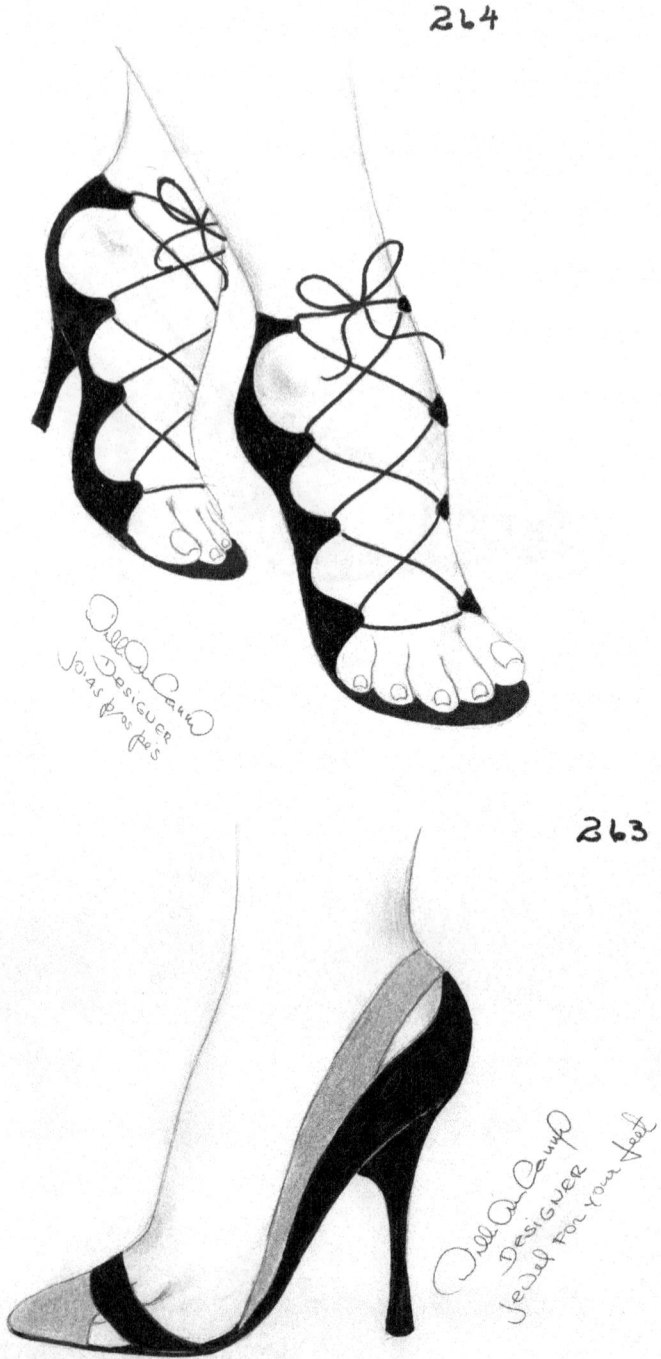

Quill Au Cauch
Desiguer
Joias pros pes

263

Quill Au Cauch
Desiguer
Jewed for your feet

CONCORDIA, DEC.09 (COSTA)

276

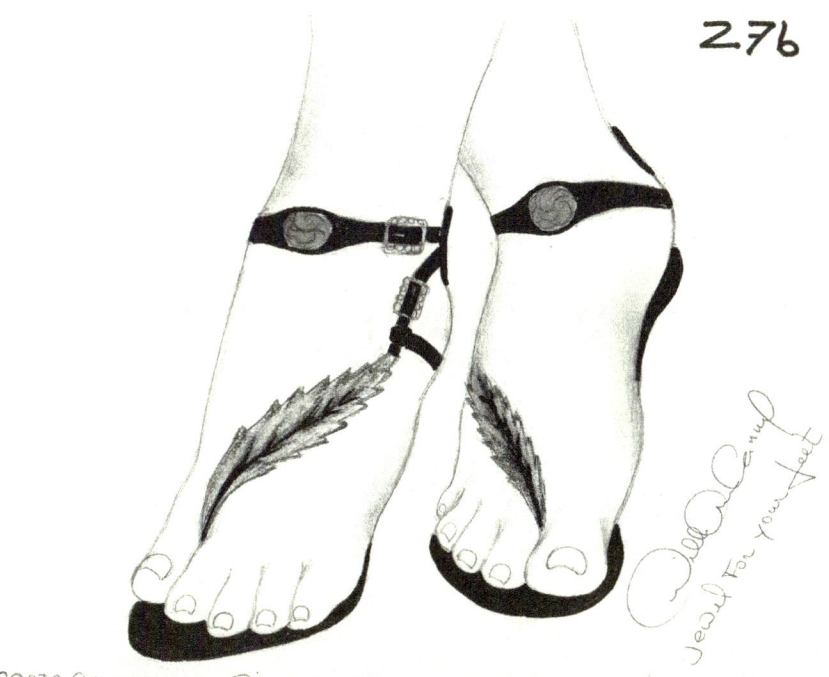

COSTA CONCORDIA - RIO. DEC. 09

Jewel for your feet

274

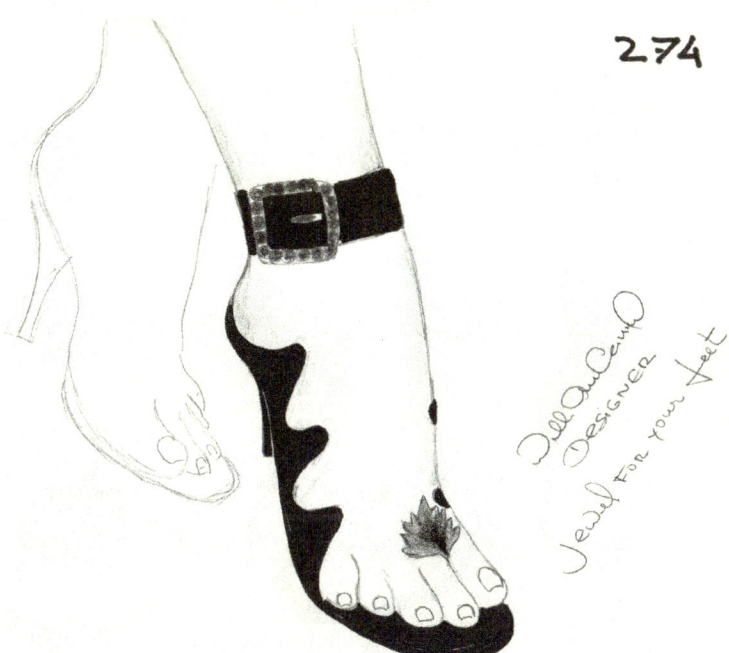

DESIGNER
Jewel for your feet

DEC. 09: RIO (CONCORDIA. COSTA)

- 261 -

Rio Oct 2009
DESIGNER

234

228

Rio Oct. 2009

DESIGNER

227

Rio Oct 2008

61

NEW YORK, Jan 08

- 263 -

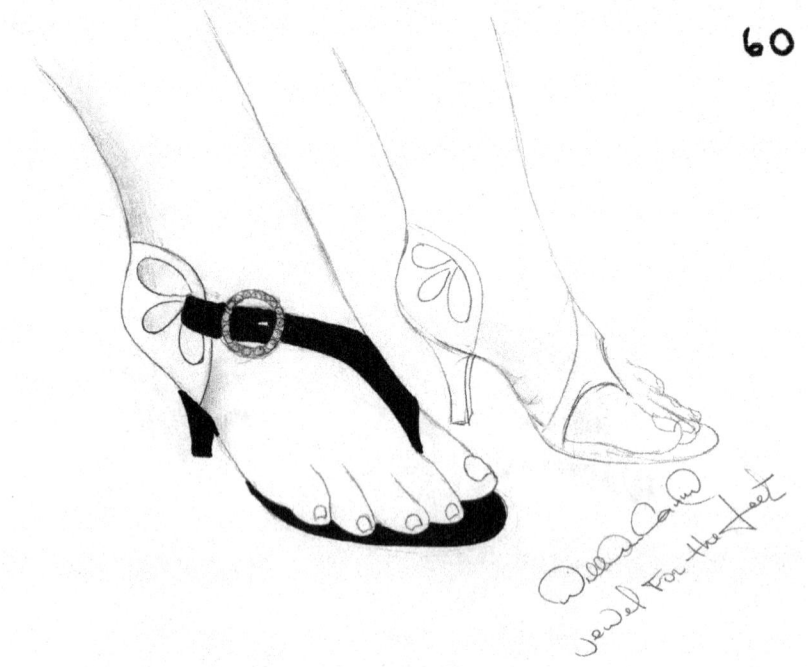

60

Jewel For the Feet

Cu.y. MAY 08

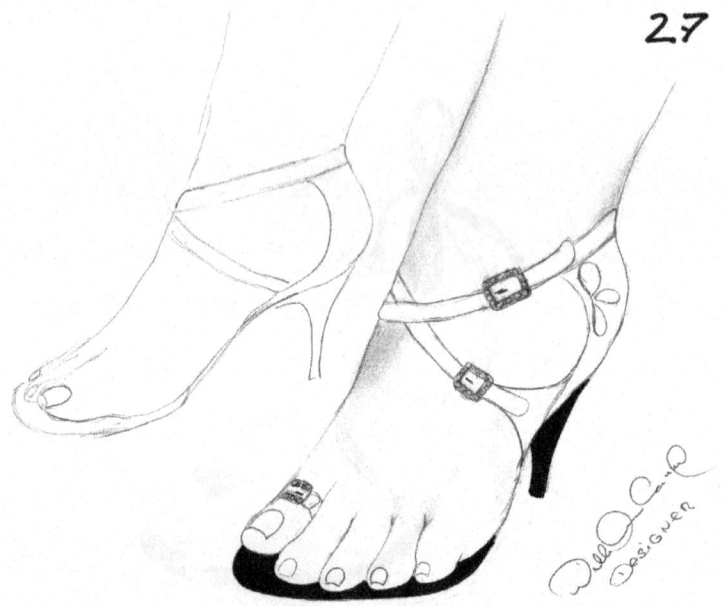

27

DESIGNER

Rio FeB. 08

16

t2 o/march/08

William Campo

1

1

NYC/Jan/08

173

N.Y.C. MARCH/08 MODELO trovado

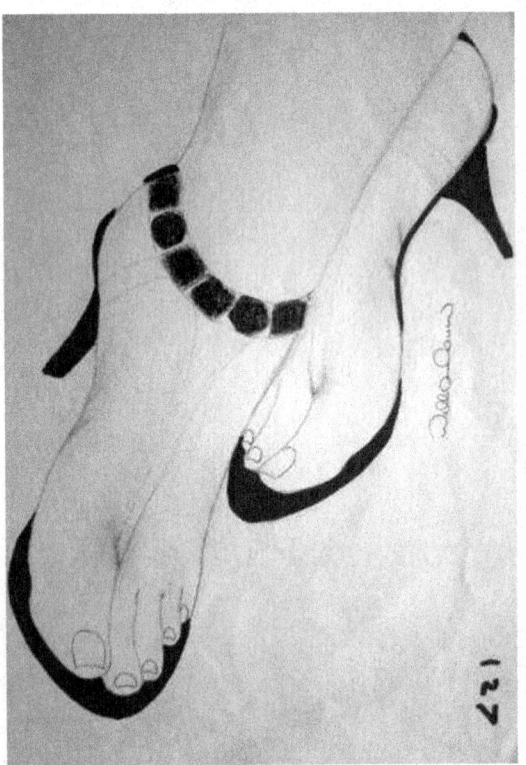

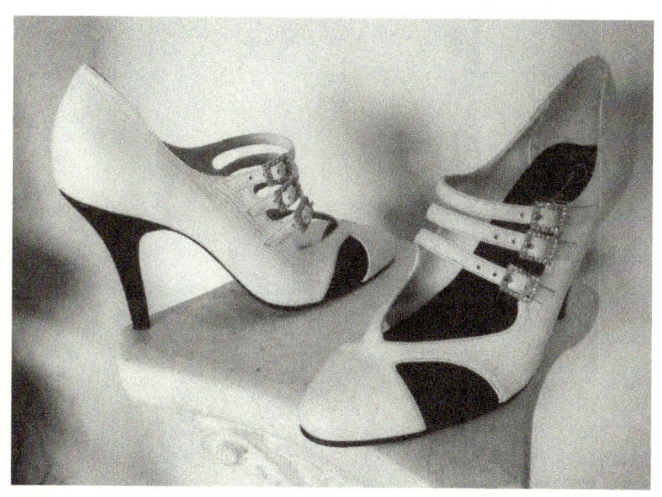

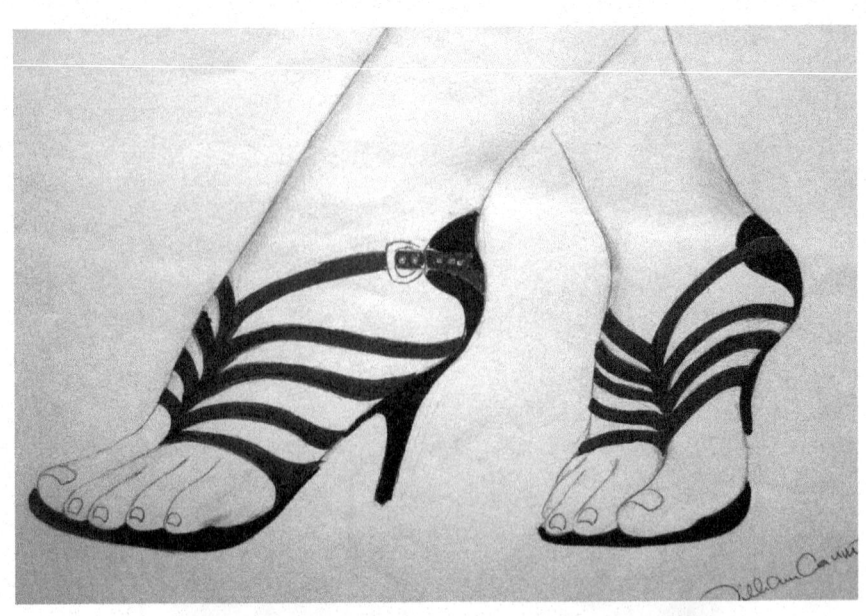

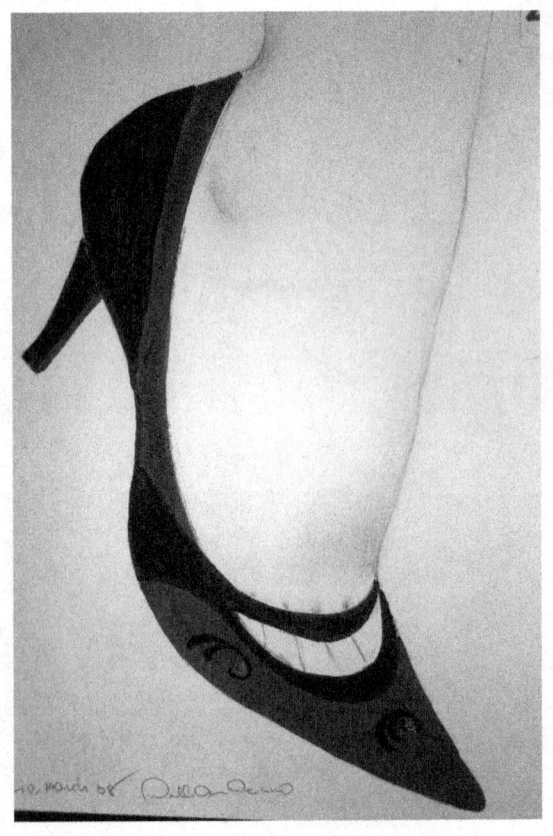

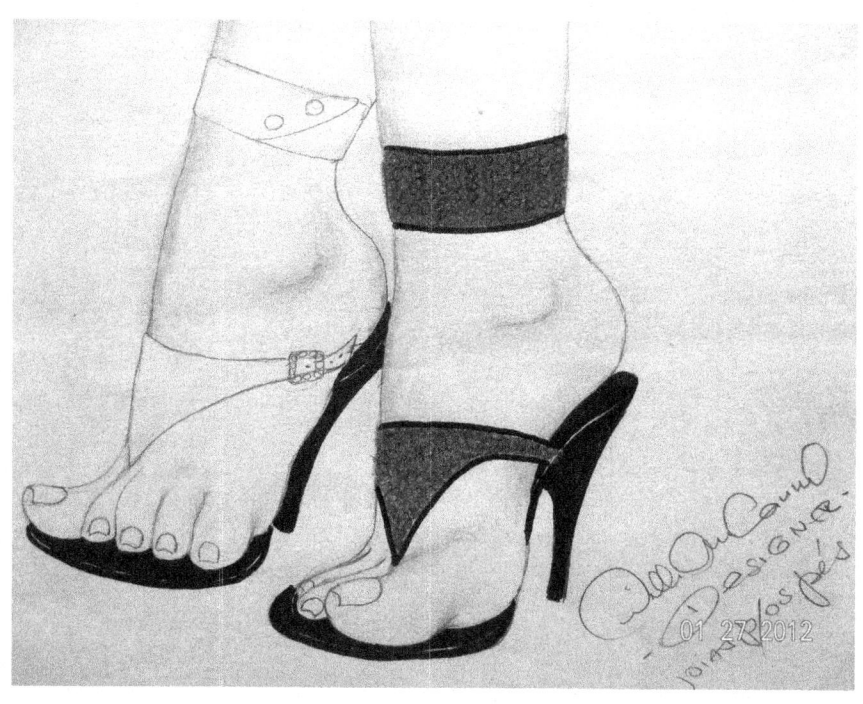

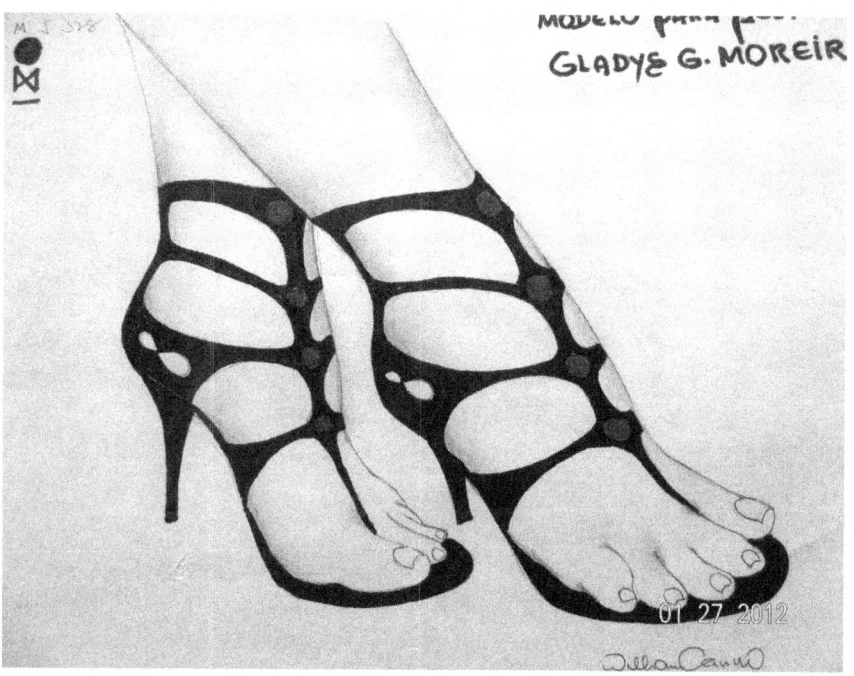

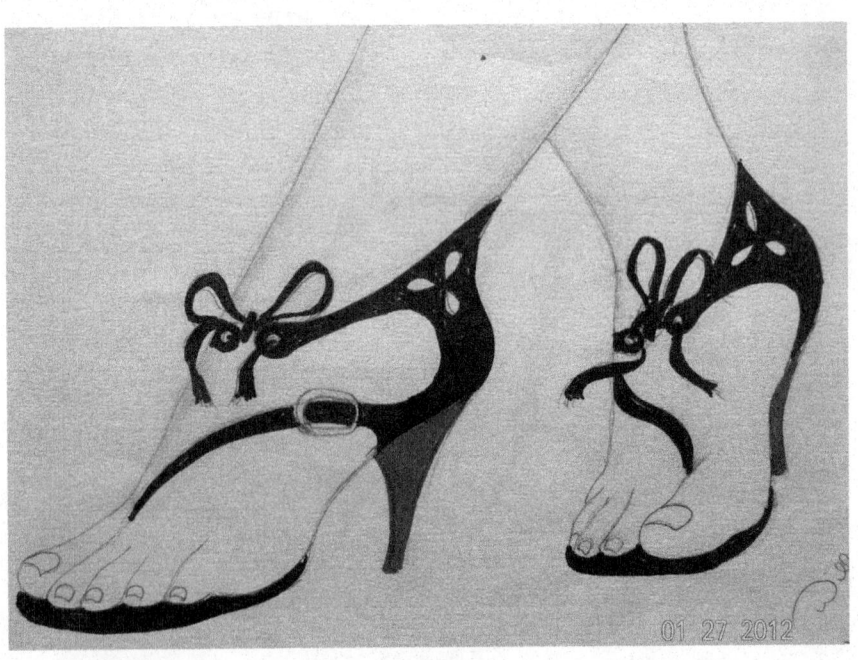

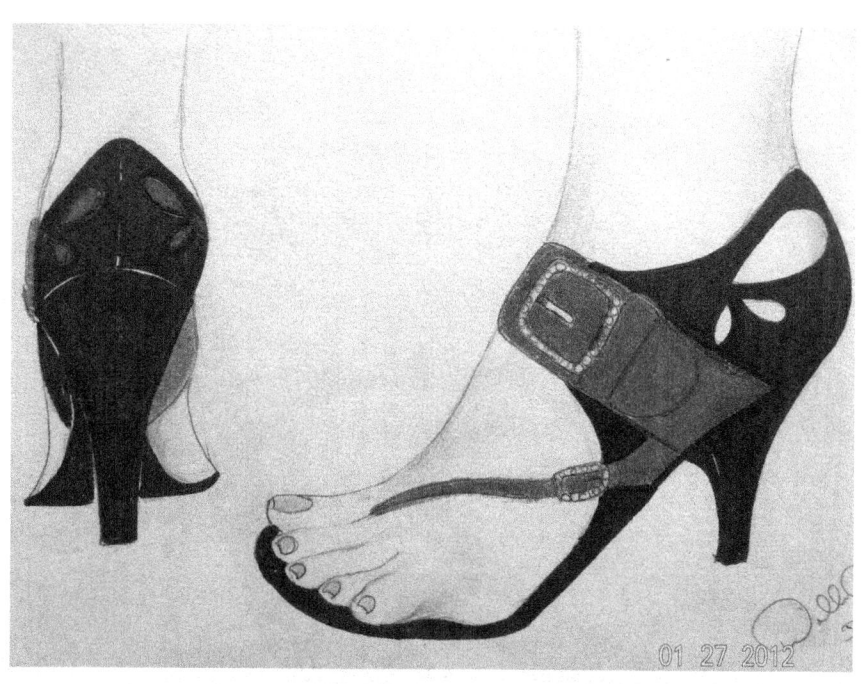

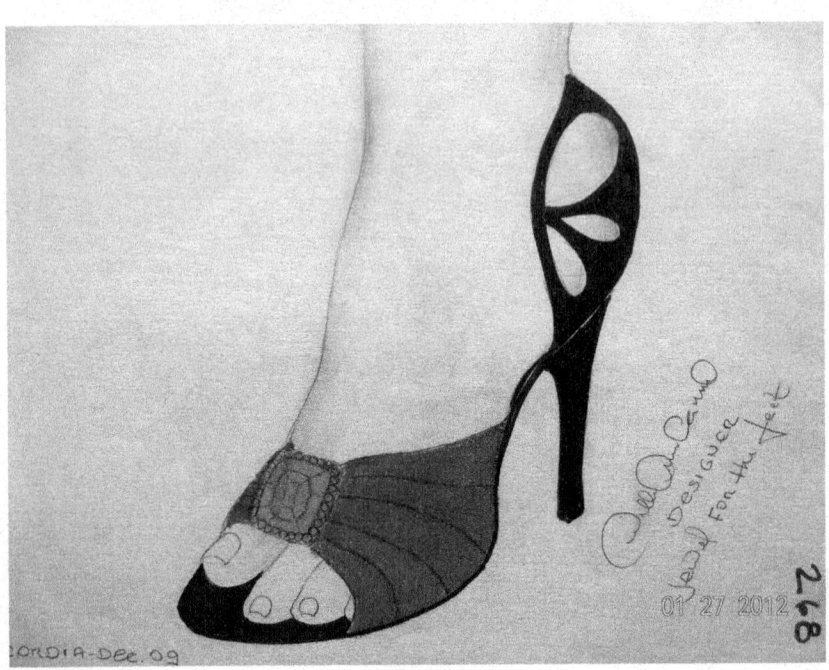

01 27 2012

CORDIA-Dec.09

Cordia Ann Cordova
DESIGNER
Jewel For the Feet

01 27 2012

268

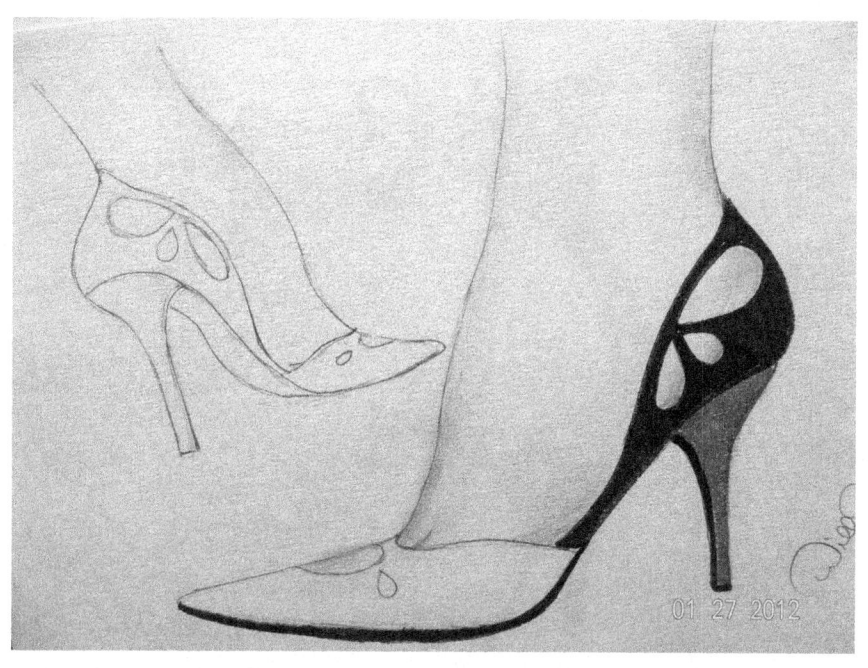

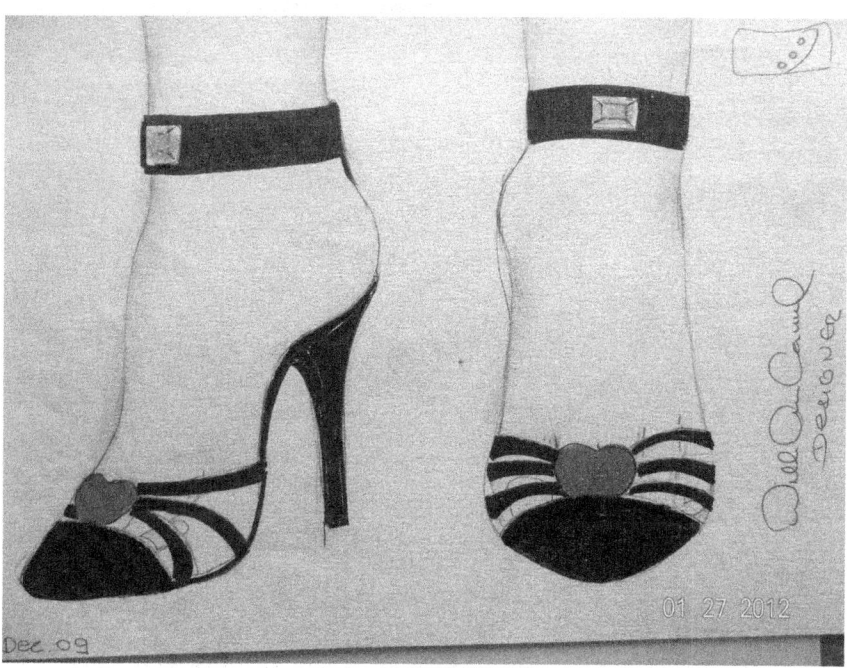

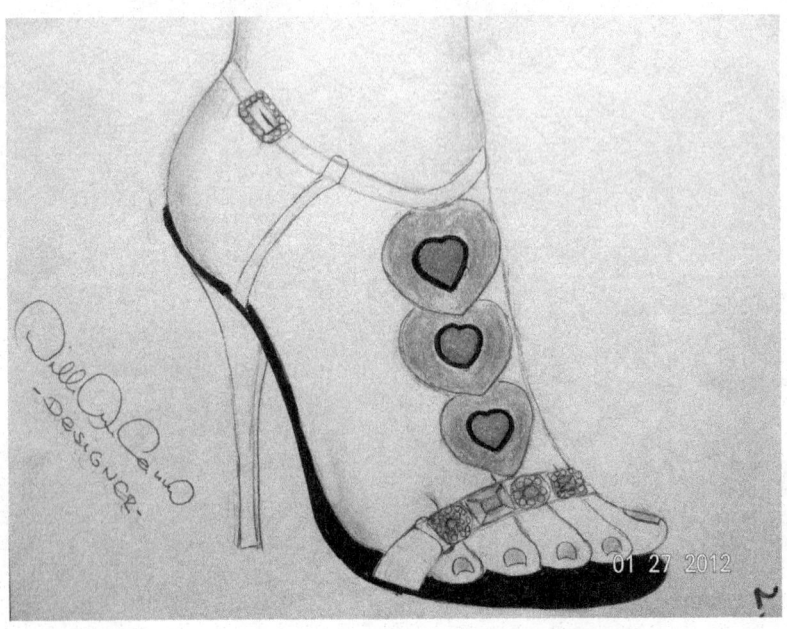

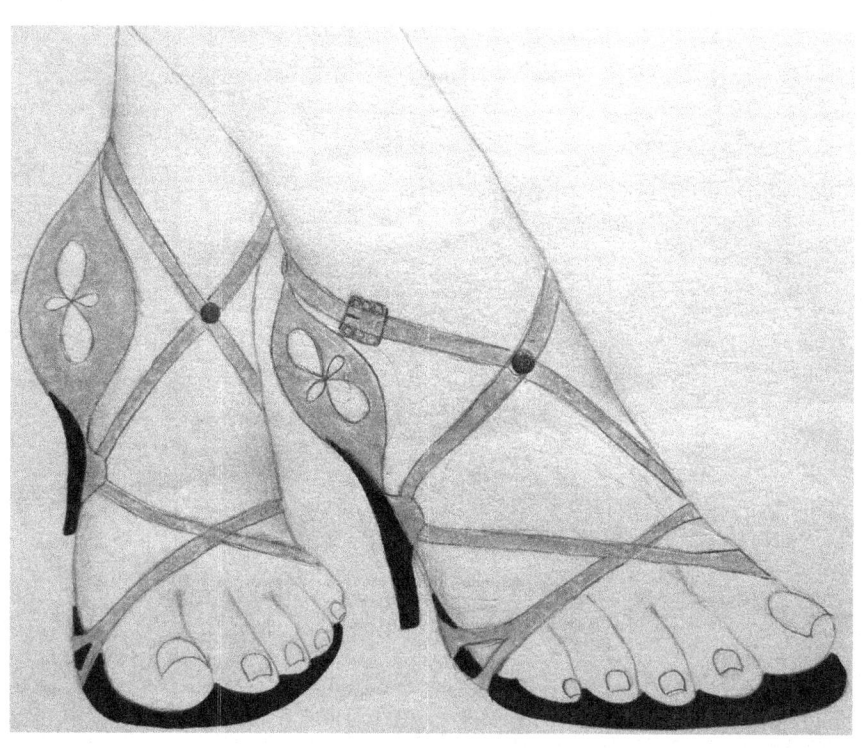

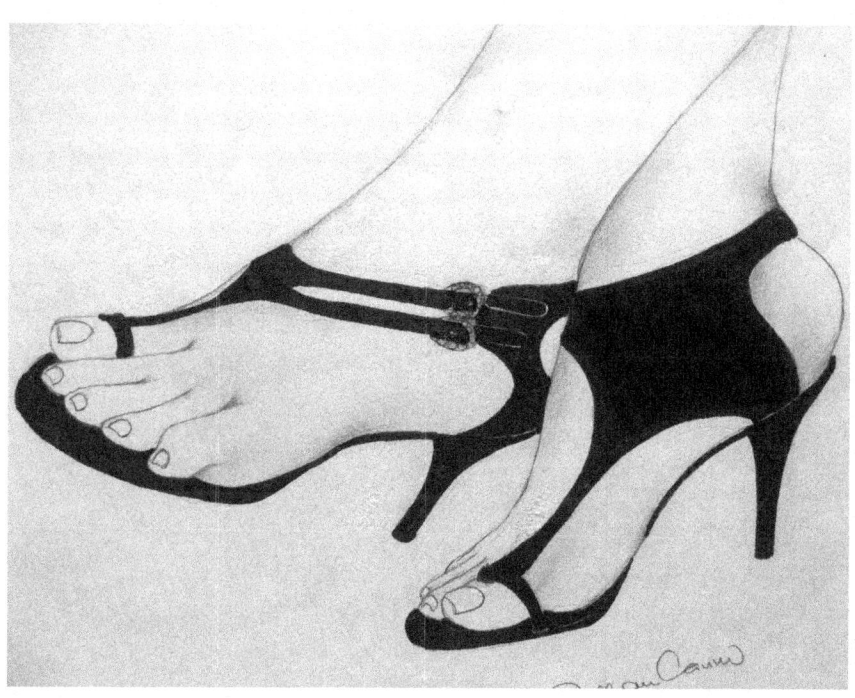

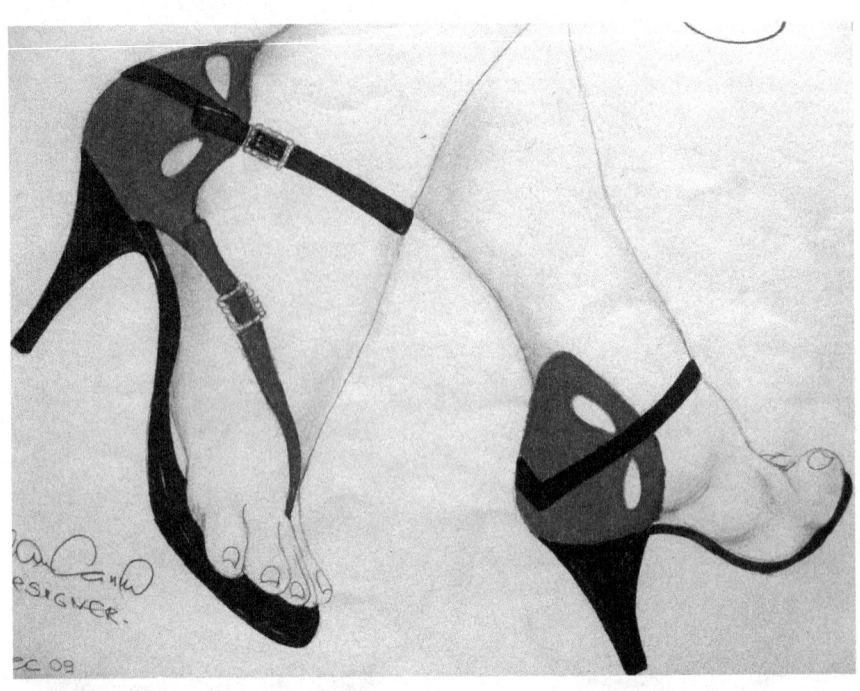

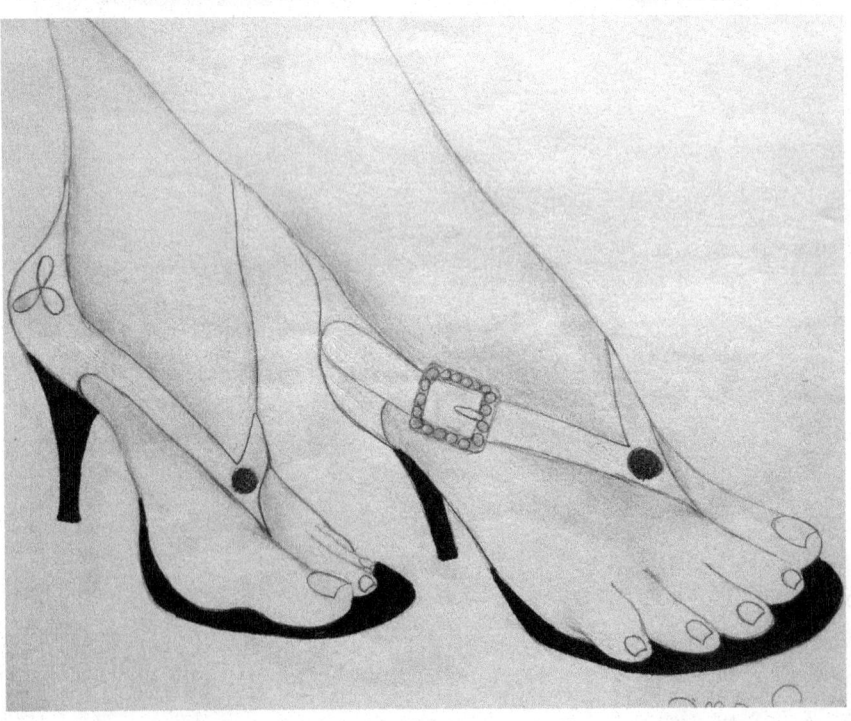

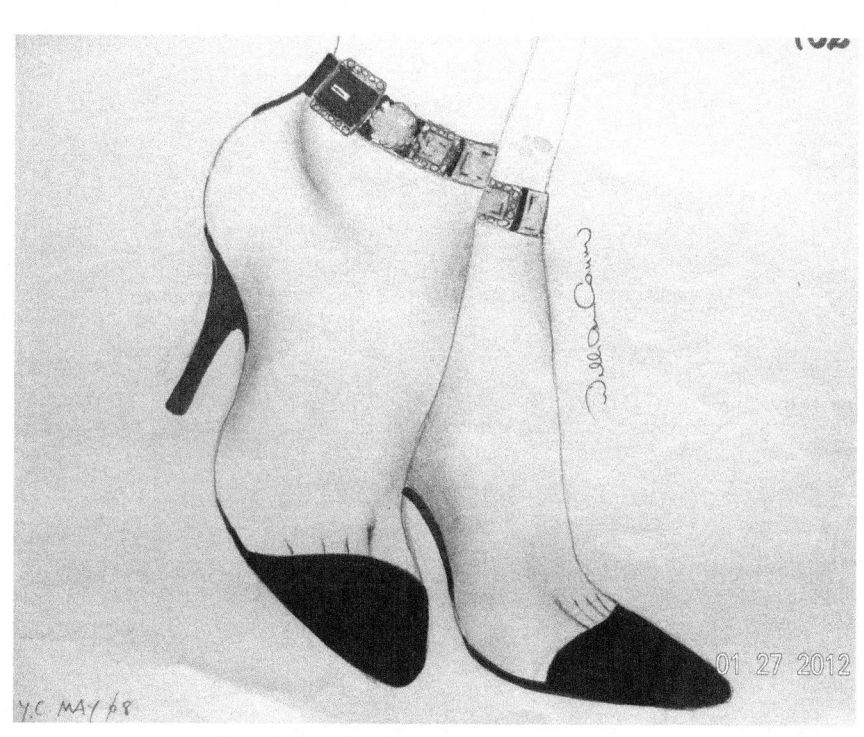

Y.C. MAY 68

01 27 2012

Dipinti a olio dell'Autore

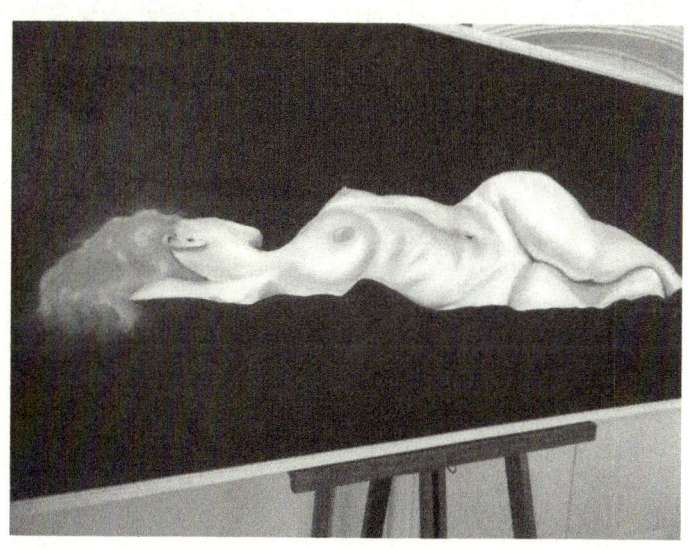

CPSIA information can be obtained
at www.ICGtesting.com
Printed in the USA
BVOW03*2245011017
496442BV00005B/91/P